人格形成概念の誕生

近代アメリカの教育概念史

田中智志 著

The Conception of Character Formation

Critical History of an Educational Idea in Modern America

東信堂

〈表記の仕方〉

1．本文中の「註記」は段落ごとに付した。
2．引用文献の著・編者名、発行年、ページは、本文中に（　）を用いて挿入した。
3．同一発行年の著作がある場合には、発行年の後に、a、b、cを付けて区別した。
4．文献についての詳細な情報は、巻末の文献表にまとめて示した。
①本の場合は、順に、著・編者名、発行年、書名、発行地、出版社を示した。ただし、一九世紀以前の本については出版社を省いた。
②論文の場合は、順に、著者名、発行年、題、掲載誌名、掲載ページの範囲を示した。
③ただし、辞典・聖書などは、略号、発行年、書名、発行地、出版社を示した。
④再版のものは、再版年を優先し、初版年（もしくは原稿成立年）を（　）で示した。
⑤参照した訳書（邦訳、英訳）がある場合、＝のあとに発行年を同様の方式で示した。
5．本文中の欧語の人名は、必要に応じて原語でフルネームで示し、また生没年を併記するようにした。
6．引用文中の［　］内は著者が補った語句である。

人格形成概念の誕生——近代アメリカの教育概念史——

序章　人格形成という教育概念の由来
——先行研究と構成

History of Character Formation as Education Concept: Research Review and Conceptual Flamework

1　「人格形成」の由来をめぐって

人格形成という概念　本書の目的は、一八世紀後半から一九世紀前半にかけてのアメリカ合衆国を事例にして、近代教育概念の思想的な来歴をたどることである。近代教育概念といっても多様であるが、ここでいう近代教育概念は、たとえば「カトリシズムの世界観にもとづく人格形成」「仏教的な行学一体の人格形成」「心豊かな人格形成」といったように、日本でもしばしば教育目的としてかかげられている「人格形成」である。「人格形成」が教育の中心的な営みである(べき)ことは、多くの論説に見られる「選抜と人格形成」「学力形成と人格形成」「マスメディアと人格形成」といった対比表現からも、うかがえるだろう。

しかし、ここで一つ、ことわっておかなければならないことがある。それは、現在の「人格形成」という日本語はpersonality formationの訳語であるが*、ここでとりあげる人格形成はpersonality formationとしてのそれではなく、

character formation としてのそれであるということである。personality formation の personality は一九〇〇年代に作られた言葉であり、一八世紀にさかのぼる近代教育の起源には遠く及ばないからであり、なによりも、一八世紀後半のアメリカの教育論議において盛んに使われるようになった言葉は character formation だからである。

＊　言語人類学者のサピア（Sapir, Edward）は、一九三四年に刊行された『社会科学事典』の「Personality」の項目において、personality formation とフロイト系精神分析学との関係を暗示している。「フロイト学派が発展させてきた personality formation については、その存在を示す多くの貴重な資料もあるし、そのメカニズムを強力に暗示する証拠もある」と（Sapir 1934）。また、一九四八年に人類学者クラックホーン（Kluckhohn, Clyde）、心理学者マーレイ（Murray, Henry Alexander）が編集刊行した『自然・社会・文化のなかの人格』は、第二部で Personality formation をとりあげ、personality formation 論によって「古くからの［人間の内面性を規定するものは］遺伝か環境かという問題が無意味になる」と述べている。同書は高く評価され、一九七一年までに八回、版を重ねている（Kluckhohn/Murray 1948 : 35-48）。

しかし、character formation の character を「人格」と訳すことに異論をとなえる人もいるだろう。心理学においては、しばしば、character は価値・情動にかかわる内面性をあらわす言葉と見なされ、「性格」と訳されているからである。たしかに、「性格検査」（personality test）のように personality に「性格」をあてる場合もあれば、「パーソナリティ」と音読みのまま表記する場合もあるが、多くの場合、心理学は、「人格変容」（personality transformation）、「人格障害」（personality disorder）のように、personality には「人格」をあて、「性格異常」（character disorder）、「性格描写」（character description）のように、character には「性格」をあててきた。

personalityと「人格」との関係　心理学において character が「人格」と訳されず、personality が「人格」と訳されるようになった理由は、間接的ながら、「人格」という日本語が個人の自律性を保証する内在的審級を意味する言葉として生まれたことに関係している。「人格」という言葉は、一八九二（明治二四）年に英国の思想家グリーン（Green, Thomas

Hill)が用いたpersonalityに井上哲次郎・中島力造が与えた訳語であるが(中島[力]1901; 井上 1973: 31-2; 平田 1998; 佐古 1995: 12-26)、グリーンが用いたpersonalityは、彼がカントのPersönlichkeitに与えた訳語だった。

一八世紀の西欧思想界では、人間の「完全性」(perfection/Perfktion)を論じる思想が広まったが、カントもこの完全性論をふまえて、Person(人間)を、「道徳的完全性」(moralischen Vollkommenheit)に到達するために無限の努力を義務づけられている存在であると位置づけ、このPersonを「道徳的完全性」にみちびく内在的審級(理性・良心)をPersönlichkeitと呼んだ(Kant 1968 [1788], Bd. 5: 123＝2000: 301; cf., 1968 [1797], Bd. 6: 389-7＝2002: 250-1)。

大正期の日本には、このPersönlichkeitの形成を論じたドイツの教育論――リンデ(Linde, Ernst)、ブッデ(Budde, Gerhart)などが一九〇〇年代から一九一〇年代にかけて展開した――「人格的教育学」(Persönlichkeitspädagogik)が紹介された。この人格的教育学が強調したことは、自律性の核としての「人格の形成」(Persönlichkeit Bildung)である(Linde 1907; Budde 1914)。中島半次郎は、一九一四年に『人格的教育学の思潮』において、この人格的教育学を紹介し、Persönlichkeit Bildungを「人格の陶冶」と訳している(中島[半]1927 [1914]: 221; cf. 1929 [1915]: 227)。篠原助市もまた、一九一八年に論文「最近の教育理想」のなかで、この「人格的教育学」を紹介し、Persönlichkeit Bildungに同じく「人格の陶冶」という言葉をあてている(篠原 1922 [1918]: 20; 尾形 1980: 276)*。

* 篠原助市は、一九三〇年の『教育の本質と教育学』において「純粋自我、理性的自我は理想的自我であり、理想的自我に入りこむことによつて人は始めて人として発達し、個体Individualismから人格に転ずる」と述べ、「人格とは……人の中に『人間性』Menschheitの発展して行くことであり、『人間性』の発展はフイヒテの言つた如く人の本分である」と述べている(篠原 1930: 42, 61)。また、一九三七年の『教育學辞典』には「人格および人格主義」という項目があり、「人格」の原語としてpersonality/Persönlichkeitがあげられている。第一の人格概念がヴントの「心理学的人格」、第二の人格概念がヴォルフの「形而上学的人格」、第三の人格概念がカントの「認識論的人格」、そ

して第四の人格概念がブッデ、リンデの「人格教育學」の人格概念で、「創造的情意的主体である」(阿部 1983 [1936]: 1246)。ちなみに、一九二〇年代には「人格の感化」という言葉も使われるようになった。澤柳政太郎は、心理学者の佐藤繁彦が一九二七(大正二)年に出版した『人格の感化』という本の序文において、「教育[、]ことに訓育の極致はつまり人格の感化に他ならぬ、とは人の常に云うところで、かつ自明の理として認められておる」と述べている(佐藤 1927: 1ff)。

しかし、「人格」という言葉は、カント的なPersönlichkeit/personalityの訳語であるだけでなく、アメリカの実証心理学が一九〇〇年代から使いはじめたpersonalityの訳語でもある。そのpersonalityは、内在的審級のような価値概念ではなく、個々人の内面性という記述概念であり、最初に使われたのは一九〇六年にプリンス(Prince, Morton)が『人格の分裂』(*Dissociation of a Personality*)を出版したときであるが、広く使われるようになったのは一九三七年にオルポート(Allport, Gordon)が『人格』(*Personality*)を出版してからである(Hilgard 1987)。オルポートは同書において「personalityとは個人に内在する力動的組織であり、当人固有の環境への適応形態を決定する精神的かつ物質的なシステムの一部である」と述べている(Allport 1937: 48 =1982: 40[訳文変更])。

ちなみに、このときオルポートは、一九世紀の「道徳哲学」(第2章を参照)が語ってきたcharacterという言葉とその言葉が意味していた価値概念を、心理学から排除しようとしていた。彼は、心理学は道徳哲学とちがい、実証科学だから、宗教性をおびた価値を語るべきではないと考えていた(Allport 1921: 443; Nicholson 1998: 59)*。もっとも、オルポートは、心理学から価値概念を完全に排除しようとしていたのではない。彼は「成熟した人格」(mature personality)という価値概念を提唱し、心理学史研究者のニコルソンのフレーズを借りていえば、「人間の自然本性に『豊穣と尊厳』をとりもどそうとしていた」からである(Allport 1937: 213=1982: 186; Nicholson 1998: 64)。

* オルポートは「character は価値づけられた personality であり、personality は没価値的な character である。character は心理学には不要な概念である」と述べている (Allport 1937 : 52 = 1982: 43 [訳文変更])。しかし、character は当時のアメリカ心理学から排除されたわけではない。マクドガルは、一九一〇年代から三〇年代にかけての personality と character との関係を次のように整理している。character は、内容の面からいえば、「知性 (intellect) から区別されるもの」であり、「決断力と結びついたものである。すなわち判断・決定・堅忍・不断の努力、実現しやすいがありふれた夢ではなく、実現しにくいがすばらしい夢に向かう行為に、表出するものである」。また、形態の面からいえば、それは「生得的なものではなく、しだいに成長し形成されるもの」であり、「その成長によって[心の]統合をもたらすもの」である。そして personality は、こうした道徳的色彩の強い character を一部としてふくみつつも、知性、気質 (temperament)、性向 (disposition)、気分 (temper) から構成される内面性全体である、と (McDougall 1932: 5-6, 15)。

一九五〇年代の日本社会において、「人格形成」*という連語とともに使われるようになった「人格」という言葉は、もともとは、オルポートのようなアメリカの心理学者が一九〇〇年代から、とりわけ一九三〇年代から使いはじめた personality の訳語である。それは、いくらか価値概念をともないながらも、基本的に個々人それぞれの内面性を記述する言葉である。カントの Persönlichkeit の英訳である personality が「人格」と訳されてきた経緯から、意味の違いを棚あげして、このアメリカの実証心理学的な personality にたいしても「人格」の言葉があてられたものと思われる。

* 「人格形成」という連語は一九五〇年ころから使われるようになったと思われる。もっとも早い時期の論文としては、一九五〇年に創刊された『青年心理』という雑誌の九月号に掲載された「モラルと人格形成」、一九五一年の『児童心理』という雑誌の三月号に掲載された「家庭環境と人格形成」がある。前者は「教育の目的がいろいろの形で述べられているにせよ、究極のところ、それが望ましい人格形成であることに反対するものはないであろう」と述べている。また、オルポートに言及しつつも、人格概念を普遍的な「人間性」ととらえている(小見山　1950: 343)。そのほか、単行本として以下の著作がある。高橋茂雄の『問題児の心理——人格形成の原理と方法』(一九五三年)、『最新教育心理学』(武政太郎編)の「学習と人格の形成」「人格の形成とその指導」という論文(一九五五年)、遠藤汪吉の『教育心理学各論——人格形成の諸問題』(一九五五年)、日本読書学会の『読書における人格形成』(一九五八年)など。

こうしてみると、「人格」は二つの異なる文脈においてそれぞれ異なる意味として使われるようになったことがわかる。すなわち、まずそれは、「人格の尊厳」「人格の陶冶」というように、観念論・リベラリズムの文脈において個人の自律性を保証する内在的審級という意味で使われるようになり、ついで、「人格形成」「多重人格」のように、実証心理学・精神医学の文脈において個々人の内面性という意味で使われるようになったということである。

周知のとおり、現在、教育の文脈で使われている「人格」はおもに前者である。たとえば、「世界人権宣言」（一九四八年採択）の第二六条「人格の完全な発展」(full development of the human personality) の人格も、教育基本法（一九四七年制定）の第一条「人格の完成」(full development of personality) の人格も、個人をささえる内在的審級である（大田 1983: 13; www.un.org/Overview/rights)。注意しなければならないことは、教育の文脈では、「人格形成」という場合の「人格」も同じであるということである。たしかに「人格形成」という言葉は、アメリカの実証心理学的な personality formation の訳語であるが、現在それは、ほとんど観念論的な内在的審級の形成を意味している。本来の価値中立的な意味が、価値定立的な意味によって、かたすみに追いやられた、といえばよいだろうか。

看過されてきた道徳哲学的な character　しかし、ここで注目しなければならないことは、一般の英和辞典が personality の項目だけでなく character の項目にも「人格」をあげていることである。のちに詳しく論じるが、これは、一八世紀・一九世紀の英語圏で広まった道徳哲学において、character という言葉が、潜在的に道徳的でありかつ人為的に形成可能である内在的神性という意味で、用いられてきたからである。いいかえるなら、character が「道徳的完全性」「良心」にひとしい言葉として用いられてきたからである。

たとえば、一九世紀アメリカの道徳哲学者ウェイランド (Wayland, Francis 1796-1865) は、一八三六年に character は「形成可能な良心」であり、「すべての存在の創造者かつ保全者の存在を私たちに教えてくれるものである」と述べている (Wayland 1871 [1836]: 12)。また、一九世紀スコットランドの作家スマイルズ (Smiles, Samuel 1812-1904) は、一八五三年に「character は人生の栄冠であり栄誉である。それは人間の所有できる至高性であり、人間の高みをささえているものであり、普遍的な善の意志が示す状態である」と述べている (Smiles 1884 [1853]: 396)。

日本では、personality が「人格」と密接に結びつけられ、こうした道徳哲学的な character はほとんど注目されてこなかった。もっとも早く道徳哲学的な character が日本に紹介されたのは、今ふれたウェイランドの『道徳科学の要点——縮約版』が一八七四年に翻訳出版され、原著の improve [one's] character が「品性を改むる」と訳されたときである (Wayland 1871 [1836]: 137, 161=1874, 後編巻 1: 40)。しかし、「品性」という訳語だけから、読者がキリスト教神学的背景をもつ道徳哲学的な character の含意をくみとることは不可能だったにちがいない*。

* ドイツ語の Charakter についても確認しておこう。日本で最初に翻訳されたヘルバルト (Herbart, Johann Friedrich) の著作は、『教育学講義の要約 (第2版)』(*Umriss Pädagogischer Vorlesungen.* 1841) であり、同書は『独逸ヘルバルト教育学』という表題で一八九五年に出版された。そこでは Charakterstärke der Sittlichkeit は「徳性の強志」、Charakterbildung は「志操の修養」と訳されている (Herbart 1891 [1841]: 256, 258=1895: 166, 171 [傍点は引用者])。一九六〇年にはじめて翻訳出版されたヘルバルトの『一般教育学』の訳書においては、Charakter は「品性」と訳されている。たとえば Wie kann sich nun ein Charakter bilden? Charakter ist inner Festigkeit は、「一体、品性はどのようにして陶冶されることができるだろうか。品性とは内的な堅固さである」と訳されている (Herbart 1891 [1806]: 11=1960: 21)。諏訪内 1990, 1999 も参照。

事態は一九三〇年代になっても、あまり変わっていない。一九三三年に『教育哲学概論』という表題ではじめて翻訳出版されたデューイ (Dewey, John) の『民主主義と教育』では、たとえば「すべての教育は精神的・道徳的な character を形成する」という箇所は「教育は知的及[び]道義的品性を構成する」と訳され (CWDJ 1996, mw. vol. 9: 78=1933: 123)、「他者との交流のなかで自分のcharacterのformationが行われる」という箇所は「他の人びととの交際により自分の性格を形成する」と訳されている(CWDJ 1996, mw. vol. 9 : 13=1933 : 15)。こうした訳文だけでは、デューイが神と人という垂直軸にささえられていたcharacterを、人と社会という水平軸によって意味づけなおそうとしている、という解釈の可能性すら生まれてこないだろう(なお、「人格の完成」という言葉が第九章で二回用いられているが、どちらの原語もcomplete development of personalityである[CWDJ 1996, mw. vol. 9 : 13=1933 : 15])。

ともあれ、確認しておきたいことは、道徳哲学的なcharacterが内在的審級を意味するカントのPersönlichkeitに近似していることである。先に述べたように、道徳哲学的なcharacterは、潜在的に道徳的でありかつ人為的に形成可能である内在的神性を意味し、カント的なPersönlichkeitは、人間を道徳的完全性にみちびく内在的審級を意味していたからである。したがって、カントのPersönlichkeit (personality)を「人格」と訳すなら、道徳哲学的なcharacterもまた「人格」と訳すべきであり、同じようにcharacter formationも「人格形成」と訳すべきである。

道徳哲学的なcharacterの近代性　さて、アメリカを事例に近代教育概念の存立条件を明らかにするという、本書の目的に立ちかえっていえば、重要なことは、道徳哲学的なcharacterがアメリカの近代教育概念の根幹をなしてきたことである。一九世紀初期から二〇世紀初期にかけてのアメリカ教育界においては、教育の目的はcharacter formationであると規定されるほど、道徳哲学的なcharacterは重視されていた。デューイは、一九一〇年に『教育百科事典』の「character」の項目を執筆し、「Formation of Characterが教育の目的であることは、教育学理論の常識である」と記している(CWDJ 1996, mw. vol. 6 : 382)。ニコルソンは、一九世紀末期においても「ほとんどのアメリカ人はcharacterが最高度の人間の自然本性であると信じていた」と述べている(Nicholson 2003 : 14)*。

＊ 一八八七年にデューイは、ヘルバルトを思いおこさせる口調で、「characterとは、可能態から現実態へと変化した［善なる］意志である。その意志は自己を道徳的に実現する力である。characterは［この意志によって］道徳的に実現された自己である」と述べている（CWJD 1996, ew. vol. 2: 353）。ちなみに、ヘルバルトは、『一般教育学』において、教育の目的は「善なる意志」を形成するという意味でのCharakter-bildung / Charakterstärke der Sittlichkeitである、と述べている（Herbart 1891 [1806]: 90=1960: 147）。

この道徳哲学的なcharacterは近代的な概念である。characterという言葉は、「徴をつけるもの」を意味する古代ギリシア語kharakterに由来し、もともと人間に刻まれる「徴」とりわけ「顔（立ち）」を意味していた。この外見的な「徴」「顔（立ち）」としてのcharacterが神聖な道徳的内面性を含意するようになった時期は、一七世紀半ばから一八世紀前半にかけてである。『オックスフォード英語辞典』（以下、ＯＥＤ）によれば、「……自然本性と習慣によって人間・国民に刻み込まれた固有性、ないし精神的・道徳的な内的構成」を意味するcharacterの使用例が登場した年は一六四七年であり、また「充分に発達した道徳的性質ないし明確に体現された道徳的性質」を意味するcharacterの使用例が登場した年は一七三五年である（OED 1991: character）＊。

＊ ウィリアムズは、「……characterは、かつては外に見える徴だったが、［おそくとも一八世紀には］決定的に内面化された。しかも、それは所有物として内面化されたために、外に見せることも［外から］解釈することも可能なものになった」と述べている（Williams 1985=2002: 236）。

のちに述べるように、アメリカにおいてこうした道徳哲学的なcharacter概念をふまえたうえで、character formationが教育概念として盛んに説かれた時期は、一八世紀末期から一九世紀初期、いわゆる「国家形成期」である。そのころはじめて、ウィザースプーン（Witherspoon, John 1723-1794）、ラッシュ（Rush, Benjamin 1746-1813）、ジェファソン（Jefferson, Thomas 1743-1826）、ウェブスター（Webster, Noah 1758-1843）たちが、educationという言葉とcharacter formation という言葉を結びつけた＊。彼らにとっては、共和制という新しい政治形態を維持するうえで、すべての国民の内部に、あらぶる「情念」を統治・制御する character を形成することは、きわめて重要な要件だった。そして彼らは、この営みをしばしば「公教育」(public education) と呼んだ。

＊ ちなみに、OEDは、education が character formation を意味するようになった年は一八六〇年であり、最初の用例はJ・S・ミルの『代議制統治論』(*Considerations of Representative Government*) に見られる、と述べている (OED 1991 : education)。

これものちに述べるが、道徳哲学的な character は、人間が国民として政治的に生きるだけでなく、自律的個人として社会的・道徳的に生きるうえでも欠かせない要素だった。伝統的人間は、神に帰依し地域共同体に内属することで善良に生きられたが、地域共同体から離脱した近代的人間は、自分自身の内面性に依拠せざるをえなかったからである。その意味では、character は当人の現在を決定しかつその未来を暗示する内面性だった。先ほどふれた道徳哲学者のウェイランドは『道徳科学の要素』において「character とは、ある個人の現在の知的・社会的・道徳的な境位 (condition) である。それがふくんでいるものは、彼の実際の知見であり、能力であり、習慣であり、傾向であり、道徳的感覚 (feeling) であり、そして現在のその人間のもつ力、ないしは未来のよりよい状態を達成する力のすべてである」と定義している (Wayland 1835 : 258 [Hogan 1990c : 110 から引用])＊。

＊ 社会史研究者のケットは、一九世紀初期のアメリカにおける「character は、ひとまとまりの教養でもなければ行動の規範でもない。それは内在的な指針であり、自己活性化、自己規律化、すべての目的を達成するための内面的規制力である」と述べている (Kett 1977: 107)。

しかし、character を所有し自律的に生きる人間は、皮肉にも他者に依存して生きる人間である。彼(女)らは、学校でよい成績をとるためにも、資本家に雇用されるためにも、資本家として成功するためにも、自分の character（たとえば、勤勉・節制・質素）を外にはっきりと表し、他者（たとえば、教師・資本家・関係者）から高く評価されなければならないからである。その意味では、ハルトネンが『詐欺師と化粧女』という本で述べているように、「一九世紀［のアメリカ］において character という言葉が使われるようになったことは、前近代の農夫のように神に依存する状態から、近代の販売者のように他者に依存する状態へという、依存対象の変化を意味している。前近代の農夫にとって、経済的な成否、農業的な成否を決定する者は神であるが、近代の販売員にとって、市場的な成否、この世界での自分の運命を決する者は買い手である他者だからである」(Halttunen 1982: 50)。

ハルトネンの指摘から読みとれることは、自分自身に依拠して生きることが、通念に反して、他者に依拠して生きることと密接に関係していることである。いいかえるなら、自律的に生きることが自己言及（self-reference）と他者参照（alter-reference）との併存状態であることである。事実、一九世紀に多く書かれた character (formation) についての評論は、自律的個人をおそうこの背反関係を安定させるために、他者を愛することは自律的個人の「道徳的能力」であると考えたり、神が命じた「道徳的義務」であると考えたりしている。どちらも、他者参照を自己言及のなかに組み込み、他者参照と自己言及との背反関係を解消しようとする試みである。

このように瞥見しただけでも、道徳哲学的な character 概念の広がりが一八世紀後半から一九世紀前半にかけて生じた社会情況と密接にかかわっていたと予想できるだろう。日本の教育学においては、道徳哲学的な character は、観念論的・心理学的な Persönlichkeit / personality の陰に隠れがちだったが、先にふれたように、アメリカ近代教育の根幹をなしていた概念は道徳哲学的な character である。したがって、私たちは、character formation 概念の存立条件を明らかにすることによって、アメリカの近代教育概念の存立条件を把握できるはずである（以下、characterに「人格」の言葉をあてる）。

2　教育の批判的概念史の試み

教育の批判的概念史　念のためにいえば、人格形成概念の存立条件を分析することは、より厳密で精確な教育概念を構築しようとする試みではない。いいかえるなら、人格形成概念の存立条件を分析することは、characterという人格概念が内面を記述する概念として厳密で精確だったのか、またcharacter formationとしての人格形成概念が他者に働きかけ他者の在りようを変えようとする教育概念として厳密で精確だったのか、といった概念評価的な問いをふくんでいない。問いは、あくまで概念の社会的・歴史的な生成事由に向けられている。

教育概念の存立条件（生成事由）を明らかにするという試みは、教育概念と社会情況・言説編制との関係を意味と文脈との関係と見なすことである。たとえていえば、概念（意味）は山の頂きであり、社会情況・言説編制（文脈）は山の裾野である。裾野のない山がないように、文脈のない概念（意味）はない。この場合、概念（意味）の存立条件を見いだすことは、なんらかの普遍的根拠を探すことではなく、「正当性ないし自明性がある」と見なされている概念とその概念が構築されている社会・言説との整合性を確かめることである。いいかえるなら、教育概念が正当性をもつ理由は、その概念が一定の社会情況・言説編制に深く編み込まれていることにあると考えるのである。

このように、教育概念と社会情況・言説編制との関係を意味／文脈の関係と見なすことは、教育概念はゆれ動くものと考えることでもある。意味が文脈に内属しているとき、それは〈意味されるもの〉（シニフィエ）として安定するが、それが文脈から離脱しているときは〈意味するもの〉（シニフィアン）としてゆらぐ。たとえば「学校って何？」と問うときの「学校」は〈意味するもの〉であり、この問いに「学校は監獄だよ」と答えるときの「監獄」は〈意味されるもの〉であるが、この答えに「じゃあ、監獄って何？」と問いかえすときの「監獄」は〈意味するもの〉であり、この問いに「監獄は矯正施設だよ」と答えるときの「矯正施設」は〈意味されるもの〉である。このように、教育概念を意味／文脈の関係のなかに位置づけることは、教育概念を歴史的に相対化することである。

歴史のなかで意味のシニフィエ化とシニフィアン化が繰りかえされているのなら、言葉そのものすなわち文字の連なり方が時間の経過を越えて持続することはあっても、言葉の意味が時間の経過を越えて持続することは少ないだろう。事実、よく知っているはずの言葉の意味が時代をさかのぼると大きく変わってくることがある。これについて、政治思想史学者ウッド（Wood, Gordon S.）は、名著と呼ばれている『アメリカ共和国の創出』のなかで、次のように述べている。「この時期［＝国家形成期のアメリカ］の言葉は、私たちになじみぶかいものであるが、わかったことはそこで使われる多くの言葉の意味が奇妙であり特異であることであり、私はliberty、democracy、virtue、republicalismといった言葉が時代性（era）を無視した適用力をもたない、とさとった」と（Wood 1972 : viii）。私は、このウッドのリストにcharacter formationをつけくわえたいと思う。

このように、人格形成という教育概念の歴史的存立条件を問うことは、教育の批判的概念史（critical history of ideas in education）の試みといえるだろう。「批判的」という形容は、何らかの普遍命題によって対象を論難することを意味しているのではなく、普遍命題をふくめて事象の存立条件を根本的に認識することを意味している。こうした歴史研究は風変わりかもしれない。しかし、教育史研究は、教育にかんする一次史料の発掘・整序を第一義とする厳格な実証的教育史研究だけではない。教育にかかわる意味が折々の情況のなかで形成され流布され正当性を帯びていく様子を一つのプロセスとして析出する社会学的歴史研究も、教育史研究である。

教育の批判的概念史は、フーコー（Foucault, Michel）のいう「系譜学」（genealogie）になぞらえることができるだろう（Foucault 1971b＝1984 ; 1975＝1977 ; 1976＝1986）＊。フーコーの系譜学においては、たえず再生産されている意味構築物を不動の実体たらしめているものは、その存在を信じている人びとに染みついている「思考」であり、その「思考」をささえている言説編制であり社会情況だからである。もしも私たちが近代教育を根本的に変革したいと思うなら、まず私たちの思考を拘束している旧い教育概念を言説的・社会的に構築されたものとして明示しなければならない。その意味では、教育の批判的概念史は教育を変革するための基礎作業である。

＊　森重雄もまた、イリイチ、フーコーに示唆を受けながらも、オリジナルなかたちで教育の存立条件を問題にしてきた。森は、二〇〇〇年に自分が展開した教育の存立条件にかんするテーゼを要約し、次のように述べている。「教育は、近代市民革命以降の生長空間のモダニティと、この空間と二重映しになるかたちでこの空間を物象する近代学校装置（学校建築）とともに成立した制度領域［＝歴史的で局在的なもの］にほかならない。これを逆にいえば、近代以前には教育はその存在を有しておらず、それはそもそも存在せざるもの」だったと（森 2000 : 18）。

教育の批判的概念史は、また、ニーチェ（Nietzsche, Friedrich W.）がいう「現実の歴史」（wirklich Historie）すなわち現在の視点に立って過去を再構成する試みでもある（Foucault 1971b＝ 1984: 224）。「現在の歴史」は「過去の過去性」を無視することになるという実証史学からの批判もあるだろう。しかし、現在の視点から完全に自由である歴史叙述なるものはありえない。「人格形成」であれ、「公教育」であれ、「子ども」であれ、何らかのテーマを設定した瞬間から、歴史叙述に叙述者が抱いている視点がくみ込まれていく。むろん「現在の歴史」であるかぎり、それはいずれ書き換えられる。この「現在」はいつまでも「現在」ではなく、かならず「過去」になるからである。しかし、すくなくとも私にとっては、歴史が書き換えられることは忌避するべきことではない。もしも歴史叙述が書き換えられることを恐れるなら、それは永続的なもの・普遍的なものを求めるあまり自分自身の生のアクチュアリティを軽視するという意味で、形而上学的なニヒリズムにとらわれることである。それこそ、私がもっとも忌避するところである。

3　人格形成、教育システム、教育実践

さて、私の知るかぎり、人格形成という教育概念がアメリカにおいて生成し、社会的な正当性をおびていく経緯を論じた著作は、日本においては皆無であり、アメリカにおいてもきわめて少ない。しかし、個別の事象については、関連する研究がすくなからず存在する。以下、人格形成概念、それにかかわる教育システム論、教育実践について、アメリカをフィールドとした教育社会史・教育思想史領域の先行研究をふりかえってみよう（なお、例外をのぞいて、日本におけるアメリカの教育社会史・教育思想史研究は、本論中でふれる）。

スプリングの人格形成論　アメリカにおける教育概念としての人格形成概念の歴史的生成にかんする研究は、きわめて少ない*。教育通史においても、この概念がとりあげられるのはまれである。例外の一つがスプリング（Spring, Joel）の『アメリカ的な学校』である。スプリングはそこで「人格の可塑性（malleability of character）という概念が受容されたことが、〈善い社会は学校教育やその他の施設の設営によって創られる〉という、一九世紀初期に広まっていく考

え方の基礎となった」と述べている(Spring 1986 : 48 ; cf. Cremin 1980)。

＊　一九二六年、ハンセンは、その古典的な教育思想史研究において、国家形成期のアメリカの教育思想の前提命題を「人間と制度の無限の完成可能性」に見いだしている。ハンセンによれば、それは、ヨーロッパのゴドウィン(Godwin, William)、ルソー(Rousseau, Jean-Jacques)の思想に典型的に見いだされるものであり、アメリカにおいてはペイン(Paine, Thomas)の思想に典型的に見いだされるものである(Hansen 1977 [1926] : 256, 22-3)。しかし、ハンセンは、なぜかアダムズ(Adams, John)も、フランクリンも、ジェファソンもとりあげていない。また、コットは、一九世紀前期のアメリカの養育論がロック(Locke, John)の影響を受けて「子どもの可塑性」を認めるようになったと述べているが、人格形成を主題的に論じていない(Cott 1977)。近年、レイニアは多くの史料を渉猟し、一八世紀末から一九世紀前半におけるアメリカの養育論が、ロックだけでなくルソー、アディソンらの影響を受けて「人格形成」を語るようになったと述べている(Reinier 1996)。同書はほとんど唯一、人格形成概念の生成を主題とした歴史研究であるが、同研究は、かりにアメリカの養育論がロック、ルソー、アディソンらの影響を受けたとしても、なぜそうした影響を受けることが可能になったのか、という社会理論的な問いを立てていない。

スプリングによれば、一七九〇年代から一八三〇年代にかけて、アメリカ社会において人格形成概念が受容された言説的な契機は、「能力心理学」(faculty psychology)の広まりである＊。「人格の可塑性という概念の受容にかかわるもっとも重要な出来事は、ある種の能力心理学への信仰がアメリカに広まったことである」(Spring 1986 : 48)。スプリングがいう「能力心理学」は、ヴォルフ(Wolff, Christian von 1679-1754)が著した『合理的心理学』(*Psychologia rationalis*. 1734)に触発されて、ハチソン(Hutchson, Francis 1694-1746)、リード(Reid, Thomas 1710-1796)のようなスコットランド道徳哲学者が提唱した心の言説である。そこでは、心はおもに「情念」「良心」という二つの対立的な「能力」(faculty)から構成されていると考えられていた(Howe 1997 : 22 ; Brooks 1976)＊＊。

＊　大槻春彦は、ロックのfacultyをcapacityから区別し、facultyには、実体概念を意味する「能力」ではなく関係概念を意味する「機能」をあ

てるべきである、と論じているが(Locke 1987 [1690]=1972-7 : 301)、functionが一般に「機能」と訳されることを考えて、ここでは、その主張に従わない。

** リードは、一七八八年の「人間の活動的諸力について」(*Essays on the Active Powers of Man*)において、人間の「能力」を「機械的能力」(mechanical faculty)、「動物的能力」(animal faculty)、「合理的能力」(rational faculty)の三つに分けている。「機械的能力」は意志をともなわない反射的な力であり、「動物的能力」は身体的な力、本能的な力、情念的な力である。そして「合理的能力」は「良心」(conscience / moral sense)と「分別」(prudence/self-interest)である(この場合のself-interestは「自己規制された関心」である)。リードにかぎらずスコットランド道徳哲学者は、良心が心を支配するべきであるが、情念が強すぎるためにそれがなかなかできない、と考えていた。つまり、情念が意志の最強の「能力」であり、良心が意志の最弱の「能力」であることが、「能力心理学」最大の問題だった(Howe 1997: 65)。

スプリングによれば、この「能力心理学」は、善悪を区別できる「道徳的能力」(moral faculty)すなわち「良心」が人間に内在することを前提にし、道徳的行動はこの「道徳的能力」を発達させることで実現される、と考えていた。「道徳的能力」は、人が生まれたときは種子のような状態にあるが、人為的に発達させ開花させることができるものだ、と。スプリングは、この時代に「多様な能力心理学が花開いたということは、この時代に人間の完成可能性(perfectability)への信仰がふくらんでいったことを意味している」と述べている(Spring 1986: 49)。

しかし、スプリングの研究は、なぜ一九世紀初期に「能力心理学」——つまるところ、人格形成概念をささえる道徳哲学——が広く信奉されるようになったのか、また人格形成という考え方の源流がどこにあるのか、教えてはくれない。この二つの問いに、間接的なかたちながら、答えていると思われる研究がある。それは、ウェイランド(Wayland, Francis)の「道徳哲学(科学)」を論じている、ホーガン(Hogan, David)の「道徳的権威と道徳論のアンチノミー」("Moral Authority and the Antinomies of Moral Theory")という論文である(Hogan 1990c)。

ホーガンの良心／市場の連関論　ホーガンはまず、「能力心理学」が語った人間の「道徳的能力」にかんする前提命題がカルヴィニズムのそれとは大きく異なっていることを確認している。一七世紀のニューイングランドを支配していたカルヴィニズムは、神の命じる「道徳的義務」と人のもつ「道徳的能力」との背反性を前提にしていた。神が絶対的な主権者であるのにたいして、人は神の恩寵を待つ哀れな罪人でしかなかった。人は、神の助けによって「回心」をとげないかぎり、神の求める「道徳的義務」を果たすことはもちろん、その内容を知ることすらできなかった。しかし、ウェイランドのような一九世紀の道徳哲学者は、神の命じる「道徳的義務」と人のもつ「道徳的能力」との同型性を主張した。つまり、神は人間に人間自身にできない「道徳的義務」を無理強いしていない、と(Wayland 1935)。この主張を象徴する概念が「教示された良心」(instructed conscience)であり、それは、教育によって神意にそうくらいにまで高められる人間の道徳的内面性を意味していた(Meyer 1972; Hogan 1990c: 96, 116)。

ホーガンは、この「教示された良心」という考え方の起源が一六世紀の「アルミニウス主義」(Arminianism)にあると述べている。「ニューイングランドの道徳教育思想史の始まりは、……一六世紀後期に勃発した改革派神学とアルミニウス派神学との緊張関係にさかのぼる」と(Hogan 1990c: 97-98)。アルミニウス主義とは、オランダの神学者であるアルミニウス(Arminius, Jacobus 1560-1609)がとなえた異端の神学思想であり、改革派神学(カルヴァン派神学)のとなえる「予定説」(神によって選ばれた人のみが救われるという教説)を否定し、神は万人に「救済」の手をさしのべていること、「回心」は個々の人間の努力によって可能になること、などを主張していた。

もっとも、ホーガンは、アルミニウス主義が一九世紀にアメリカにもちこまれることで「教示された良心」という考え方が生まれた、といっているのではない。ホーガンは、アメリカに「教示される良心」という考え方を広めたものは、アルミニウス主義と同じような考え方をするが、アメリカ（ボストン）に生まれたユニテリアニズムであるという（Hogan 1990c: 103）。ユニテリアニズムは、おもにボストンの会衆派牧師チャニング（Channing, William Ellery 1780-1842）が展開した宗教思想であり、ごく簡単にいえば、そこでは人間の自然本性は理性であり、回心は個々人の理性的努力によって可能になる、と考えられていた（詳しくは第4章第2節を参照）。

ホーガンによれば、この「教示された良心」という考え方がアメリカに広まっていく背景は、一九世紀前半に広まった「市場革命」*がもたらした社会秩序の揺らぎである。それは、おもに家柄・年齢・性別などにもとづいた位階的権威構造がゆるみ、名家・年長者・父親などの権威がゆらいでいくことである。良心は、こうした既存の外在的な権威にかわる新しい内在的な基盤として求められたものである。ホーガンは次のように述べている。「良心は、市場社会を生きる人びとに社会的・道徳的・心理的な自己同一性を与えた。良心は、伝統的な権威構造がゆるむことによって伝統的な自己形成・自己表象のメカニズムが衰退し破壊されるという情況において、人びとに思想的な一貫性と道徳的な連帯性をとり戻させるものだった」と（Hogan 1990c: 118-119）。

＊　ホーガンのいう「市場革命」はポラニー（Polanyi, Karl）のいうそれであり、「市場関係［貨幣をメディアとした交換関係］の着実な拡大であり、それにともなう経済的・社会的生活の合理化」である。したがって、「革命」という言葉が暗示するような短期間での急激な転回運動を指しているわけではない。市場革命の端的な指標は、一九世紀初期に始まる「労働市場の拡大」（プロレタリア化）と「階層的な機会構造の創出」（メリトクラシーの広がり）である（Hogan 1996 : 246-7）。Polanyi 1971＝1975 ; Sellers 1991 を参照。

しかし、ホーガンは、ウェイランドがとなえた「教示された良心」は、当時の市場革命に対抗するという役割を与えられていなかったと考えている。ホーガンは、「良心は資本主義と一体である」と主張したハスケル（Haskell　1985:

551）に賛同し、ウェイランドが主張したような「良心の発達は、むしろ市場的な社会関係の拡張を可能にするものだった」と述べている。雇用契約・売買契約のような市場的な社会関係は、契約を履行し責任をまっとうする道徳的行為主体（自律的個人）を必要としているからである。その意味で、「ウェイランドのとなえた道徳心理学は、個々人が完全な道徳的行為主体であり自分の運命に責任をもっているという原則を人びとのあいだに流布させることによって、アメリカの市場革命を正当化していった」という（Hogan 1990c: 118）。

このようなホーガンの所論は、人格形成という教育概念がアメリカの人びとに受容されていった理由を考えるうえで重要である。ホーガンが注目した「良心」は、形成可能で道徳的な内面性としての人格概念とほとんど同じものを指し示しているからである。ウェイランドの語った「良心」は、一八世紀末から一九世紀前半にかけてのアメリカにおけるほかの道徳哲学者、とりわけプリンストンのウィザースプーン、イエールのドワイト（Dwight, Timothy 1752-1817）、プリンストン神学セミナリーのアレクサンダー（Alexander, Archibald 1772-1851）、ハーヴァードのウォーカー（Walker, James 1794-1874）、ウィリアムズのホプキンス（Hopkins, Mark 1802-87）などが語った「人格」（character）にほかならないからである（Meyer 1972: 57-8, 65-9, 83-4）。

しかし、ホーガンの論文は、人格および人格形成概念の生成そのものを扱っているのではないし、その背景についても部分的に語っているだけである。人格形成概念をささえたと考えられる言説は、ホーガンの指摘するユニテリアニズムだけでなく、エヴァンジェリカリズムでもあるからである（エヴァンジェリカリズムは「プロテスタント・リベラリズム」「エヴァンジェリカル・プロテスタンティズム」とも呼ばれている［Reardon ed. 1968; Hutchison 1971; Smith 1980］）。この点については、のちにあらためて立ちかえることにしよう。

森田尚人の公教育論　さて、人格形成概念はまた、教育システム（論）とも密接に関係している。本書でいう「教育システム」は、一九世紀初期に「公教育」の名称とともに登場した相対的に自律した機能システムであり、教育的諸コミュニケーションの集合である。教育的コミュニケーションとは、機能的（有用的）で自律的（道徳的）な個人を形成し、おもに政治システム・経済システムの再生産に寄与するコミュニケーションである。したがって、ここでいう教育システムは、それが公費で維持されているか否か、法規で強制されているか否か、といった運営上の規準によって定義されるものではなく、その効果上の規準によって定義されるものである。

このように考える場合、アメリカ史上、最初に登場した教育システムはコモンスクールである。コモンスクールの歴史研究は膨大な数にのぼるが*、ここでは、そうした研究の多くをふまえた森田尚人の論文「公教育の概念と歴史構造」をとりあげたい。同論文は、国家／市民社会という二項対立をしりぞけつつ、アメリカのみならずイギリスも視野に入れた研究であり、階級論的枠組のなかで公教育の歴史的構造を浮かびあがらせる試みである。

＊　たとえば、Welter 1962; Katz 1968; Tyack 1974; Katz 1975; Troen 1975; Bowles/Gintis 1976＝1986; Kaestle/Vinovskis 1980; Cremin 1980; Kaestle 1983; Glenn 1987; Labaree 1988; Hogan 1990c, 1992 など。なお、グレンの『コモンスクールの神話』は、コモンスクールの具体的な政策立案、社会情況についての記述をあまりふくんでいないが、「人びとの心のなかに共通の忠誠心・価値観を形成しなければならない」というコモンスクール論の信念がどのように語られるようになったのかを詳細に跡づけ、この「教育の普遍性（共通性）」論の起源をリベラル・プロテスタンティズム（とりわけ人間の可塑性論）を背景にした、フランスのギゾー、クーザンといったジャコバン派、またドイツ、オランダで展開された教育の国家管理論に見いだしている（Glenn 1987）。

同論文は、一九世紀のアメリカに成立した公教育の本態を、実質的な強制就学が社会の全階級におよんだことに見いだすとともに、その機能を、人びとを「国民化」「主体化」することに、また官僚・専門職者といった「支配階級」「エリート」を再生産することに見いだしている（森田 1993：96）。森田のいう「機能」は、パーソンズの「構造機能主義」にたいしてルーマンがとなえた「機能構造主義」に似ていて、「歴史的構造」の中身である。

「国民化」「主体化」は、政治的な意味での自律的な個人、経済的な意味での従順な労働者を形成することである。このような機能が公教育（コモンスクール）に求められたということは、そうせざるをえないようなさし迫った事態が生じていたということである。それは、「産業革命と市場経済」によって農村の大多数の住民が地域共同体という居場所を喪い、「所さだめぬ放浪者」になってしまったことである（森田 1993：104）。つまり、公教育は、大規模に発生しはじめた「大衆」を「公衆」たらしめるために創られた制度である。

「支配階級」「エリート」の再生産は、「能力主義的選抜」すなわちメリトクラシーによって、一方で能力ある者に階級上昇の道を開きながら、他方でアメリカの階級構造を再生産することである（森田 1993：108）。このような機能が公教育（コモンスクール）に求められたということは、いいかえるなら、一九世紀半ばに、開放・単線型の教育システムとしてのコモンスクールを設営し、国家・社会をきりまわす指導者を発見し形成しなければならないという社会情況が生じていたということだろう。この社会情況について、森田は明言していないが、一八三〇年代から五〇年代にかけてのいわゆる「ジャクソニアン時代」の争乱・貧困を思い浮かべることができる。そうであるすれば、公教育は、「大衆」を「公衆」たらしめる制度を設営する「指導者」を生みだす制度でもある。

森田論文の主張に異論はないが、アメリカにおける国民化・主体化論の登場にしても、またメリトクラシー（業績指向）の登場にしても、より詳細な説明が必要なトピックスである。教育システムによる国民形成という考え方の背後には、カッツ(Katz, Michael)が「施設的国家」と呼ぶ国家形態を生みだす政治プログラムがあったと考えられるからであり、また実際のコモンスクール設立の背景には、タイアック／ハンソットが「エヴァンジェリカル・プロテスタンティズム」と呼ぶ、人格指向の宗教社会運動があったと考えられるからである。そしてメリトクラシーについても、具体的な教育方法とのかかわりのなかでその成り立ちを確認する必要がある。

カッツの施設的国家　カッツは、コモンスクールを「施設」(institution)と見なし、近代国家の支配体制を保全する装置ととらえる議論を展開している(Katz et al. 1982: 352-379; Katz 1986: 11; 1987: 9)。すなわち、一九世紀半ばに、刑務所、病院、リフォーメイトリー、コモンスクールを創設することによって、「社会政策の形成者たちは、犯罪者の更正、精神治療、医療活動、教育が、大規模で公共的でしかもしばしば居住設備のある施設(institutions)で行われるべきである、という考え方を具現化していった。その過程で、彼(女)らは、今日の私たちの生を支配し規定している施設的国家(the institutional state)をつくりだしていった」と(Katz 1987: 9; Katz 1976＝1989: 9)。

カッツがいう「施設的国家」(the institutional state)は、国民全体が生まれてから死ぬまでのあいだ、「施設依存状態(an institutional state)にあることを含意している。カッツの端的な説明を引用しよう。「私たちは施設依存状態のなかで生きている。私たちの人生は、私たちが生まれた病院を出ることから始まる。やがて学校にすすみ、子ども時代を学校に支配され、官僚的な組織のなかで働き、ふたたび病院に戻ってきて死ぬ。もし私たちが道にまよい、道を踏みはずし、ふらふらするなら、私たちは精神衛生の施設、司法の施設、福祉の施設に、無理やりにでも、連れて行かれるのだ」(Katz, et al. 1982: 354)。

カッツによれば、一九世紀前半のアメリカにおいてさまざまな施設が出現したのは、この時期のアメリカに労働力を商品化する資本主義（市場革命）が広がったからである（Katz, et al. 1982 : 364 ; Katz 1986 : 11）*。この時期の資本主義は、自由と平等の実現をめざす民主制に抵触するとともに、すくなくとも次の五つの「社会問題」を生みだした。「都市の犯罪・貧困の問題、文化的な異質性の問題、都市産業労働者の規律の欠落という問題、都市の若者の道徳的な危機という問題、青年期の子どもについての親の不安という問題である」（Katz 1987 : 16 ; Katz, et al. 1982 : 370）。さまざまな施設は、これらの社会問題の解決策として考案・設営されたものである。

* カッツは、「資本主義」を、一八世紀中期に生まれた「商業資本主義」、一八四〇年代から一八六〇年代にかけて生まれた「初期産業資本主義」、一八八〇年代以降支配的になった「企業資本主義」に分けている（Katz, et al. 1982 : 18-19）。ここでいう「資本主義」は「初期産業資本主義」である。

また、カッツによれば、一九世紀前半に生まれたこうした施設は、どれも「矯正、更生、教育の可能性について楽観的な前提のうえに立っていた」。すなわち、これらの施設の設立者は「施設が収容者一人ひとりの人格（character）をつくり変えることによって社会全体がより善くなる、と信じていた」（Katz 1986 : 11）。カッツにとって、一九世紀前半に生まれた諸施設の基本的特徴は、それぞれの施設が「精神病者・犯罪者・非行少年・貧困者・子どもの人格をそれぞれ固有な方法で形成ないし再形成し」ようとしたことである（Katz 1986 : 11）。もちろん、コモンスクールも例外ではない。「端的にいえば、初期の学校設立運動者にとっては、技能・認知能力の養成という目的は、以上に述べたこと［＝貧困・犯罪の増大、文化的な異質性、規律の欠落、若者の堕落、親の不安］にくらべるなら、さして重要ではなかった。公共学校システムは*、行動と態度を形成し、社会問題を緩和し、崩壊しかけている社会構造を補強するために存在していた。こうした文脈において、生徒の人格（character）が、彼（女）らの心（mind）［＝

認知」よりもはるかに大きな関心をもって考慮されたのである」(Katz 1976 : 399)。

＊　カッツの指摘にしたがい、ここではpublicを「公」ではなく「公共」と訳す。カッツによれば、「初期共和制の時代にはpublicという言葉は、地域共同体や州政府による統制・所有を意味していたのではなく、むしろ広範な対社会的な機能の遂行、多様な顧客にたいする平等な奉仕を意味していた」からである(Katz 1975=1989 : 79)。しかし、以下の記述においては、原則として、すでに定着した観のある「公教育」「公立学校」という表現を用いる。

しかし、カッツは、人格形成という教育概念がどのように生まれたのかという問いを立てていない。彼は、タイアック(Tyack, David B.)、ケースル(Kaestle, Carl F.)の研究に言及し、一九世紀初期に登場した「エヴァンジェリカル・プロテスタンティズム」が人格形成という概念を生みだすことに密接にかかわっていたことを指摘しているが、それ以上論究していない(Katz 1987 : 15-6, 49 ; Tyack/Hansot 1982 ; Kaestle 1983)。カッツの問いは、人格形成概念の思想的・社会的な起源に向けられるかわりに、人格形成概念にもとづいたさまざまな施設が一九世紀後半に拡大し制度化していく経緯に向けられている。いいかえるなら、カッツは、「国民の管理」という政治的主題の具現化過程を跡づけているが、その主題をささえた教育的命題の言説的な存立条件を語ろうとはしていない。

タイアック／ハンソットの人格貴族論　タイアック／ハンソットは、カッツの明示した「国民の管理」という政治的命題の出現こそ語っていないが、カッツの暗示した「人格形成の可能性」という教育的命題をささえている言説を明示している。彼(女)らによれば、それはミレニアリズム(millenialism 千年王国論)をとなえた「エヴァンジェリカル・プロテスタンティズム」であり、これがコモンスクール運動の母体である。「一九世紀中期に公教育の普及につとめた人びとの多くは、アメリカを文字どおり神の国ととらえていた。彼らにとって、アメリカは神が人類に贖罪の機会を与えるために選んだ国だった。公教育の普及につとめた人びとが信じていたミレニアリズムは、しかし、黙示録に描かれているようなイエスの再来を説いたのではなく、地上に神の国をしだいに実現すること、政治も社会もキリスト教の原理によって支配されるべきことを説いた。……各地でコモンスクールの設立につとめてきた人びとは、自分たちは神に選ばれた神意代行者であると考えていたのである」(Tyack/Hansot 1982 : 3)。

こうしたミレニアリズムをとなえる人びとにとって、地上に神の国を実現するために必要なことは、すべての人びとの人格を道徳的なものに「再形成」(reform)することだった。彼(女)らが「共有していたのは、学校教育と道徳訓練――学校をつうじた人格形成(character formantion)――である」。興味深いことは、タイアック/ハンソットが、この道徳的な人格(再)形成という教育的命題を信奉し「エヴァンジェリカル・プロテスタンティズム」をになった裕福な中産階級の主導者たちを「人格貴族」(aristocracy of character)と呼んでいることである(Tyack/Hansot 1982 : 5, 22, 44ff)。

タイアック/ハンソットは、この「人格貴族」たちがなぜ人格形成の可能性を信じるようになったのか、という問いを立てていないが、その理由を暗示している。二人は「イデオロギーは宙をただよっているのではない。それは社会構造のなかの複雑な仕組みに根ざしている」と述べて、「市場経済」と「エヴァンジェリカル・プロテスタンティズム」との整合的関係を指摘している(Tyack/Hansot 1982 : 13, 22)。この指摘から考えられることは、人格形成を語る「エヴァンジェリカル・プロテスタンティズム」(エヴァンジェリカリズム)は、市場経済(市場改革)と対立しつつも、何らかのかたちでそれと整合的だったということだろう。そうでなければ、エヴァンジェリカル・プロテスタンティズムがあれほどまでに一九世紀の人びとの心を捕らえることはなかったはずである*。

* もっとも早い時期にコモンスクール運動と「エヴァンジェリカル・プロテスタンティズム」との関係を指摘した研究は、タイアック

の「神の王国とコモンスクール」(Tyack 1966b)、スミスの「プロテスタントの学校教育とアメリカの国民性」という論文である(Smith 1967, cf., 1980)。しかし、学校教育、リベラル・プロテスタンティズムを全面的に肯定するスミスの議論は、いわゆる「コンセンサス史学」の枠内にあり、いささか古めかしいといわざるをえない。

❖

情愛指向の教育　つづいて教育方法について確認しておこう。一八三〇年代から一八五〇年代のアメリカのコモンスクールにおける主要な教育方法の一つは、「情愛指向の教育」(affectinate education)である。情愛指向の教育についての歴史研究はかなりの数にのぼる(Welter 1966; Douglas 1977; Cott 1977; Ryan 1981; Mintz/Kellogg 1988; Brodhead 1988; Hogan 1990a; Reiner 1996)。

とりわけ注目されるのは、ホーガンの論文「規律化の諸形態」である。彼は、この時代の情愛指向の教育言説を「ニューイングランド・ペダゴジー」と呼び、それを市場革命がもたらした道徳的危機に対処するための教育論だったととらえている。ホーガンによれば、ニューイングランド・ペダゴーグは「業績に臣従する人格を拒否し、知的発達に支配される道徳形成を拒否し、学校に競合・競争による序列化が蔓延することに強い嫌悪感を抱いていた」人であり、「市場革命全体を道徳的に指導し教導したいと思っていた」人である(Hogan 1990a: 40-41)。

しかし、ホーガンは、ニューイングランド・ペダゴジーが競争を押さえ込もうとして、逆に教育をブルジョア化していったと述べている。「ニューイングランド・ペダゴーグは、競争的個人主義者を形成しようとはしなかったが、ブルジョア的な心性と一体の規律化ペダゴジーによって所有的個人主義を修正保全しようとしたからである」(Hogan 1990a: 42)。規律化ペダゴジー(ニューイングランド・ペダゴジー)が形成しようとした良心は、市場経済にふさわしい有用性・道徳性を審級とするブルジョア的な良心だったからである。「［ニューイングランド・ペダゴジーの前提である］情愛的個人主義は、所有的個人主義と何一つ変わらないものであり、市場革命の一部だった。……ニューイングランド・ペダゴーグは、競争的個人主義としての市場革命を拒否したが、情愛的個人主義としての市場革命を受け入れたのである」(Hogan 1990a: 15)。

モニトリアル・システム　さて、一八三〇年代から一八五〇年代のアメリカのコモンスクールにおけるもう一つの主要な教育方法は、「競争指向の教育」(competition-oriented education)である。この競争指向の教育をめぐる研究上の争点の一つは、ランカスターの「モニトリアル・システム」(Monitorial System)と資本主義ないし市場経済との関係である。長い間、モニトリアル・システムは、省力・節約を追求した機械的な教育方法であり、初期の産業資本主義(工場制生産)の教育版であるととらえられてきた(Bowles/Gintis 1976; Kaestle 1983; Finkelstein 1991)＊。

＊　モニトリアル・システムについての古典的研究としては、ライガートの研究がある(Reigart 1916)。よくまとまった資料集としては、ケースルのものがある(Kaestle ed. 1973)。

しかし、一九八九年に、ホーガンは、フーコーの規律化論を援用することで、モニトリアル・システムについてのこうした解釈を一新する「市場革命と規律化権力」("The Market Revolution and Disciplinary Power")という論文を発表している(Hogan 1989)。ホーガンはそこで次のように述べている。「ランカスターによるモニターの使用、クラス化・子どもの序列化、一斉教授の導入、競合・競争・報酬・賞賛の活用、継続的な監視・点検、非人称的な権力権威構造の展開、これらすべてが示していることは、ランカスターが革新的で実践的な節約家以上の存在だったということである」と。すなわち、ランカスターは「クラスルームにおけるブルジョア的な人間の自然本性の主唱者であると同時に、ブルジョア的な社会関係の主唱者だった」と（Hogan 1989 : 413-4）。

競争指向をささえるもの　ホーガン論文の新しさは、彼がモニトリアル・システムを当時の市場革命という社会情況のなかに位置づけ、モニトリアル・システムに効率化・機械化という方向性よりも有用化・道徳化という方向性を見いだしていることである。それは、業績指向の内面化という意味の「ブルジョア化」である。ホーガンは次のように述べている。「ランカスターの重要性は、彼が学校のブルジョア化を促進したこと、すなわち世俗化された業績指向のクラスルームの発展に寄与したことである」。彼の考案したモニトリアル・システムが現代に遺したものは「他人を凌駕したいという野心に突き動かされる業績指向の成功者」という範型であり、この範型と一体である「学校の高度な合理的権威と継続的監視という構造」である。つまり、「ランカスターは、［ピューリタンの］臣従・敬虔・抑制・威信のペダゴジーを、市場関係・市場過程とともに組織される流動的な階級社会にふさわしい［業績指向の］ペダゴジーに置き換えた」のであると（Hogan 1989 : 414-5）。

ホーガンのモニトリアル・システム論は優れた洞察と豊かな引証に満ちているが、五年後に同論文を批判する論文が発表された。ジョンソンの「「詠唱する聖歌隊」」（"'Chanting Choristers.'"）である（Johnson 1994）。ホーガンは、モニトリアル・システムは「クラス全体がいっせいに教えられる」から「一斉教授」であるととらえているが（Hogan 1989 : 386）、ジョンソンは、モニトリアル・システムは大混雑するクラスのなかで（ほぼ二〇〇～四〇〇人くらい）なんとか安価に「個別教授」を維持しようとして生みだされた工夫であるととらえている。ジョンソンによれば、モニトリアル・システムにおいては、一〇～一二人以下の子どもが一人のモニターの周りに集まり、順番にモニターの指示に応えた。子どもは、失敗すると後ろにまわってもう一度同じことを繰りかえし、成功すると次のより高度な課題を与えられた。たしかにモニターは、同一行動を子どもたち一人ひとりに要求していたが、それを「一斉教授」と呼ぶことはできない。一斉教授は、同質集団としてのクラスの子どもに(子どもの認知レベルのばらつきを無視し)同一内容を同一時間に与えることだからである(Johnson 1994; 田中 1999d)。

ジョンソンの所論は、具体的な史料にもとづく実証的な議論であり、また論理的にも整合的であるが、モニトリアル・システムが一斉教授ではないという彼の指摘は、モニトリアル・システムが業績を指向する競争的(市場的)な人格形成に合致しているというホーガンの解釈を棄却するものではない。その意味では、ホーガンのモニトリアル・システム論は今も有効である。しかし、ジョンソンの所論は、そしてホーガン自身が「試験・業績・道徳」("Examinations, Merit, and Morals")という論文で示しているように(Hogan 1992)、モニトリアル・システムよりも一斉教授(と一斉試験)のほうが業績指向の人格形成になじむ、という仮説を導いてくれる。近代社会が求める公正な競争には、同一の教育内容と同一の教育時間という同一の条件がかかせないからである。

このように考えるなら、競争指向の教育、いいかえるなら、子どもに業績を指向させる教育の存立条件をめぐって問われるべきことは、一斉教授を可能にしたもの、すなわち同一の教育時間(速度)を可能にする同質集団としてのクラスの出現であり、また同一の教育内容としての教科書ということになるだろう。

4 本書の構成

市場革命 以上の関連諸研究をふまえたうえで、一つの通奏低音を設定しよう。それは、貨幣経済の社会的規模への拡大としての「市場革命」である。すなわち、消費財、耐久財、文化財、労働力などをめぐって、貨幣を媒介とした競争的取引が一般化していくことである。さきにとりあげたカッツ、ホーガンが論じていたように、一八世紀末から一九世紀前半にかけてのアメリカの社会情況に密接にかかわっていた事象は、この市場革命である*。

* 市場革命と近代社会との密接な関係は、もちろんアメリカに限られた事象ではない。ルーマンの言葉を引用しよう。「近代社会の成立にさいして、貨幣経済への移行が一つの重要な――それどころか、多くの人の考えるところでは決定的な――役割を演じたことは、疑う余地がない」(Luhmann 1988: 43=1991: 33)。

注目したい点は、近年、複数の社会史研究者が論じているように、一九世紀のアメリカにおいては、市場革命によって増大した消費財、耐久財、とりわけ文化財が、自律的個人という在りようを物質的に可能にしていったということである。たとえば、大衆が購入できる新聞、雑誌、書籍、また利用できる郵便、電信などの文化財の増大とともに形成されていったものが「大衆文化」であり、この大衆文化が創出したものが消費者の自発的選択にもとづく「自己決定」の機会である。つまり、個人の自律性を具現化したものは、商品の選択、職業の選択、生活様式の選択といった日常の選択行為である(John 1995; Bushman 1992; Howe 1997: 111)。

もう一つ注目したい点は、市場革命が貨幣をつうじてすべての価値を平準化するという効果をもたらしたことである。それは、貨幣の無差別的な表現力によって、すべての人・物の実存的な意味が排除され、市場的な価値が突出することである。そしてひとたび、人・物が実存的な意味の源泉から市場的な価値の差異に転じるなら、人びとはたえず市場的な価値に換算可能な有用性を追い求め、競争に明け暮れることになる。それは、人びとが伝統的な地域共同体から解放され、自分の社会的地位、また自分の内面形成力を自分の力で獲得できると考えること、つまり自律性の確保を可能にすることであるが、同時に、人びとが他者とのかかわりを軽視し、自分の代替不可能性(かけがえのなさ)、自分の共鳴可能性を看過すること、つまり実存的な不安を常態化することでもある*。

* ちなみに、「近代社会」を「近代的な人口集合」と呼ぶ森重雄は、そこは「大人がいわば逃げ水のように遠ざかっていく空間」であり、「誰でもないが誰にでもなれる者たちが増殖する空間」であると述べている(森 1999: 15)。彼によれば、人びとは、この空間において、希少な社会的地位をめぐって闘争を繰り広げなければならない。そして、この闘争を「脱政治化」し、人びとに近代的な人口集合空間を受容させる支配の形態が、近代的統治論が語る意図的社会化形態、つまり「モダニティとしての教育」である(森 2000: 18)。

完全性論と道徳哲学 このように、自律性を可能にしつつも実存的な不安を常態化する市場革命のなかで、人びとが生みだした思想が、のちに「リベラリズム」「個人主義」と形容される思想であり、本書の第一のテーマである人格形成概念の文脈である。その源流は二つに分けられる。一つは、この世界の外部にいる神の定めた善悪の規準よりも人間の創出する善悪の規準を重視する完全性論であり、もう一つは、この神の定めた善悪の規準を人間の内部(自然本性)に見いだす道徳哲学である。

完全性論は、ルソー、コンドルセのようなフランスのフィロゾーフに端的に見られるもので、人間がこの世で「完全性」に到達できる存在であり、「完成可能性」(perfectibility/perfectabilité)そのものであるという考え方である(Lovejoy 1936=1975; Passmore 1965, 1970; 田中 1993a)。ほとんど指摘されていないが、アメリカでもっとも早く人間を完成可能性ととらえたのはフランクリンである。フランクリンは「ヴァーチュ」*の形成によって「道徳的完全性」に到達することをとなえたが、万人が「道徳的完全性」に到達できるとは考えていなかったように見える。第1章の課題は、この点、つまりフランクリンのヴァーチュ論が人格形成論といえるかどうかを確認することである。

＊　virtue はしばしば「徳」と訳されるが、virtue は、もともと「人格・功徳」を意味する日本語の「徳」に相当するとは考えられない（大野・佐竹・前田編『岩波古語辞典』参照）。したがって、ここでは「ヴァーチュ」と表記することとした。対語である vice についても、同じ理由で「ヴァイス」と表記することにした。しかしこのために、virtuous を「ヴァーチュオス」、vicious を「ヴァイシャス」と表記せざるをえなくなった。

スプリング、ホーガン、そしてハウが指摘しているように、アメリカの道徳哲学はスコットランド道徳哲学に由来し、内在的審級としての「道徳的センス」「コモンセンス」を核としつつ、人格の道徳性・形成可能性、個人の自律性という概念を主題的に論じていた。一八世紀後半にエディンバラからアメリカに移住してきたウィザースプーン（Witherspoon, John）は、アメリカの道徳哲学の始祖と見なされている。これもほとんど論じられていないが、ウィザースプーンは、すべての人間の内部（自然本性）に「道徳的センス」を見いだすことで、すべての人間の救済可能性、道徳化可能性を語り、子どもの非抑圧的な教育方法を論じている。第2章の課題は、このウィザースプーンがどのように人格（形成）を語っているのかを確認することである。

近代的統治論とリベラル・プロテスタンティズム　つづいてとりあげるテーマは教育システムとの関係であるが、一九世紀前半のアメリカにおいて、人格形成を教育システムと結びつけた言説も、二つに分けられる。一つは国家形成期にラッシュ、ジェファソン、ウェブスターたちがとなえた教育システム論であり、もう一つは前南北戦争期にニューヨークのクリントン（Clinton, De Witt 1769-1828）、ペンシルベニアのヴォークス（Vaux, Roberts 1786-1836）、マサチューセッツのマン（Mann, Horace 1796-1859）、コネチカットのバーナード（Barnard, Henry 1811-1900）たちがとなえたコモンスクール論である。図式的にいえば、国家形成期の教育システム論に密接にかかわってる言説が近代的統治論であり、前南北戦争期のコモンスクール論に密接にかかわっている言説がリベラル・プロテスタンティズムである。

教育学においてはこれまでほとんど指摘されてこなかったが、国家形成期の教育システム論は近代的統治論の一部と考えられる。近代的統治論は、これまで「重商主義」「カメラリズム」「重農主義」「ポリツァイ論」と呼ばれてきた言説であり、フーコーによれば、これらの言説は、全国民を「人口」と表象し、出生率・死亡率・罹患率などによって計量可能な実体と見なし、またこの「人口」としての全国民にたいして「公衆衛生」「公教育」という公共管理を行い、国民全体を道徳化し労働力化することをとなえていた(Foucault 1994 = 1998-2002, No. 257 ; cf. 坂上 1999)。第3章の課題は、ラッシュ、ジェファソンの教育システム論を近代的統治論の一環として位置づけ、そこで人格形成という教育概念がどのように語られたのかを、確認することである。

コモンスクール論をささえていた言説は、タイアック、ケースルらが指摘しているように、リベラル・プロテスタンティズムである。リベラル・プロテスタンティズムの基本的な主張は、人間の自然本性の道徳性・可塑性であり、救済の自己決定の可能性である。リベラル・プロテスタンティズムは、折からの産業化・市場化・移民増などがもたらす社会的混乱をただすために、近代的統治論の公共管理を具体的な「施設」として実現する〈改革〉運動を展開していった(〈改革〉の山カッコの意味については第4章第1節を参照)。監獄、アサイラム、病院、教護院、日曜学校、そしてコモンスクールは、この〈改革〉運動のなかではじめて作られた。第4章の課題は、おもにペンシルベニア州を事例として、コモンスクール論がリベラル・プロテスタンティズムにささえられた〈改革〉運動の一環であることを確認するとともに、そこで人格形成という教育概念がどのように語られたのかを、確認することである。

教育実践の効果　最後にとりあげるテーマは、一九世紀のコモンスクールで展開された競争指向の教育実践であり、この競争指向の教育実践が人格形成という教育概念に与えた影響である。ホーガン、フィンケルスタインが指摘しているように、アメリカのコモンスクールで競争指向の教育が定着する時期は、およそ一八五〇年代であるが、この時期は、均質な生徒集団としてのクラス、均質な学校知としての教科書、公正な選抜方法としての一斉試験が制度化される時期であると同時に、競争指向の教育を批判する情愛指向の教育が提唱される時期でもある。

情愛指向の教育が暗示しているように、競争指向の教育は、旧来のプロテスタンティズム、そしてキリスト教にそぐわない営みである。『聖書』で説かれているように、キリスト教においては、「競争」(emulation)は、「挑みあうこと、妬みあうこと」とともに、「聖霊」(Spirit)の営みではなく「肉欲」(flesh)の営みであり、「神の国をうけつぐ」者にふさわしくない所業だからである(Bible KJV 1972 [Galatian 5, 19, 26])。競争を指向する教育は、すくなくとも真摯なプロテスタンティズム、キリスト教とは根本的に矛盾する営みである。

情愛指向の教育を提唱したホレース・マンが「競争」を激しく批判した理由も、ここにあった。第5章の課題は、この時代に広く説かれた情愛指向の教育論を実質的に退け、競争指向の教育実践を促進していっただろう学校の物質的条件すなわちクラス、教科書、試験の出現・流布を可能なかぎり確認するとともに、競争指向の教育実践が人格形成という教育概念に与えた影響を推論することである。

第1章　ヴァーチュの習慣形成
——成功という幸福

Virtue of Habitus: Happiness as Success

〈要約〉　一八世紀初期から一八世紀末期にかけて、ニューイングランドにおける人びとの生き方が大きく変化しはじめた。人びとの生き方は、共通の回心体験にもとづくピューリタン的な共同体に根ざしたものから、フランクリン的な個人主義にささえられたものに変化しはじめていた。フランクリン的な個人主義は、宗教的救済よりも世俗的成功を指向するという生き方であり、他者の評価を気にしつつも自分を信頼するという考え方である。こうした生き方・考え方を端的に表しているのが、彼のヴァーチュ論である。フランクリンのいうヴァーチュは、宗教的救済の結果ではなく世俗的成功をもたらす手段であり、〈人間は道徳的に完成可能である〉というフィロゾーフ的完全性論、また〈習慣が行動を規定する〉といういささか古典的な習慣論にささえられていた。しかし、フランクリンは、ヴァーチュを大規模に形成する公教育論をとなえなかった。さまざまな理由があったのだろうが、その理由の一つは、〈多くの人間は救うに値しない〉という、晩年になって現れた彼の人間論に求められるかもしれない。ともあれ、こうしたフランクリンのヴァーチュ論の背後に見えるものは、部分的ではあるにしても、アメリカにおける貨幣経済の広がり、共同体の揺らぎである。

1　共同体的な生から個人主義的な生へ

個人主義　アメリカの社会学者ベラー（Bellah, Robert M.）は、『破られた契約』、『心の習慣』において、一八世紀後半から一九世紀初期にかけてのアメリカ社会の変化を記述するために、二つの概念を用いている。一つは「共同体」であり、もう一つは「個人主義」*である（Bellah 1975＝1983: 199ff; Bellah et al. 1985: 27ff）。図式化していえば、ベラーにとって、共同体は一八世紀前半までアメリカの人びとの生き方を規定していたもので、その中心は「契約」（contract）、「回心」（conversion）に象徴される、神にたいする敬虔な態度だった**。これにたいして、個人主義は一八世紀後半からアメリカの人びとの生き方を規定していったもので、その中心は道徳的・理性的な分別だった。

*　英語のindividualismは、トクヴィル（Tocqueville, Alexis de 1805-1859）が用いたindividualismeの（Henry Reeveによる）訳語として一八四〇年に登場したといわれてきたが、ＯＥＤは、このトクヴィルの使用した言葉の訳語に先行し、一八二七年にindividualismが使用された例をあげている（OED 1991: individualism）。なお、革命期アメリカにおける個人主義の誕生についてはKloppenberg 1987; Shain 1994を参照。これらの研究は、革命期アメリカの政治論にみられる個人主義がプロテスタント的な共同体主義を前提にしていたことを実証しようとしている。

**　ピューリタンのカルヴィニズムにおいては、人は「聖霊」の「天啓」（revelation）とともに「回心」を遂げることで「再生」（regenerate）し「義認」（justify）された。ごく簡単にいえば、回心は、①神の法（律法）を知ること、②自分の罪を自覚すること、③キリストの救済の力を信じること、④神への疑念、自分への絶望と闘うこと、④善行を積むことで救済を確保すること、である。とりわけ重要なことが自分の罪を自覚すること、すなわち「私は我意をもっているのではないか」と自分に自分が嫌疑をかけることであり、つきつめれば、「自己」を否定することである。自己を否定する理由は、自己ないし「自己愛」（amore propre）が「原罪」（peccatum originale）だからである。自己愛は、律法遵守を妨げるという意味で、人の原罪である。律法は、たとえば「汝の隣人を汝のごとく愛せ」と命令するが、人は自己愛のせいで他者を他者のために愛することができないからである。また律法は「神をほかのなにものにもまして愛せ」と命令するが、人は自己愛のせいで神を神のために愛することができないからである。

しかし、人びとに回心の準備つまり道徳的生活を営むことを要求するカルヴィニズムは、すくなくとも三つの決定的な矛盾を内包したままだった。第一に、神の意志が不可知であるのなら、人はどうやって神の意志にふさわしい道徳的義務を知りうるのか。第二に、道徳的努力をしても神の定めた自分の運命が変わらないのなら、人は道徳的努力などしなくなるのではないのか。第三に、そもそも人間が原罪を背負った責任が人間自身にあるにしても、神は人間に原罪の責任をとれといっているのだから、人間には原罪を回避できるだけの道徳的能力があるのではないのか。ピューリタンは、早くからこのような、カルヴィニズムの予定説がかかえていた矛盾に気づいていた。

ピューリタンがカルヴィニズムの予定説の矛盾を解決するために考えだしたものが、人の「自由意志」を信仰の核にすえた「契約神学」(covenant theology)である。それは、パーキンス(Perkins, William 1558-1602)、シッブズ(Sibbes, Richard 1577-1635)、エイムズ(Ames, William 1576-1633)が展開した神と人との契約論であり、神と人との契約は神の意志だけで可能になるものではなく、人の意志があわさって可能になるという考え方であり、「半途契約」(half-way covenant)と呼ばれた。半途契約は、いいかえるなら、人が自分の自由意志にもとづいて神を信仰するかぎり、すなわち「再生の印」(seeds/signs)を内面に探究しつづけるか、信徒の義務である「召命」(calling)の義務を果たすかぎり、その人は義認されて浄化されるという考え方である。イングランドの会衆派ピューリタンは、こうした契約神学を一六四六年の教会会議で正式に承認し、ニューイングランドの会衆派ピューリタンも、一六六二年の「半途会議」(Half Way Synod)でこれを承認した(Hogan 1990c : 99ff; Miller 1953 : 40ff; Kuklick 1985 : 5ff)。

一八世紀後期から二〇世紀にいたるアメリカ社会の趨勢を俯瞰するとき、私たちはベラーとともに、個人主義的な生が共同体的な生から分出していったという、およその事態を認めることができる。一八世紀後期あたりから、ピューリタン的なヴァーチュは魅力を失いはじめ、政治は対立する諸利益のアリーナという様相を呈してきた。それは、教会的権威(を象徴する回心体験)という、人びとを一つにまとめていた宗教的メディアが失われていったということであり、宗教文化的な共同体の拘束力がしだいに弱体化していったということである。

こうした個人主義的な生を体現している人物がフランクリン(Franklin, Benjamin 1706-90)である*。ベラーは次のように述べている。「フランクリンは『救われるために私はいったいどうすればよいのか』という叫びをけっしてあげなかった。彼は、『アメリカ的な一回生まれ（once born）の人間』という、長いアメリカ的な伝統の最初をかざる人物である。『一回生まれの人間』は再生の必要をほとんど感じない。彼らは自分や自分の義務に一心に献身し、自分の成功を子どものように喜び、ごくまれにしか苦い灰の味を味わうことがない」と（Bellah 1975=1983: 139）。

＊　一八三〇年代にアメリカを訪れたトクヴィルは、アメリカの民主制が個人主義によってささえられていると考えた。個人主義は「アメリカ社会における人びとの道徳的・理知的な傾向性（dispositions）の集大成」であり、それと意識されることなく実践される「心の習慣」（habits of the heart）であると（Tocqueville 1961 [1835-40]: 287）。そのトクヴィルが個人主義の創始者と位置づけた人物、すなわち「みずからを自立させる思考の習慣を形成し、自分の運命全体は自分の手中にあると思い込む」習慣を創出した人物も、フランクリンである（Tocqueville 1961 [1835-40]: 508）。

virtue と character　この時代に、フランクリンのような世俗的成功を求める個人がなぜ生まれたのか、その理由を考えることはきわめて興味ぶかいが、ここでその問いに答えるための生育史的・経済史的・政治史的・宗教史的な総合研究を行うことはできない。その種の研究については、ウッド、モーガンたちの詳細な研究に委ねたい（ex. Wood 1987; Morgan 2002）。ここで私が試みることは、アメリカにおける人格形成論の端緒を明らかにするために、フランクリンの世俗的成功指向を端的に表している概念と、その背後にある思想を確認することである＊。

よく知られているように、フランクリンの世俗的成功指向を端的に表している概念はヴァーチュである（日本でも有名な「一三の徳」の「徳」の原語は virtue である）。フランクリンも、形成可能な道徳的内面性という意味で character という言葉を使っているが、数少ない。おそらく、道徳的内面性を意味する character の用法がまだ一般的ではなかったためだろう＊。たとえば、一七四三年に書いた「有用な知識を普及させるための提言」で、彼は一度も

characterという言葉を使っていない。一七四九年に書いた「ペンシルベニアにおける若者の教育にかんする提言」では、本文中で二回、註で一回、使っているだけである。本文中の用例は「人間のcharacterの向上と堕落の諸原因」「私人として宗教的characterをもつことの有利さ」である。引用の用例は「充分な練習はリベラルなcharacterを形成するうえで中心的な役割を果たすと考えられる」というターンブル(Turnbull, George 1698-1748)**の言葉である。どちらも人為的に形成可能な道徳的内面性を意味している(Franklin 1959-[1743] : 378-383 ; 1959-[1749] : 397-421, 403, 412, 413)。

* たとえば、アメリカの牧師(神学者)マーザー(Mather, Cotton 1663-1728)は、一六九九年に書いた養育論『秩序正しい家族』(「子どもにたいする両親の義務」「両親にたいする子どもの義務」という有名な二編からなる本)のなかで、characterという言葉を二回だけ使っているが、彼は、そのときcharacterを人間に「神が残した痕跡」という意味で使い、人為的に形成可能なものとは考えていない(Mather 1699: 22, 55)。マーザーが人間の「魂」を神の統括する領域と考えていたカルヴァン派ピューリタンの牧師だったことを考えるなら、それは当然のことだろう。

** ターンブルは、エディンバラ大学を一〇年かけて卒業し、シャフツベリ(Shaftesbury, 3rd Earl of [Anthony Ashley Cooper] 1671-1713)と親交のあったスコットランド道徳哲学者である。有名な道徳哲学者リード(Reid, Thomas)は彼の弟子にあたる。フランクリンが一七四九年の「提言」で言及・参照しているのは、ターンブルが一七四二年に公刊した『リベラル教育についての考察』(*Observations upon Liberal Education*)である。

まず、フランクリンのヴァーチュが世俗的成功をもたらす手段として位置づけられていたことを確認したい(第2節)。つづいて、そのヴァーチュが〈人間は道徳的に完成可能である〉という完全性論、また〈習慣が行動を規定する〉という習慣論にささえられていたことを確認したい(第3節)。しかし、フランクリンは人格はもちろんヴァーチュを大規模に形成するための公教育論をとなえなかった。さまざまな理由があったと考えられるが、ここでは、その理由の一つを彼の〈多くの人間は救うに値しない〉という、晩年になって現れた人間論に求めてみたい（第4節）。最後に、フランクリンのヴァーチュ論の背後に見える社会情況についてふれよう（第5節）＊。

＊　フランクリンの教育思想については、パングル／パングル（Pangle/Pangle 1993）、フィアリング（Fiering 1978）、スターツ（Stourzh 1953）の研究がある。また、アンダーソン（Anderson 1997）は、フランクリンがスコットランド道徳哲学に親しんでいたことを具体的に示している。

2　成功をもたらすヴァーチュ

救済よりも成功を求めて　一八世紀の西欧社会において、virtueは「卓越性」「完全性」「勇気」「争う力」「恩寵の効果」「薬の効能」などを意味していた＊。たとえば、ロックにとってそれは「至高存在としての神」にささえられた「実質的で本質的な善」を意味し（Locke 1968 [1693]=1967 : Sec.70）、アダム・スミスにとっては「自己防衛力」「復讐の力」を意味していた（Smith 1950 [1776] : b.5-c.1-a.2）。アメリカの高名な神学者エドワーズ（Edwards, Jonathan 1703-58）にとってそれは「神の愛」（caritas）にささえられた「心の傾向性」を意味し（Fiering 1981c : 314-5 ; 1978 : 201-2）、フランクリンにとっては「節制」「沈黙」「秩序」「決断」「倹約（質素）」「勤勉」「誠実」「正義」「中庸」「清潔」「平静」「純潔」「謙譲」という一三の規範（先ほどふれた「一三の徳」）を意味していた（Franklin 1964 : 150）。

＊　ヴァーチュをめぐる一七、一八世紀のアングロサクソン系の政治思想については、Pocock 1985 を参照。

もっとも、フランクリンのいうヴァーチュはかならずしもこの一三の規範すべてを意味していたのではなく、しばしば「勤勉」「倹約」に特化されていた。それは、フランクリンがヴァーチュを基本的に世俗的成功を収め富を得るための手段として機能的に位置づけていたからだろう。彼は、一七世紀のピューリタンとはちがい、富は神意に反するがヴァーチュは神意に適うとは考えていなかった。彼にとってまず、富はヴァーチュを保証するものだった。たとえば、彼は「からっぽの袋はまっすぐに立ちにくい」という俗諺を引き、「いつも正直に暮らすことは貧乏人にとってはとても困難である」と述べている(Franklin 1964: 164)。また彼にとって、ヴァーチュは富を保証するものだった。彼は「富にいたる道は……市場にいたる道にひとしい」といい、その道は「勤勉と倹約という二つの言葉にささえられている」と述べている(PBF 1959- vol. 3: 308)。すなわち「怠惰はすべてを難しくし」「ちりも積もれば山となる」と(PBF 1959- vol. 7 [*Poor Richards Improved*]: 343, 345)。

「笛」(*The Whistle*)の名前で親しまれている、一七七九年のブリロン夫人(Madame Brillon)宛の手紙は、フランクリンのこうした成功指向をよく示している。フランクリンはその手紙で、「もしも私たちが笛のために多くを費やさなければ、私たちはすべてにおいて、自分の行為からもっと善いものを得られるだろうし、悪いものに悩まされることもないだろう。私が知るかぎり、不幸な人のほとんどはこの忠告を無視したために不幸になっている」と述べている。「笛」は、フランクリンが子どものころにほしくてたまらず「全財産をはたいて手に入れた」ものだが、家族の教えるところによれば、その笛の値段は「通常の四倍」だった。この事実にフランクリンはひどく打ちのめされたが、同時に「笛に多くを費やすな」という教訓をえた(PBF 1959- vol. 31 [Nov. 10, 1779]: 73-4)。

フランクリンの眼から見るなら、巷には「笛に多くを費やす」行為があふれていた。たとえば、「自分の自由・ヴァーチュ・友人を犠牲にして、恋愛に夢中になること(ambitious of court favor)」、「自分の仕事を忘れて、政治活動にのめりこむこと」、「富を増やすことを忘れて、他者への善行、仲間からの賞賛、慈しみの友情にかまけること」、「心の改善、才能の開花を忘れて、快楽に溺れること」、「自分の外見・いい服飾・いい家屋・いい家具・いい道具にこだわり、借金をすること」、「美しく優しい女性が性悪で乱暴な男と結婚すること」である。フランクリンにとって、こうした「笛に多くを費やす」行為は、やろうとしていることの社会的・経済的価値の算定に失敗することだった。「ようするに、私の考えるところでは、人類を苦しめる悲惨のほとんどは人類が自分で招いたものであり、人類が行為の価値算定を誤った結果である」(PBF 1959- vol. 31 [Nov. 10, 1779]: 74)。

フランクリンの「行為の価値算定」は、意思決定のときにそれぞれの選択肢のもたらす利益を比較考量することである。フランクリンはそれを「道徳的・熟慮的な算術」(Moral or Prudential Algebra) とも呼んでいる。

> 「なるほど[どのような方法で測ってみたところで、意志決定をする]理由の価値算定は、算術の数値計算 (Algebraic Quantities) の精確さにおよぶものではない。しかし、二つのものを区別しながらも比較可能なものと見なすなら、もっと上手に意志決定できると思うし、勇み足を減らすことができると思う。実際、私は、理由の価値算定と算術の数値計算とをひとしいものと考えることによって、つまり道徳的・熟慮的な算術というべき方法によって、たいそう得をしてきた」(PBF 1959- vol. 19: 299-300)。

ちなみに、スコットランド道徳哲学者のシャフツベリも、一七一一年の「ヴァーチュないし業績にかんする研究」(*An Inquiry concerning Virtue or Merit*) において「道徳算術」(moral arithmetic) の必要性をとなえている。それは「幸福の主たる合計や大まかな勘定を（足し算や引き算によるがごとく）増減させるすべての事項を計算」することである。一見すると、これはフランクリンの「道徳的・熟慮的な算術」と似ているように思えるが、柘植が述べているように、シャフツベリの場合、フランクリンとはちがい、「道徳算術は徳［＝ヴァーチュ］を幸福や利益によって基礎づけるものではな」かった（柘植 2003：28-9）。つまり、シャフツベリの道徳算術は、フランクリンの算術とはちがい、ヴァーチュの多寡を利益の多寡によって測定することではなかった。

神よりも社会を意識して　フランクリンにとって、成功を求めることは、他者から肯定的に評価されることを必要としていた。自分の成功ばかりを追い求めて他者をないがしろにしていれば、不興を買い、結局、成功することができなくなるからである。成功するためには、つねに他者から肯定的に評価されなければならない。フランクリンは『自伝』のなかで、自分が「信仰心の欠如から当然、予想される下劣な不道徳や不正義をまったく意図的に犯さなかった」のは、自分が「真実、誠実、完全性の原理にしたがって、人と取引した」からであると述べている（Franklin 1964: 115, 114）。フランクリンのいう「真実、誠実、完全性」は、たとえば、嘘をつかない、相手を裏切らない、いいかげんな仕事をしない、といった対他関係の倫理である。

フランクリンは、結局書かれることはなかった『ヴァーチュにいたる道』という本でも、宗教的な信仰よりも社会的な取引関係の重要性を論じようとしていた。フランクリンは『自伝』のなかで同書の主題にふれて、次のように述べている。「天啓（revelation）は、実際、それ自体としては、私にとって何の意味もない」。「悪行は、［神によって］禁じられているから有害なのではなく、［他者にとって］有害だから禁じられている。人間の自然本性を考えてみただけでもわかるように、［真実、誠実、完全性をめざすという］ヴァーチュオスな行為は、すべての人間とりわけこの世で幸福になろうと望む人間にとって有益な行為である」と(Franklin 1964: 115, 158)。

このように「幸福」にたいして貪欲なフランクリンにとって、人間の「自尊心」(pride)は、ピューリタンが考えるような重大な道徳的問題ではなかった。たとえば、同時代の神学者エドワーズにとっては、自分を誇ることは自尊心という最悪の罪を犯すことだったが(Edwards 1963: 10-12)*、フランクリンにとっては、自尊心は無理に否定するべきものではなかった。「実際、私たちの生来の情念のうちで、自尊心ほど抑えがたいものはない」からであり、自尊心は、「他者」から厭われない程度に抑制されるなら、それでよかったからである。彼は『自伝』に「謙譲の態度で自分の意見を述べるなら、かえって人に受け入れられ、反対されることもない」と書いている(Franklin 1964: 160［傍点引用者］)。それはつまり、人はその自然本性からして他者よりも自分を選ぶが、他者から賞賛され援助されなければ成功できないから、誰よりも優れていても、優れていないかのようにふるまえばよい、ということである。

＊　エドワーズの自尊心論については、フィアリングの研究(Fiering 1981c: 182-184)も参照。

同じようなことが「人格」(character)についてもいえる。フランクリンにとっての「人格」は、他者が「勤勉」「倹約」「堅実」といった規準にもとづいて人に与える「信用」の総量であり、しかも内面的な「実体」ではなく印象的な「外見」だけでもよいものだった。先にふれたように、フランクリンは「人格」という言葉をあまり用いていないが、『自伝』のなかで次のように述べている。「商人としての私の信用と人格を守るために、私が注意したことは、実際に(in *Reality*)勤勉に働いたり倹約を心がけたりすることだけでなく、それと反対に見える外見(*Appearance*)をすべて見せないことだった。私は普通の服を着た。怠け者があつまる場所には行かないようにした。釣りにも狩りにもけっして行かなかった。……商売を手堅くやっていることを見せるために、私はときどき何軒かの店で買ったものを荷車に乗せて、大通りを通ってうちに帰った」(Franklin 1964 : 125-6 [傍点は原文イタリック])。

こうした自尊心、人格についての考え方に暗示されているように、フランクリンにとって人間は、他者から見てヴァーチュオスと見えるだけで十分にヴァーチュオスだった。ピューリタンのように、ヴァーチュは、回心にもとづいて生成した道徳的内面性が外に現れたものである必要はなかった。ヴァーチュは、「態度」、「外見」、「習慣」でよかった。彼は『自伝』のなかで「私はヴァーチュを完全に自分のものにしたと誇ることはできないが、すくなくとも外見についてだけは、とてもよく達成したと思う」と述べるとともに、「私の意見が市民の間で早くから重視されたのも、さまざまな公的な会議に委員として参加したのも、そこで大きな権力を行使できたのも、もっぱらこのヴァーチュの習慣［外見］のおかげである」と述べている (Franklin 1964 : 159-160)。

こうしたフランクリンのヴァーチュ概念は、ピューリタンのそれにくらべるなら、じつに世俗的である。ヴァーチュは神から与えられる神聖なものであり、道徳的内面性の本質であるというピューリタン的な考え方は、フランクリンのなかに見いだすことができない。それはいいかえるなら、すくなくともこの世のことにかんしては、フランクリンが、善悪の判断基準を宗教的なものから社会的なものに移行させたということである*。

* フランクリンが善悪の価値規準を宗教的なものから社会的なものに移行させたことは、同時代のアダム・スミスの道徳論を思いおこさせるだろう。スミスにとって、人間は全員「共感の能力」(capacity of sympathy) をもっているが、基本的に「孤立的個人」である。孤立的個人が準拠する善悪の判断規準は「共感の能力」ではなく、the world / mankind / spectator と表現される「他人の視線」である。アダム・スミスにおいては、「他人の視線」という社会的なものが「自己の行いを規定する偉大な審級」(great arbiter of his conduct) である (Smith 1976 [1759] : 113)。

他者の評価を気にしつつ自己を信頼すること　このようなヴァーチュ概念に連動しているのは、世俗的成功が「幸福」

(happiness)の重要な要素であるという(今となってはありふれた)考え方である*。フランクリンは『自伝』のなかで「自分がいつも幸福でいられたのは、神の恩寵があったからでもあるが、私がささやかな工夫をしたからである」と述べている(この「ささやかな工夫」は自律することである)。そこで彼があげている「幸福」とは、「長く健康であり今も強健であること」「財産を作り、有用な市民となり、知識人の間で有名になったこと」「国民の信頼を得て、名誉ある仕事を託されたこと」「人から好感をもたれたこと、今も若い人に好かれていること」である(Franklin 1964: 160)。端的にいえば、彼の求める「幸福」とは健康と成功(財産・能力・賞賛)である。

* フランクリンの幸福論はロックの幸福論に類似している。ロックが『人間知性論』で述べているように、ロックにとっては「幸福の追求」(pursuit of happiness)は、すべての個人が自己決定する自由をもち、自分の求める快適なものを実際に求めることである。「幸福と不幸とは二つの極端な名前であり、それらの極まるところはわからない。……最大限の幸福は私たちに可能なかぎりの極度の快適であり、最大限の不幸は極度の苦痛であり、幸福と呼べる最低度は、ある人が最小限度満足できるくらいに苦痛から解放され、さしあたり快適である状態である」。「私たちが適切な検討にもとづいて判断したとき、私たちは私たちの義務を果たし、私たちの幸福の追求においてできることまたはなすべきことをなしたのである。公正な検討の最終的な結果として、欲望し意思し行動することは、私たちの自然本性の欠点ではなく完全性を示している。これは……まさに自由を増進し自由に有益である」(Locke 1987 [1690]=1972-7: Book 2, Chap. 21, Sec. 41-2, 47-8)。そして、『統治二論』で述べているように、ロックにとって、自己決定する自由のもっとも合理的な形態は、財産ないし所有物を獲得し増大させることである(Locke 1967 [1689]=1968)。

フランクリンにとってこのような「幸福」を可能にするものは、日々自律的に生きることである。「人間の幸福は、めったにないような幸運がもたらす大いなる平和によって生み出されるのではない。それは、毎日生じているようなささいな利便によって生み出される。たとえば、貧しい青年に自分で髭をそること、良い剃刀を用意することを教えることは、彼に一〇〇〇ギニーを恵んでやることよりも、彼の人生を幸福にするだろう。……よくあるように、床屋で待たされたり、ときどきその汚い指、臭い息、酷い剃刀などで嫌な思いをしたりする心配はなくなり、自分の好きなときに良い剃刀で髭をそる喜びを毎日あじわうことができるからである」(Franklin 1964: 207)。

フランクリンの成功＝幸福論は、先に見たように他者からの肯定的評価を必要としているが、基本的に自分だけを信頼するという生き方にささえられている。フランクリンは、当時の共同体の揺らぎを意識してのことだろう、『貧しいリチャード』のなかで、「他人を信頼し、すべてをその人にまかせるようなことがあれば、破滅することが少なくない」と述べている。「富は用心深い者に与えられる」。「忠実で好感のもてる使用人がほしいなら、自分自身が自分の使用人になるべきである」と(PBF 1959- vol. 7 [*Poor Richard Improved*, 1758]: 344)。

このような自己信頼を背後からささえていたのは、先に述べた強固な自尊心である。フランクリンにとっては、誰にも屈従せずに自律していることが重要なのである。一七五七年にフランクリンは、借金をしたときのことを例にとって、「そもそも、自由な人間として生まれたイングランド人は、相手が誰だろうと、顔を合わせるのを恥じたり、話しかけるのを恐れたりしてはならない」と述べている。それができないのなら、借金などするべきではないと。「他人から金を借りることは、その人に自分の自由を売り渡すことである」。「借り手は貸し主の奴隷であり、債権者は債務者の主人である以上、重要なことは[借金のような]自分を束縛する鎖などには目もくれず、自分の自由を失うことなく、あくまでも自律しつづけることである」と(PBF 1959- vol. 7 [*Poor Richard Improved*, 1758]: 347-8)。

3　道徳的完全性へ

道徳的完全性に到達すること　フランクリンの強烈な自尊心は、人間は「道徳的完全性」(moral perfection)に到達するという考え方を生みだした。ピューリタンにとっては、人間はどれほど善い「心の習慣」をもとうとも、人間だけの力で「完全性」にいたること(回心し義認されること)は不可能だった。人間が救済されるためには、かならず神からの「天啓」という「恩寵」がなければならなかった。しかし、フランクリンにとっては、人間は善行を重ねることで、人間の力だけで「道徳的完全性」に到達することができるはずだった。「いかなるときも、いかなる過失にもかかわらないままに」生きることができるはずだった(Franklin 1964: 148)。

フランクリンのいう「道徳的完全性」は、そのころヨーロッパで論じられていた「完全性」(perfection)の概念を前提にしたものである*。一七二八年に書いた「宗教的な信念・行動について」("Articles of Belief and Acts of Religion")のなかで、フランクリンは「人間は神についでもっとも完成された存在ではない。人間よりも劣る多くのものが存在するように、人間よりも優れた多くのものが存在する」と述べている(PBF 1959- vol. 1: 101)。フランクリンは、このとき明らかに諸存在の織りなす宇宙論的な秩序において人間が「不完全な位置」(imperfection)にあると考えていた。しかし、一七三〇年代になると、フランクリンは、この人間の「不完全な位置」を人間の「未完成な状態」(imperfection)にずらしていった。つまり、彼は、完全性の位置する文脈を固定的な宇宙論から生成的な現実論に引き下げる(ずらす)ことによって、〈永遠に完成されない人間〉を〈まだ完成されていない人間〉に、すなわち〈完成可能性としての人間〉に読みかえていった。

*　フランクリンの「道徳的完全性」という概念は、イングランドの啓蒙主義者、フランスのフィロゾーフのとなえていた「完成可能性」とよく似ている。フランクリンは、アディソン(Addison, Joseph 1672-1719)の編集した『スペクテイター』(*Spectater*［一七一一〜四年に刊

行されたイングランド最初の定期刊行誌であり、政治・芸術・道徳・作法にかんする評論を掲載し、資本家・中産階級を読者対象としていた］）によって自分の文体を確立し、エルヴェシウス（Helvetius, Claude Adrien 1715-71）と「同じ学問、同じ友人、同じ妻を愛した」と述べている。ちなみに、フランクリンはフランス滞在中にエルヴェシウスの未亡人に結婚を申しこんでいる（Aldridge 1963：58）。Gay 1969＝1986：458-9も参照。なお、教育論としての完全性論の起源は古く、一六世紀のマルカスター（Mulcaster, Richard 1531-1611）の教育論にも見られる。一五八二年にロンドンに住んでいた教師マルカスターは、一五六一年以来書きためていた原稿をエレメンタリースクールの教師のための手引書――ひろく流布しのちに「エレメンタリー」（*Elementarie*）と呼ばれる本――を出版した（Mulcaster 1582）。そのなかで彼は次のように述べている。「教育（education）と訓練の目的は、［人間の］自然本性（natur［el］）がその完全性（perfection）にいたることを助けること」であり、同時に市民を「彼らのコモンウェルスという恩恵のために備えさせることである」と（Mulcaster 1582：28［DeMolen 1972：76から引用］；Baker 1994）。

フランクリンは、一七三二年にジャントー（Junto）――一七二七年にフランクリンが組織した私的な学術サロン――において、次のように述べている。

「人間はその人生において完全性に到達できるだろうか？ ある者は到達できると信じているし、ほかの者は到達できないと信じている。答えよう。たぶん彼らは、完全性という言葉をそれぞれ違った意味でとらえているのだ。私が思うに、どんなものにもある完全性とは、それぞれの存在が内蔵している大いなる自然本性のことである。……もしも彼らのいうことが、人間は生きているうちに天使のような完全性に到達しないということを意味しているのなら、それは真実である。天使は、霊的な存在だから、私たちが現実にもちえない完全性をもちうるし、私たちが頼らざるをえない不完全性に頼らなくてもすむ。もしも彼らのいうことが、人間は生きているうちに天上の存在のような完全性に到達しないということを意味しているのなら、それも同じ理由で真実だろう。しかし、彼らのいうことが、人間はこの地上にある存在として完成されえないということであれば、それはナンセンスである。……完成した牡蠣も、完成した馬も、完成した船もある。どうして完成した人間がいないといえるだろうか。人間は、人間に現にある自然本性として、現に人間がおかれた環境のなかで完成するのだ」(PBF 1959- vol. 1: 261-2; cf. Stourzh 1953: 1099)。

「道徳的完全性」という概念には、フランクリンの基本的な人間観が暗示されている。ピューリタンの最後世代であるマーザー (Mather, Cotton) とちがい*、フランクリンは人間の自然本性の道徳性を確信していた。マーザーは、一七一四年の『解放された敬虔なる人生』(*A Life of Piety Resolv'd upon*) のなかで論じているように、「[商人のように] 自分自身の心を信頼している者は愚か者である」と考えていた (Middlekauff 1971: 257 から引用)。たいするフランクリンは、一七三五年の『自己否定はヴァーチュの本質ではない』(*Self-Dinial Not the Essence of Virtue*) のなかで論じているように、「もっとも完全なヴァーチュは、自己否定から生まれるものではなく、人間のヴァーチュオスな自然本性から生まれるものである」と考えていた (PBF 1959- vol. 2: 19-21)。

* ちなみに、〈回心するまえに死んだ幼い子どもは救われるのか、それとも地獄に堕ちるのか〉という、子どもの自然本性の問題は、ピューリタンにとって重大な問題だったが、一六四七年の「ウェストミンスター信仰告白」において、ピューリタンは、「幼くして死んだ選ばれた子どもは、キリストの聖なる力によって再生し救済される」と宣言した。しかしそのとき、彼らは「選ばれた子ども」といい「すべての子ども」とは言わなかった。幼くして死んだ「すべての子どもの魂が救われる」と明言したのはマーザーであり、じつに一七一三年のことである。しかし彼は、なぜそういえるのか、その理由を神学的に説明することがついにできなかった (Beales 1986: 27-28)。

フランクリンは、スコットランド道徳哲学者と同じように、ほとんどの人間の自然本性にはヴァーチュ（道徳的なもの）がふくまれていると考えていたが、人によってその多寡は異なってくると考えていた。たとえば、一七六〇年にケイムズ卿に宛てた手紙のなかで、フランクリンは民衆の内面の道徳化が必要であると論じつつ、次のように述べている。「ほとんどの民衆は、はじめからいくらかのヴァーチュをもっているが、はじめからすべてのヴァーチュをもっている人はいない。したがって、人間はヴァーチュを獲得しなければならないし、獲得したヴァーチュ、天賦のヴァーチュを維持することは、当人の仕事である」(PBF 1950- vol. 9 [May 3. 1760]: 105)。

ピューリタンの信じていた神意（プロヴィデンス）は、フランクリンの思想のなかから消え去ったわけではないが、人間の側に引き寄せられていた。フランクリンのなかでは、ヴァーチュが報われヴァイスが懲らしめられる「来世」は、依然として存在していたが、神によってすべての人間に救済／破滅がわりふられるピューリタン的な「予定説」は、現実味を失っていた。フランクリンは一七五七年に「学問はこの世の諸事のなかで価値あるものの一つであるが、かぎりなく重要なものは神性（*Godliness*）である。それはこの世で私たちを幸福に導いてくれるだけでなく、あの世でも私たちを幸福に導いてくれるからである。審判の日に私たちが問われるのは、言葉や哲学にどれほど堪能であるかではなく、ヴァーチュオスに敬虔に生きたかどうかである」と述べている(PBF 1959- vol. 7 [*Poor Richard Improved*, 1757])。そして、一七五八年には「この世の諸事において、人が救われるのは信仰によってではなく、信仰の欠如によってである」（この「信仰」はピューリタン的な信仰である）とまで述べている(PBF 1959- vol. 7 [*Poor Richard Improved*, 1758]: 344)＊。

＊　フランクリン自身によれば、彼が「天啓」（神からの救いの知らせ）を信じなくなり「理神論」を信じるようになったのは、若いころに

啓蒙思想に親しんだからである。「私の両親は、早くから私に信仰心をもたせようとしたし、幼年期をつうじて私を非国教会派の信徒にしようとしていた。しかし、いくつか疑問がわいてきて、他の本をいくつか読むと、それらの点が批判されていた。こうして、一五歳になるころには、私は天啓そのものを疑うようになっていた」(Franklin 1964: 113)。「他の本」の詳細はわからないが、そのなかにロックに傾倒していたアディソンの『スペクテイター』が入っていたことは『自伝』のなかでもふれられている(Franklin 1964: 61)。

理性から習慣へ　フランクリンはまた、すべての人間は「理性」をもっていると考えていた。「すべての観念は、まず[身体]のセンスによって受容され、その脳に刻み込まれる。そしてそれらの観念は、観察と経験によって数量的に増大する。その結果、魂の活動できる主体(Subjects of the Soul's Action)が成立する。魂は一つの力にすぎない。いいかえるなら、観念について沈思する能力(faculty)にすぎない。それは、それが抱いている観念を比較検討するのであり、その力は理性に由来している」と(PBF 1959- vol. 1: 69)。

フランクリンが一七三〇年代に「道徳的完全性」達成の計画をたてたとき、その計画は、理性が「自然本性の傾向性、世のならい、つきあいのすべてを征服すること」だった。彼は次のように述べている。「[理性の命じる]勤勉と質素がないなら、すべてがだめになるだろうし、それらがあるなら、すべてがうまくいくだろう。世界を統治し、正直な努力にたいする祝福を求める者の願いを聞きたまう神が、その栄えあるプロヴィデンス[勤労と質素がすべてであるという神意]と異なる予定をなしたまわないかぎり」と(WBF 1905-7 vol. 2: 372)。

ところが、フランクリンは一七五〇年代に、理性による「道徳的完全性」達成という計画を放棄してしまった。『教育にかんする考察』を書いたときのロックと同じように(Locke 1968 [1693])*、フランクリンが理性にまさる「習慣」(habits)の威力を発見したからである。『自伝』のなかで、彼は次のように述べている。「私は、私の注意が一つの過失を避けるために向けられているとき、しばしば別の過失が待ちかまえていることに驚かされた。習慣はこのような不注意を防いでくれるのである。［習慣がつくりだす］傾向性（disposition）はときに、理性よりもはるかに強力だった」。「理性的な存在であるということは、なんと便利なことだろう。やろうとすることすべてに理性（reason）を見いだすことも、もっともらしい理由（reason）をでっちあげることもできるのだから」と（WBF 1905-7 vol. 1: 267; Franklin 1964: 148）。さらに彼は一七五八年に、「人生における幸福は、内在的なものよりも外在的なものに依存している」と述べている。「つまり、英知やヴァーチュ、ヴァイスや虚偽が内側から自然に現れるかどうかにかかわりなく、人生は幸福になったり不幸になったりする」と（WBF 1905-7 vol. 3 [Sept. 16. 1758]: 457）。

＊ ロックは、同書の第一一〇節で「習慣は理性にくらべるなら恒常的に働いているし、理性よりも強い力をもっている。理性は、私たちが理性をもっとも必要としているときには、めったに私たちを教導してくれないし、抑制力を発揮するのも稀である」と述べている（Locke 1968 [1693]=1967: Sec. 110）。Pangle/Pangle 1993: 64 も参照。

こうして、フランクリンのなかでは「ヴァーチュの習慣」――またこれと同義の「傾向性」――の形成が「道徳的完全性」に到達するための具体的な方法になった。

「たんなる思索的な自覚だけでは、つまり私たちの関心事（interests）が完全にヴァーチュに満ちているというだけでは、間違いを避けるうえで充分ではない。それと反対の悪しき習慣がうち破られ、良き習慣が獲得され確立されなければならない。それも、［法律体系・宗教教義のような］堅く結びあわされた方正なる指針に、私たちが依存するまえに、である」（Franklin 1964: 148-9）。

「[ヴァーチュ]が習慣になる(*habitual*)まで、自分をヴァーチュの実践にとどめておくこと、これが[社会の]安寧に到達するためのもっとも大事な出発点である。そしておそらく、今まさにあなた自身を価値づけているヴァーチュの習慣は、もともとあなたの受けてきた宗教的な教育に由来するはずである」(PBF 1959- vol. 7 : 294 [傍点は原文のイタリック])。

こうした表現からわかるように、フランクリンのとなえた一三のヴァーチュは、内発的な行動形態ではなく習慣的な行動形態である。彼の習慣重視論は、彼の未完の著作のタイトル『ヴァーチュというわざ』(*The Art of Virtue*)にも示されている。彼は、一七六〇年にこの本の執筆を計画していたときに、その内容について次のように要約している。「[なにをするにしても]人は[それにふさわしい]わざ(arts)の原理を学ばなければならない。[そのために特定の仕事の]働き方のすべてが示されなければならない。どのようにして適切にすべての道具を使用すればよいか、その習慣(Habits)を身につけなければならない。そして、私たちは、規則的に、段階的に、実践経験によって完全なわざに……到達しなければならない」(PBF 1959- vol. 9 [May 3, 1760] : 104-5)。

すくなくとも一七世紀のニューイングランド・ピューリタンにとってのヴァーチュは、瞬間的かつ聖霊的な回心によってもたらされるものだったが、フランクリンは、こうしたピューリタンのヴァーチュ概念をはっきり否定している。一七三〇年代に彼は、聖書のなかのある一節「一日は密やかな曙光のなかで始まり、義の光はしだいに輝きをまして完成の日にいたる」("The Day begins in an insensible Dawn, and the Path of the Just shines more and more unto a perfect Day")を引きながら、ピューリタンが説くヴァーチュの教義を反駁している。「[完成の日がただちに到来しないように」人びとは、瞬間的にとても善くなったり悪くなったりするのではない。ヴァイスの習慣もヴァーチュの習慣も、長い時間と繰りかえされる行為によって獲得されるのだ」と(PBF 1959- vol. 2: 53)*。

* 一七二八年にチェンバース(Chambers, Ephraim 1680-1740)は、『百科事典』において、ヴァーチュを「正しい理性のつくりだす堅固な目的ないし確実な解法」と定義し、「それは慣例や習慣によってつくりだされるものでもないし、神の御言葉(Denomination)ないし善そのものでもない」と述べている(Chambers 1728: "Virtue")。こうした理性的なヴァーチュ概念は、アリストテレスの『自然学』『ニコマコス倫理学』におけるヴァーチュ論を下敷きにしている。アリストテレスのヴァーチュ概念については、稲垣 1981、森本 1995: 20-22を参照。
ちなみに、ラテン語の habitus は、二つの対立的な意味をふくんでいた。一方でそれは、自分で自分を変えていくメタモルフォーゼの力を意味し、他方でそれは、身体化された定型的な規則を意味していた。英語の場合、厳密にというわけではないけれども、この二つの意味は、habit と habitude にそれぞれ割りふられていた。すなわち habit は、自己変形の力を意味する言葉として用いられ、habitude は、定型的なやり方を意味する言葉として用いられてきた(Klubertanz 1965)。フランクリンは、たまに habit と書かないで斜体で *habitude* と書いているが、これは、ひょっとすると、この habit と habitude の違いを示すためだったのかもしれない。

もっとも、本人が述べているように、ヴァーチュの習慣を積みかさねても、フランクリンは「道徳的完全性」に到達することができなかった。しかし、フランクリンにとってそれはあまり重大な問題ではなかったようである。彼にとっては、「道徳的完全性」が実際に達成されることよりも、それを達成しようと試みることによって「幸福」になることのほうが重要だったように見える。彼は次のように述べている。「[道徳的完全性に到達しようという]努力によって私は、そうつとめなかったときにくらべてはるかに幸福な人間になることができた。たとえば、彫板の複製によって完成された書物を目的とする人びとは、けっして望むところの最高の彫板に到達できないが、彼らの手は、その努力によって改善されるのである」(Franklin 1964: 156)。

4　人間の自然本性と教育

道徳的完全性をめざさない教育　さて、これまでのところ、教育学の通史は、多くの場合、フランクリンをアメリカ近代教育の創案者として位置づけてきた。たしかにフランクリンは、一七四三年に「有用な知識を普及させるための提言」を書き、一七四九年には「ペンシルベニアにおける若者の教育にかんする提言」を著している(Franklin 1959-[1743]; 1959-[1749])。また、現在のペンシルベニア大学の前身であるフィラデルフィア・アカデミーも、一七四九年にフランクリンが設立したものであり、彼が初代学長(任期一七四九—五六年)をつとめている。さらに、現在も存続している「アメリカ哲学協会」(American Philosophical Society)も、一七四三年にフランクリンが提唱し一七六九年に組織したものであり、こちらもフランクリンが初代会長(任期一七六九—九〇年)をつとめている*。

＊　アメリカ哲学協会の第二代会長は、天文学者・発明家だったリッテンハウス(Rittenhouse, David 任期一七九一—九七年)であり、第三代会長は、あのジェファソン(Jefferson, Thomas 任期一七九七—一八〇五年)である。

一七四〇年代までのフランクリンにとって、教育は経済的・政治的に有用な「能力」(ability)を形成することだった。彼は一七四九年に発表した「ペンシルベニアにおける若者の教育にかんする提言」を、ミルトン(Milton, John)を引用しつつ、次のように締めくくっている。「真の業績(*true Merit*)という概念を、若者に繰りかえし明示し説明するべきであり、彼らの心に刻み込むべきである。そして、それを心の傾向性(*Inclination*)とすることで、人類、国家、友人、家族をささえる能力(ability)に結びつけるべきである。この能力は(神の祝福とともに)、真の学問(*true*

Learning)によって得られたり大いに増えたりするものであり、この能力こそがすべての学問の真に優れた目標であり目的であるべきである。……ミルトンは次のように述べている。『学問の目的は、私たちの最初の両親［＝アダムとイブ］がその身に受けた堕落をとり除くことである。それはふたたび神の正しさを知ることである。すなわち神を愛し、神を模倣し、神のようになることである。そのとき、私たちは真のヴァーチュの魂を所有し、神にもっとも近づけるだろう』」(Franklin 1959- [1749]: 419［傍点は原文イタリック］)＊。

＊ ミルトンからの引用は、『教育について』(*Of Education*)からであるが、ここで、フランクリンはなぜかこのあとに続く最後の文章を省いている。それは「私たちが真のヴァーチュの魂を所有することによって、私たちは信仰がもたらす神の恩寵と一体となる。それは最高度の完全性をつくりだすことである」という一文である。パングル／パングルは、この省略にフランクリンの「ラディカルな理神論」を見いだしている(Pangle/Pangle 1993: 78)。「信仰がもたらす神の恩寵」という言葉は、フランクリンにはあまりにもピューリタン的な言葉に思えたのかもしれない。

神の名によって正当化されているが、フランクリンのこうした業績(メリット)指向の教育概念を実際に方向づけていたのは「有用な知識」(useful knowledge)である。それは、神についての思弁などではなく、植物・動物・鉱物についての具体的な知識であり、またそれらにかかわる生産法・製造法である。めざすところは「……自然の事物を明らかにし、ものごとを支配する人の力を増大させ、生活の便益や歓喜を増殖させることである」(Franklin 1959- [1743]: 380, 382)。彼にとっての「科学」(philosophy)は、生産活動にかかわるすべての技芸だった。その意味では、フランクリンの業績指向の教育概念は、〈自由学芸(artes liberales)／手工技芸(artes mechanicales)〉という伝統的な知の区別を乗りこえたものだった＊。

＊ すでに一二世紀あたりから、手工技芸は自由学芸に近づきはじめていたが、一八世紀になると、自由学芸において反省的営為を形

容するときでも、production、productive という言葉が隠喩表現としてではなく、写実表現として使われるようになった。たとえば、カントの produktive Einbildungskraft（生産的な構想力）という言葉、ヘーゲルの Geistesarbeit（精神労働）という言葉は、その例である。

こうした有用な知識を指向する教育概念は、私たちの眼には奇異に映るが、この時代のふつうの教育概念だったと考えられる。たとえば、一七三五年、フィラデルフィアで刊行されていた雑誌『アメリカン・ウィークリー・マーキュリー』(*American Weekly Mercury*) の一月号に掲載された「教育論」("Some Thoughts of Education") は「education はきわめて広範に使われる言葉であり、learning［学問］のすべての領域をふくんでいる。つまり、それは若者が教示されることのすべてである」と述べている。しかし、この論説が語る「きわめて広範」な education のなかにヴァーチュ形成も人格形成もふくまれていない。そこで語られている education は、学者、事務職、商人・貿易商といった職業人になるための「有用な知識の教示」だけである (Seybolt 1925 : 103 から引用)。

もう一例あげておこう。一七九九年になっても、メリーランド州フレデリックのあるアカデミーの校長でありプレスビタリアン派の牧師でもあったノックス (Knox, Samuel 1756-1832) は、education をヴァーチュ形成、人格形成であるとは考えていなかった。フランクリンと同じで、彼にとっても「education とは人間の知性を訓練することであり、それは人間の知識を拡大し改善するうえで有益である諸科学の学習によって行われる」ものだった (Knox 1965 : 298)。

しかし、フランクリンは、一七五〇年代になると、education という言葉を有用な知識の教示という意味だけではなく、ヴァーチュの形成という意味でも用いるようになった。一七五〇年八月に彼は友人のジョンソン (Johnson, Samuel 1709-1784) に宛てた手紙に次のように記している。「私は、若者を知識とヴァーチュのなかで形成し規律化することほど、公共利益 (public weal) にとって重要なことはないと考えている。私の考えによれば、知性あふれる善人こそが国家をしっかりとささえる力である」。そして「人びとにあまねく広がるヴァーチュは、大人にたいする説教(*exhortation*)によって達成されると考えるよりも、若者にたいする教育(*education*)によって達成されると考えるほうが妥当である。というのも、心の悪しき習慣ないしヴァイスは、肉体の病気と同じで、治すよりも防ぐほうが簡単だからである」と(PBF 1959- vol. 4 [Aug 23, 1750]: 41 [傍点は原文イタリック])。

〈子どもへの教育によるヴァーチュ形成は容易であるが、大人への説教によるヴァーチュ形成は困難である〉というフランクリンの考え方は、人間の自然本性のとらえ方と密接に関係している。フランクリンは、先に述べたように、人間の自然本性の潜在的な道徳性を認めていたが、その可塑性は成長とともに縮小すると考えていた。つまり、大人の自然本性の可塑性をほとんど認めていなかった。彼は一七五八年に次のように述べている。「私たちは［他者に］助言を与えることはできるが、［他者の］行い(conduct)を変えることはできない」。「結論としていえることは、経験が経営する学校は高額であるが、愚か者はそれ以外の学校に行こうとしないし、そこでろくなことを学ばないということである」と(PBF 1959- vol. 7 [*Poor Richard Improved*, 1758]: 349)。

人間の自然本性への諦念　しかし、フランクリンは、ヴァーチュ形成の教育概念を語ったのちも、コンドルセ、エルヴェシウスのようなフランスのフィロゾーフとは違い、全国民のヴァーチュを形成する組織としての「公教育」をついに語らなかった。その理由は容易に推測できるものではないが、すくなくともその一つは、フランクリンがヴァーチュ形成は普遍的目的としてかかげるべきものではないと考えたことだろう。フランクリンは加齢とともに、多くの人間は悪しき自然本性をもっていると考えるようになったからである。

たとえば、一七五七年、五一歳のフランクリンは、ヴァーチュオスで宗教を必要としない人間はごく少数であり、大多数の人間はヴァイシャスであり宗教を必要としている、と述べている。「[ヴァーチュオスな]あなたは宗教の与える助けをあてにすることなく、自分自身でヴァーチュオスな人生をおくる方法をたやすく見いだせるはずである。あなたは、ヴァーチュの高位さ、ヴァイスの低位さについての明瞭なセンチメント[＝道徳的センス]をもっているし、民衆に蔓延する流行にあらがうだけの充分な問題解決能力を保持しているからである。しかし、多くの人類がどれほど脆弱で無知な男女であり、しかも[社会]経験を欠いているか、また、性別にかかわらず若者がどれほど思慮を欠いているか、こうしたことを考えてみよ。彼(女)らは、自分で自分をヴァイスから解放しヴァーチュを奉じるために、宗教による動機づけを必要としているのである」(PBF 1959- vol. 7 : 294)。

なるほど、一七八二年九月、七六歳のフランクリンは、アメリカ社会のすばらしさ、国民の道徳性を誇り、ヨーロッパからアメリカへの移民をうながす一文を著している。彼はそこで、「アメリカでは、空気が美味しく、気候が健康によく、食料が豊富で、早くからの結婚がうながされていたため、……、自然に世代がかわるたびに住民が著しく増加している」と述べるとともに、アメリカでは「産業がありつねに雇用があるため、国民の道徳とヴァーチュは大いに保全されている。したがって若者に悪影響をあたえるような生き方がほとんど見られない。これは子どもをもつ両親にとって喜ばしい状態である」と述べている(WBF 1905-7 vol. 8 : 608, 613 [傍点は引用者])。

しかし、こうしたフランクリンのアメリカ国民の道徳性への賛美を、すべてのアメリカ人の道徳性への賛美と考えることはできない。フランクリンが晩年を迎えた一八世紀後期は臨床医学の誕生する時期であり、生命の操作可能性が少しずつ現実性をおびていったが(Foucault 1972a=1969)、フランクリンは、当時の臨床医学の試みを神を冒涜する行為と考えていたからである。一七六四年三月、六八歳のフランクリンは、フィラデルフィアで懸命に医療活動に従事していた医師のフォザギル（Forthergill, John 1712-80）に宛てた手紙のなかで、死ぬべき命を助ける医療は「プロヴィデンスの計画に反逆する涜神行為」であるといい、フォザギルを次のように詰問している。

「あなたは、自分が善いことをしているという幻想に浸って、自己満足しているのではないのか？ あなたは間違っている。あなたが救っている命の半分は、救うに値しない命である。つまり無益な命である。そして残りの半分の命のほとんども、救うに値しない命である。害毒をたれながすだけの命だからである」（PBF 1959-vol. 11 [Mar. 14, 1764]：101）。

それから八年後の一七八二年六月、先のアメリカ賛美の一文を書く三ヶ月前に、フランクリンは、当時、パリ近郊に住んでいた牧師で化学者のプリーストリー（Priestley, Joseph 1733-1804）に次のように書き送っている。

「私が見いだしたことは、人間が恐ろしくひどく創られた存在だということだ。一般に人間たちは、調和するよりも侵略する傾向にあり、贖いあうよりもたがいに貶めあう傾向にあり、正直であるよりも騙しあい、生み殖やすことよりも殺すことに矜持や快楽を感じている。……こうした人間たちを殺すことは、ヴァーチュオスな行為だろう。むろん、人類という種が繁殖したり存続したりするに値するのなら、それは悪しき行為である。しかし、人類という種が本当に繁殖したり存続したりするに値するのか、私は疑いはじめている。むろん私は、あなたがこんな疑いをもつはずもないことをよく知っている。あなたは人類の公共利益（welfare）に情熱を燃やし、人類の魂を救うために多大な犠牲を払っている。しかしあなたも、年をとれば、自分のしていることが望みのないプロジェクトだと気づくことだろう」(PBF 1959- vol. 37 [June 7, 1782]: 444)*。

＊　ちなみに、プリーストリーは、二週間あまりのちにフランクリンに返事を書いているが、彼が論じた「人間の自然本性」については何一つふれていない。書かれてあることは、自分の論敵のラボアジェのこと、フロギストンのことなど、自分のやっている実験にかかわることばかりである(PBF 1959- vol. 37 [June 24, 1782]: 532-3)。

私たちは、フランクリンがすでに一七五八年の『富にいたる道』(『貧しいリチャード』)の最後に、次のように記していることを思い出すべきだろう。「こうして、老紳士は［勤勉・質素の有用性についての］説法を終えた。聴衆は彼の教義に同意した。ところが、説法が終わったとたんに、まるでその説法がつまらない演説だったかのように、人びとは老紳士の教義とは反対のことを始めた。ちょうどそのとき、競売が始まり、人びとは、税金のことも、何もかも忘れて、途方もない浪費を始めたのである」(PBF 1959- vol. 7 [*Poor Richard Improved*, 1758]: 350)。

フランクリンがついに『ヴァーチュにいたる道』を書かなかった理由は、彼が多くの人間にしだいに絶望していったからかもしれない。わずかな例外を除いてほとんどの人間に幻滅しているときに、万人がヴァーチュにいたり幸福にいたる方法を語ることはできないだろう。もしも彼が『ヴァーチュにいたる道』という本を書くとすれば、それはごく限られた選民にたいしてだろうが、それは出版＝公開すべきものではないだろう。

先のプリーストリーに宛てた手紙の末尾に、フランクリンは次のように書いている。「しかし、真剣にいうのだが、親愛なる旧友よ。私はあなたを今までと同じように愛している。そしてロンドンのコーヒーハウスで出会った正直な魂の持ち主たちすべてを愛している。ただ私にわからないことは、なぜそうなれたのかである。つまり、彼らもイングランドに住んでいる私の旧友も、あの非道な世情のなかで、どうしてあのように善なる存在になったのだろうか」(PBF 1959- vol. 37 [June 7, 1782]: 445〔傍点は引用者〕)。フランクリンが愛した人間は、穢れた世界に生まれてなお気高く生きる限られた人である。フランクリンは明言していないが、彼が語りかけている相手は、つねに「道徳的完全性」を指向しうる人間、つまりピューリタンの語る選民に似て、選ばれた人間だけだったのだろう。

5 成功指向のヴァーチュ論の後景

成功すなわち機能にいたる道　これまで見てきたように、フランクリンの個人主義的な生は、宗教的救済よりも世俗的成功を指向するという生き方であり、他者の評価を気にしつつも、(「すべての人間」ではないにしても) 人間の自然本性に道徳性を見いだし自分自身を信頼するという態度である。フランクリンが最高価値としてかかげた幸福は、他者の評価を気にかける自分と自分自身を信じる自分とを統合し、自己同一性を確保する第三項であるといえるだろう。そして、ヴァーチュは、ピューリタンのそれとはちがい、超越的な内在性ではなく、習慣的な行動形態(ハビトゥス)であり、かつ成功し幸福になるための基本的な要件である。フランクリンは、こうしたヴァーチュ形成を晩年に「教育」と呼んだが、すべての国民のヴァーチュ形成を行う「公教育」を語ることはなかった。

こうしたフランクリンのヴァーチュ論から見えてくるのは、いささか平板な人間像である。第一に、ベラーによれば、フランクリンが知らないことは、ブレイク (Blake, William 1757-1827) が暗示している「現象として現れるものを超えるものがつねに存在する」という存在論である (Bellah 1975=1983: 141-2)。それは、共鳴性のような、意識しがたい力である。また第二に、ロレンス (Lawrence, David Herbert 1885-1930) によれば、フランクリンが知らないことは「私たちの内部にある深み」であり、人間の「魂が暗い森 (dark forest) である」こと、したがって「私たちは、私たちがしていることを精確に知ることができない」という現実である (Lawrence 2004: 6, 9)。

逆に、フランクリンがよく知っていたことは、「有用な知識」という言葉に象徴されるような世俗的社会の仕組みである。それは、現代の社会学用語を用いていえば、人びとに「機能」として、とりわけ社会的な問題解決、経済的な資本増大に役立つ「機能」として生きるように強いる、いわば構造的な力である。それは、一九世紀以降、アメリカ社会のみならず近代社会を方向づけていくもっとも強力な指向性の一つであり、すべての言動に有用性の多寡を見いださせ、より有用なもの (社会的な問題解決能力) を選択させる力である。その意味では、フランクリンの「富にいたる道」も「ヴァーチュにいたる道」も、ともに「機能にいたる道」といいかえられる。フランクリンが歩んだ「機能にいたる道」は、のちに近代社会を生きる多くの人びとが歩む道である。

貨幣経済と相互扶助　さて、ある人の思考が社会的文脈のなかで大まかながら方向づけられ言語化されていくと考えるなら、そしてその思考がその社会的文脈を共有していた人びとによって首肯され評価されるのなら、フランクリンのように、回心 (天啓) のもたらすヴァーチュではなく、自前のハビトゥスとしてのヴァーチュを語ること、そして宗教的救済よりも世俗的成功を指向することを後押しした当時の社会的文脈があるはずである。残念ながら、ここではその全貌を露わにすることはできない。ここでは、いくつか推測を述べることができるだけである。

慎重に考えなければならないことは、フランクリンの思考の背後に市場革命を見いだすことである。市場革命が経済的自由という考え方を広め、その財産のもたらす物質的豊かさがピューリタン的な救済思想を退け、宗教的な共同体を揺るがしたという説明はもっともらしく見えるが、妥当しない。なぜなら、ニューイングランドに市場が広く開かれたのは、フランクリンが五〇歳代である一七五〇年代以降であり、独立戦争(一七七五〜八三年)前後においても、ニューイングランドの市場は不定期で地域に限定されていたからである。たしかに一八世紀後半をつうじて、遠距離貿易は盛んになり、商業農業も広まったが、趨勢としては、経済の基本は家族単位の生産のままであり、場所にかかわらずどこでも営利取引が行われる市場を構成するほどの、充分な商品は存在しなかった。場所としての市場(market-place)が抽象空間としての市場(market)に転換しはじめる時期は一七九〇年代であり、商品生産形態の多くがマニュファクチャー化してからである(Agnew 1986＝1995：256；Lerner 1979；Rothenberg 1981)*。

* 場所としての市場から抽象空間としての市場へという変化は、market のエティモロジーからも確認できる。market という言葉が英語になったのは一二世紀であり、初期のその用法は、特定の時間・場所に集合した売買人の集会を意味していた。中世後期になるとそれは、「かなりはっきりと限られた商業の一領域、体験されうる物質的で社会的な空間」を指すようになった。しかし一六世紀に入ると、market は、場所とは関係なく、売ったり買ったりする行為を指すようになり、また商品やサーヴィスの価格(交換価値)を指すようになった。そして一八世紀の終わりころまでに、market は地理的な限界もなく時間も超越した現象を意味するようになった(Agnew 1986：41＝1995：67)。

ただし、フランクリンが少年期を過ごした一八世紀初期から、ボストンでは人口が増大しはじめるとともに貨幣経済が広がりはじめていたという事実も、考えに入れなければならない。この事実を踏まえるなら、フランクリンが他者の評価を気にしながら他者を信用せず自分だけを信じると主張する理由も、見当がつく。というのも、貨幣による売買は、見知らぬ人とのその場かぎりの取引を広めるからであり、また貨幣を介さない共同体的な「相互扶助」(互恵性 mutuality)という営みをゆるがすからである。相互扶助は、長い時間をかけてつちかわれた信頼関係にもとづく営みであるが、その場かぎりの商取引は、そのような信頼関係を必要としないからである。このように考えるなら、フランクリンが説いたような、他者の評価を気にしつつ自分を信頼する個人主義は、貨幣経済の広がりにともなう共同体のゆらぎという社会的文脈のなかで、生まれ育ったといえるだろう。

ともあれ、近代の人格形成という教育概念の起源を、フランクリンのヴァーチュ形成論に見いだすことは難しい。彼のヴァーチュ形成論は、習慣形成論であり人格形成論ではないからであり、彼が最終的にすべての人間の道徳的完全性すなわちすべての人間の自然本性の道徳性・可塑性を疑っているからである。もちろん、フランクリンが人間の道徳的完全性を語ることによって、のちの人格形成という教育概念をアメリカに定着させる素地を作ったことはまちがいないだろうし、事実、習慣形成による人格形成という議論ものちのち繰りかえし登場してくる。そして、のちに見るように、彼の成功指向はたしかに一九世紀のアメリカの人格形成概念に組み込まれていった。

第2章　人間をささえる道徳的センス
——人格形成概念の萌芽

Human Beings Supported by Moral Sense: Birth of Character Formation

〈要約〉　フランクリンのとなえた習慣的ヴァーチュだけでなく、マディソンに見られるような市民的ヴァーチュも、のちに「人格」と呼ばれる道徳的・形成可能な内在性ではなかった。人格形成という近代教育概念を用意したのは、スコットランド道徳哲学のとなえた道徳的センス論である。ウィザースプーンが嚆矢となったアメリカの道徳的センス論は、人間の自然本性に道徳的センスを見いだし、それを開花させる営み、すなわち「人格形成」を語っている。すべての人間の内部に道徳的センスを見いだすことは、すべての人間の自然本性に道徳性・可塑性を見いだすことであり、そうすることで、子どもをふくめたすべての人間の自律性を承認することである。したがって、それは、子どもへの強要的な態度を否定し、教育者がモデルを示すという態度を生みだし、子どもをとりまく環境の浄化を重視するという態度を生みだした。こうした道徳的センス論は、のちにジェファソン、ラッシュといった知識人・政治人に受けつがれていった。

1　変容する人間の自然本性

人間の自然本性　人間の自然本性は悪しきものと考えていたホッブズは、一六五一年に「コモンウェルスのかかる病気の一つは『各個人は行為の善悪の判定者である』という考え方である」と述べている (Hobbes 1965＝1979 : Part 2, Chap. 29)。それから一〇〇年あまりのち、一八世紀になっても、「人は人にたいして狼である」(homo homini lupus) という俗諺があったように、人間の自然本性はまだ悪しきものと考えられていた。たとえば、エドワーズは、一七四九年に『原罪教義の擁護』(*Doctorine of Original Sin Defended*) において「人間ほど自分の種族にたいして破壊的な被造物はどこにもいない。人類以外の被造物は、大抵の場合、自分の種にたいしては害を加えず平和的である」と記しているし、ヴォルテールは、一七六九年に『神と人間』(*dien et le bommes*) において「一般に人は愚かで恩知らずで嫉妬深く、隣人の持ち物にたいしても強欲である」と記している (Lovejoy 1961＝1998 : 4-6 から引用)。

しかし、一八世紀末期になると、〈人間の自然本性は道徳的で可塑的である〉という考え方も広がりはじめた (Lovejoy 1961＝1998 : 8 ; Luhmann/Schorr 1988 : 63-72＝近刊)。教育にかんしていえば、たとえば一七九三年にフィラデルフィアのクエーカー派学校の教師エリー (Ely, John 1758-1847) が、『子どもを教える者』を著し、ロックの教育論を下敷きにしながら、クエーカーの考え方を導入し、子どもそれぞれのなかには「聖なる種子」があり、それを育てることが教師のつとめであると論じている。「聖なる種子」を宿す「子どもの心は柔らかい蝋のようなものである。それはあなたが押しつけたスタンプのかたちをそのまま受けとる。つまり、教える者の配慮のままである。よいスタンプを作るなら、その蝋がそこなわれることもないはずである」と (Ely 1793 : 11 [Reinier 1996 : 35 から引用])。

同じように、しかしいくぶん消極的に、人間の自然本性を肯定的にとらえる人びとも現れてきた。一八〇〇年、エドワーズの弟子であり高名な牧師ビーチャー (Beecher, Lyman 1775-1863)*は、師のエドワーズとは異なり、人間の自然本性は強固な悪ではなく、「脆弱」なだけである、と述べている。エヴァンジェリカルのビーチャーにとって「個々人は自発的に回心を選択できる自由な行為主体（free agent）」だった。彼は生まれたばかりの子どもが原罪を背負っているというカルヴィニズムの考え方を退け、子どもが罪を犯すのは、大人になって道徳的な判断が可能になってからであると考えた。つまり、人間が罪を犯すのは人間が「原罪」を背負っているからではなく、「脆弱な自然本性」（man's weak nature）をもっているからである、と（Reinier 1996 : 87-8から引用）。

＊　ビーチャーは、コネチカット州リッチフィールドで生まれ育ち、イェール大学に学び、のちにニューヨークでプレスビタリアン派の牧師となった。彼はキャサリン・ビーチャー（Catherine Beecher）、ハリエット・ビーチャー・ストウ（Harriet Beecher Stowe）の父としても知られている。第5章を参照。彼の人間本性論は有名なエヴァンジェリカルであるフィンニー（Finney, Charles G.）のそれとほぼ同じである。第4章第2節を参照。

スコットランド道徳哲学　こうした、人間の自然本性に道徳性・可塑性を見いだすという考え方の思想的源泉は、二つ考えられる。一つは、フランスにおいてフィロゾーフたちのとなえた「道徳科学」（science morale）の「完成可能性」（perfectabilité）論である。もう一つは、英国においてスコットランドの哲学者たちがとなえた「道徳哲学」（moral philosophy）の「道徳的センス」（moral sense）論である＊。一八世紀後半のアメリカには、どちらの思想も流入しているが、宗教史家のアルストロームが述べているように、一八世紀後期以降のアメリカにおいて「広範で徹底的な影響力を誇っていた」のは、スコットランド道徳哲学である（Ahlstrom 1955 : 268）。

＊　スコットランド道徳哲学者に数えられるのは、シャフツベリ［本名アンソニー・A・クーパー］（Shaftesbury, 3rd Earl of [Anthony Ashley Cooper] 1671-1713）、バトラー（Butler, Joseph 1692-1752）、ハチソン（Hutcheson, Francis 1694-1746）、ファーガソン（Ferguson, Adam 1723-1816）、リード（Reid, Thomas 1710-1796）、ケイムズ卿（Load Kames, Henry Home 1696-1782）、アダム・スミス（Smith, Adam）である。Grave

1960; Meyer 1972: 35-59; 佐々木 1981 を参照。

「道徳的センス」という言葉は、一八世紀にスコットランド道徳哲学者のあいだで広く使われていたが、もともとそれは、シャフツベリが一七一一年(初版)に『ヴァーチュと業績についての探求』の第三部(Part III)で用いた言葉である(Shaftesbury 1968 [1714])。道徳的センスの「センス」が意味しているものは、ハチソンの「秘術的性質」(occult quality)からリードの「理性的直観」(rational intuition)にいたるまでさまざまであるが*、道徳的センスのはたらきそのものは、すべての人間のなかにあって善悪を判断することである。この道徳的センスという概念は、ジェファソン、ラッシュなどの国家形成期のアメリカの知識人・政治人のあいだで広まっていった。

* 一七二五年にハチソンは『美とヴァーチュの理念の起源の探求』において、道徳的センスについて「行動を承認・賞賛したり嫌悪・拒否したりするこの自然な決定性は、疑いもなく秘術的性質である」と述べている(Hutchson 1725: 246; Carey 2000: 109)。

なお、moral sense を「道徳的センス」と表記し「道徳的感覚」と訳さない理由は、このように「センス」が多様な意味で使われているからである。一八世紀のイギリス思想において、moral は natural との対比において使われた言葉で、「人間的・精神的な価値にかかわることがらを包括する一般概念」であったことを考えるなら(佐々木 1981: 4)、moral も「モラル」とすべきかもしれないが、ここでは「道徳的」と訳すことにした。

また、一八世紀後期のアメリカにおいては、moral と virtue とは、明確にではないが、使い分けられていた。ごく大まかにいえば、moral は人間に内在する対他的な倫理的能力にかかわる言葉であり、virtue は神の意志、神の秩序のような原理、紳士が生まれながらもっている資質にかかわる言葉である。クロッペンバーグは、当時の virtue は、プロテスタンティズムにおける神の完全性、道徳哲学(思想)における神の意志、共和主義思想における紳士の行動形態という、三つの意味で使われていたと述べている(Kloppenberg 1994: 688)。しかし、一九世紀に入ると、virtue の意味するところは変わっていったようである。クロッペンバーグの表現を借りるなら、「一九世紀初期になると、virtue という言葉はそれ以前の宗教的・倫理的・市民的な意味を失い、たんなるブルジョアの礼儀作法か、女性的な清純純潔を表すラベルにすぎなくなった」(Kloppenberg 1994 : 693 ; 1987 ; 1998)。いささか誇張されているようにも思えるが。

本章で確認したいことは、アメリカにおけるこうした道徳センス論の登場であり、それにもとづく教育論の登場である。まず比較参照項として、革命期の共和主義思想で用いられ、革命を正当化する根拠になったヴァーチュ概念の特徴を確認したい(第2節)。つづいて、ウィザースプーン＊の道徳的センス論(第3節)、そしてこの道徳的センス論にもとづいた教育論の特徴を確認しよう(第4節)。最後に、道徳的センスのような内在的審級が重視されるようになった背景つまり社会情況についてふれよう(第5節)。

＊ ウィザースプーンのスコットランド道徳哲学と教育論についての研究は、現在のところ日本にはない。アメリカにおいても主題的にとりあげているものはわずかである。たとえば、リッチ (Rich 1964)、ストールマン (Stohlman 1976)、カスティグリア (Castiglia 1998) などである。メイヤーの『教示される良心』はアメリカの道徳哲学思想史であるが、ウィザースプーンにさかれているページは一ページである (Meyer 1972: 35)。カスティグリアの研究はウィザースプーンの教育論をパノプティコン論と読もうとする試みである。論文ではないが、『ウィザースプーン選集』(Witherspoon 1990) のミラーによる「序論」は、比較的新しい研究史として役に立った。なお、一八世紀のアメリカにおけるスコットランド道徳哲学全般については Fiering 1981b, Fiering 1981c を参照。

2　市民的ヴァーチュという態度

無私という市民的ヴァーチュ　革命期のアメリカでは、さまざまな識者が「共和国」を論じていた。それは、大まかに区別するなら、二つに分けられる。一つは、マディソン (Madison, James 1751-1836)＊に見られるような、古代のポリスを範とする「市民的ヒューマニズム」(civic humanism) ないし「古典的リパブリカニズム」(classical republicanism) である。もう一つは、ラッシュ(Rush, Benjamin 1746-1813)に見られるような、理性にもとづいて英国の支配をうち破ろうとした「ラディカル・ホイッギズム」(radical Whiggism)ないし「ラディカル・リパブリカニズム」(radical republicanism)である(Pocock 1975; Wood 1972: 15ff; Kramnick 1994: 9-10; Shalhope 1994)。

＊　マディソンは、プリンストン大学で、あとであらためてふれるウィザースプーン(Witherspoon, John)に学び、のちに第四代大統領(1809-17)に選ばれた政治家である。「市民的ヒューマニズム」という用語は、もともとバロン(Baron, Hans)が一九五五年に一四、五世紀のフィレンツェの政治思想を特徴づけるために考案したものであるが、ポーコック(Pocock, J.G.A.)が一九七五年に著した『マキャベリアン・モーメント』において、これをアメリカ革命とフランス革命を分析する概念として用いてから、かつてハーツがとなえた「ロック的リベラリズム」のかわりに広く使われるようになった。Diggins 1984; Pangle 1988: 28-39; 松本 1989 を参照。

ここで注目したい共和国論は、市民的ヒューマニズムのそれである。市民的ヒューマニズムが理想とする共和国は、マディソンたちが一七八八年に著した『フェデラリスト』のなかにはっきり見いだせる。それは、市場経済が体現しているような「情念」＊(すなわち自己本位の動機、欲望、野心、変転)にみちた世界に対抗する、ヴァーチュオスで秩序正しい世界である。この共和国概念をささえている根本規範が「コモンウェルス」であり、それは共和国全体の利益(の保全)を意味していた(Pocock 1975: 88; Wood 1992: 103-4)。

＊　passionsという言葉は、現在では「激情」「情熱」を意味するが、一八世紀においては「自己本位の動機、欲望、野心、利害」を意味し、interestとなかなか区別できなかった(Hirschman 1977)。たとえば、ウィザースプーンが影響を受けたハチソンにとっては、「情念」そのものは、ヴァイスでも無秩序でもなく、理性・良心によって制御されないときにヴァイスや無秩序を生みだすものである。そして理性・良心が情念を制御するために必要なものが、ヴァーチュオスな社会という環境である(Hutcheson 1726; Howe 1997: 1-20; Fea 2003: 476)。

このコモンウェルスを可能にするものは、少数の優れた個人のヴァーチュである。彼らのヴァーチュは、「リベラル教育」［大学教育］を受け、生活に経済的余裕がありささいな利益にこだわる必要がなければ、自然に表出するはずの行動形態（態度）だった。そうした「市民的ヴァーチュ」（civic virture）の中身としてよくとりあげられるものはdisinterested（ness）である。他にも、たとえば、キケロのいう「分別」「正義」「節制」、ロックのいう「礼儀」「中庸」「勤勉」、モンテスキューのいう「中庸」「自己犠牲」「愛国心」などがあげられるが、ウッドが述べているように、「virtueないしdisinterestednessは、名誉の概念と同じように、一八世紀のアングロ・アメリカ世界の政治的指導者に求められた素養の中核をなしていた」（Wood 1987 : 84=1989 : 55）。

もっとも、そのころのdisinterested（ness）は、現代のように「無関心」を意味していたのではなく、「無私」を意味していた。一七五五年に『英語辞典』を著したジョンソン（Johnson, Samuel 1709-1784）は、disinterestedを「個人的利益の計算を超えていること、個人的利益に左右されないこと」と定義している。ただしdisinterestedは、すべての人間に期待されたものではなく、きわめて限られた人間にだけ期待できるものだった。ワシントンの言いまわしを借りていえば、そのような人間は「大海の一滴」にすぎなかった（Wood 1987 : 84, 85=1989 : 54, 56から引用）。

この時代、無私の態度を身につけている人は、ごくわずかの「紳士」だけであると考えられていた。ウッドの言葉を借りるなら、無私が「自立と自由とに基礎をおいている」からであり、「利害のしがらみから解き放たれ、いかなる主人からも報酬を受けとらない自立的な個人のみが、そのようなヴァーチュを身につけることができるからである」。次章でとりあげるジェファソンも部分的にそういう考え方をもっていたが、とりわけマディソンのような「フェデラリストは、一八世紀に「紳士」と呼ばれた、社会のほんの一握りの部分からのみ、無私という政治的指導力をもつ人間が現れるだろうと主張していた」（Wood 1987 : 84, 85=1989 : 55-6, 57）。

無私と富　無私と紳士とが密接に関係しているということは、無私と富とが密接に関係しているということである。しかし、アメリカの紳士の場合、英国の紳士とはいささか事情が異なり、営利活動が無私を困難にしていたようである。「アメリカで紳士を自認する人びとは、望ましいとされた、市場からの自立と自由を維持するために、多大な労力を費やさなければならなかった。イングランドの土地貴族のように、働かなくても、小作人からの地代だけで暮らせる紳士は、アメリカにはあまりいなかったからである」。もちろん南部には、ジェファソンのような、奴隷労働によって余暇を得ている大農園主がいた。しかしそうした「大農園主も、彼らの貴族的な言動とは裏腹に、しばしば多忙をきわめ、商業に巻き込まれていた。彼らの生計は、海外貿易の盛衰に直接影響されていたからである。彼らはいつも市場に依存しているという不安を抱いていた」(Wood 1987 : 87＝1989 : 58-9［訳文変更］)。

こうした無私と富との関係をめぐる一つのエピソードがある。それは、一七八六年から八九年にかけてペンシルベニア州議会で繰り広げられた論争であり、無私を疑っているアンチ・フェデラリストの資本家フィンドレー(Findley, William 1741-1821)が、無私を体現していると自認していたフェデラリストの資本家モリス(Morris, Robert 1734-1806)を、端的にいえば、「偽善者だ」と罵倒した事件である。フィンドレーは「人間の精神の働きはどんなときにでも富に左右される。つまり富に結びついた関心・期待・危惧に影響される」と述べて、モリスのように無私の紳士を気どる者も例外ではないと論じた。これにたいしてモリスは次のように応じた。「もしも富がそれほど汚いものなら、私はこの紳士に伺いたい。なぜあなたは資本家として富の追及にそれほど熱心なのか」と。この反問にフィンドレーはこう応じた。「たしかに私は富を愛し追求する。ただしそれは目的としてではなく、［私の］幸福と自律を享受する手段としてである」と(Wood 1987 : 96-100＝1989 : 72-8から引用［訳文変更］)。

フィンドレーとモリスの論争はかみ合っていないように見えて、じつは同じことを指し示している。一方のフィンドレーは「人間の精神の働きはどんなときにでも富に左右される」と述べている。これは、営利活動をしながら無私の態度をつらぬくことは困難であるということである。他方のモリスは、営利活動によって得られた経済的余裕によって国民全体のために行動できると考えている。それは、無私の態度が成り立つのは営利活動を終えた後であることを暗示している。つまり、営利活動をしながら無私の態度をとることは難しいということである。

営利活動をしながら無私の態度をとることはできないという考え方は、市民的ヴァーチュに刺さった大きな棘だったといえるだろう。しばしば、営利活動を可能にすると同時に営利活動によって肥大化する功利的思考は、公共善を浸食すると考えられていた。ボストン第一教会(会衆派)の牧師であり、当時のニューイングランドにおいてエドワーズに匹敵する影響力をもっていたチョンシー(Chauncy, Charles 1705-1787)は、一七七四年にプライス(Price, Richard 1723-1791)に宛てた手紙のなかで、次のように述べている。「私たちは、本国においてであれ、アメリカにおいてであれ、商人が信頼に価いしない人間であることを経験によって知っている。彼らのほとんどは損得でしかものを考えないために、もしそうすることが、自分の利益になると思うなら、彼らは自分が奴隷になることも、他人を奴隷にすることも、まったく厭わないのである」(Wood 1987 : 88=1989 : 99 から引用〔訳文変更〕)。

派閥を生みだす人間の自然本性　無私が富(営利活動)に脅かされるという情況は、政治の場面では、私的利益を求めて結託する派閥の悪弊というかたちで現れていた。マディソンは一七八八年に次のように憂えている。「派閥のために公共の会議は不調・不正・混乱をともなうようになった。それは、実際にいたるところで、人民による政治を消し去る致命的な疾病となった」と。当時、すでに各州は憲法を制定していたが、その「憲法は、派閥の暴威の危険性を充分にとり除くことはできなかった」(Hamilton/Madison/Jay 1987 [1788], No.10 : 122)。

政治思想史学者のハウが述べているように、マディソンにとって、派閥の悪弊のような共和国の存否にかかわる重大な問題の中心は、大多数の人びとのもっている「情念(passions)」だった(Howe 1987 : 507)。マディソンは、『フェデラリスト』の第五一章で次のように述べている。「もしも人間が天使なら、政府［＝統治］は不要である。もしも天使が人間を統治するなら、政府は内的な統制も外的な統制も必要としない。人間が人間を管理するという統治形態をつくること、難問はここにある。すなわち、まず最初にするべきことは、政府を被統治者の制御者にすることである。その次にすることは、政府に政府自身を制御させることである。人民に依存していること、疑いもなく、このことが政府にたいする第一の制御になっている。しかし、これまでの人類の経験が教えてくれるように、それを補うような予防的な措置が必要である」(Hamilton/Madison/Jay 1987 [1788], No.51 : 319-320)。

マディソンの考えでは、派閥の悪弊を根元から除去することは不可能だった。派閥が自由を求める情念という「人間の自然本性」(human nature)によって生みだされるからであり、人間の自然本性は変えられないからである。「派閥にとっての自由は、火にとっての空気のようなもので、それがなければ、すぐに息絶えてしまうような栄養素である。しかし、政治生活にとって不可欠な自由を、それが派閥を醸成しているからといって、破棄しようとすることは愚かなことである。それは、動物の命にとって不可欠な空気を、それが火に破壊的な力を与えるという理由で一掃しようとすることにほぼひとしい」。「およそ人間の理性が可謬的であり、人間がその理性を自由に行使する存在であるかぎり、相異なる意見が形成されるのは当然だろう。人間の理性と人間の自己愛とが密接に関係しているかぎり、人間の意見と人間の情念とが相互的に作用し合うことを避けることはできない」。つまるところ、「派閥の生まれる潜在的な原因は、人間の自然本性に求められる」。そして「結論としていえることは、派閥を生みだす原因そのものは除去しえないということである」(Hamilton/Madison/Jay 1987 [1788], No.10 : 123-4, 125)。

マディソンによれば、人間にできることは派閥の弊害を外的に抑制することである。それは優れた統治者を選ぶことである。この優れた統治者に必要とされるものは「啓蒙された視点とヴァーチュオスな感性(sentiment)」である。「明らかなことだと思われるのは、派閥闘争の悪弊を制御できるという、民主制にはない共和制の利点が、小さな共和国を統合する大きな共和国すなわち諸州の連合によって達成できることである。この利点は、啓蒙された視点とヴァーチュオスな感性によって狭小な偏見や不正な陰謀を超克しているような代表者の内面性によって生まれるのだろうか。たしかに、連邦の代表者は、必要とされる資質[=啓蒙された視点とヴァーチュオスな感性]をもっともよく所有する人間であるべきである」(Hamilton/Madison/Jay 1987 [1788], No.10 : 128)。

つまり、マディソンは、ヴァーチュを限られた人間だけがもつ「資質」と考えていた。右の箇所を引用しながら、ウッドは次のように述べている。「彼[=マディソン]は、公共政策や公共利益が相対立する多様な利害の妥協から自然に生まれるとは考えていなかった。……彼はリベラルな教育を受けた人*、すなわち『啓蒙された視点とヴァーチュオスな感性によって狭小な偏見や不正な陰謀を超克しているような』理性的人間(rational man)が無私の態度をとり、公共善を促進できるという希望を抱いていた」と(Wood 1987 : 92＝1989 : 65 [訳文変更])。ただし、マディソンのいう「資質」は、「感性」という言葉からうかがえるように、道徳哲学的なものである。のちにふれるように、マディソンは、スコットランド道徳哲学を展開したウィザースプーンの学生だった。

＊　ジェントルメンとしての「マナー」や「無私」という行動形態の形成をめざすカレッジの「リベラル教育」は、すべての国民の人格形成

を行う「教育」から区別されるべきである。

マディソンにとっては、フランクリンの場合と同じように、すべての人間をヴァーチュオスな人間に変えることは不可能な試みだった。いいかえるなら、彼にとっては、多くの人間の自然本性は可塑的でも道徳的でもなかった。なるほど、マディソンは一八二三年にラッシュ（Rush, Richard）に宛てた手紙のなかで、学校教育の必要性を指摘している。しかし、パングル／パングルが示しているように、そこで彼は学校教育によるヴァーチュ形成を主張しているのではなく、各州間で「知識普及のためのさまざまな段階の学校・施設が情熱をもって競って設立されている」状態は各州の自律性の証である、と喜ぶにとどまっている（Pangle/Pangle 1993: 143）。マディソンにとっては「専制の鎖以外に人間を破壊し合い喰らい合うことから遠ざける方法」はなかった。

「人間がある程度堕落しているのなら、人間にたいしてはかなり慎重にまた疑り深く接しなければならない。しかし、人間の自然本性にそれとは異なる特徴がかなりの程度備わっているのなら、人間にたいして充分に敬意を払うこともできるし彼らを信頼することもできるだろう。共和制の統治が前提にしてきたことは、前者の特徴よりも後者の特徴が強く人間に見いだせることである。しかし、私たちがこれまで描いてきた「私的利益の追求、派閥の弊害という」状態がかなり多くの人びとの政治的嫉妬心によって生まれたものなら、そして私たちの人格がそっくりなくらいに類似しているのなら、人間に自己統治（self government）に必要なだけのヴァーチュは備わっていないと推論することができるし、専制の鎖以外に人間を破壊し合い喰らい合うことから遠ざける方法はないと推論することができる」（Hamilton/Madison/Jay 1987 [1788], No.55: 339）。

念のためにいえば、マディソンが実際に統治方法として論じたことは「専制の鎖」ではなく、大統領制と連邦制である。大統領制は、「人類の良質な部分」を前提にした共和制であり、連邦制は「政府が被統治者を統制できるように」し「政府にみずからを統制させる」ことだった。ウッドが述べているように、マディソンのこうした試みは、「ヴァーチュにもとづく政治の可能性という独立革命の大願を実現しようとした――ふり返ってみれば、おそらく最後の絶望的な――大いなる努力だった」のかもしれない（Wood 1987 : 93＝1989 : 66［訳文変更］）。

ようするに、人格形成という教育概念を可能にするものは、マディソンに見られるような市民的ヴァーチュではない。それは、次にとりあげるウィザースプーンのとなえる道徳的センスである。もちろんウィザースプーンも「ヴァーチュ」を語っているが、政治思想史学者ディギンズの言葉を借りるなら、「それはもはやアメリカ共和国を維持するものと考えられた市民的ヴァーチュではなく、道徳的ヴァーチュ（moral virtue）である。それは神意を具現化する道具としての世俗の国家をつうじて精神的人格、精神的統合を形成するものである」（Diggins 1984 : 167）。

3　ウィザースプーンの道徳的センス

アメリカのスコットランド道徳哲学　ウィザースプーンは、アメリカにおけるスコットランド道徳哲学の基礎を築いた人物である。ウィザースプーン――そしてイェール大学のドワイト、ブラウン大学のウェイランド――がアメリカに持ちこんだスコットランド道徳哲学は、一九世紀全般において、アメリカの大学における道徳哲学講座で語られる主要な思想になっていった(Meyer 1972; Smith 1956)。冒頭でもふれたように、大学におけるスコットランド道徳哲学の影響力は強大であり、「ダーウィニズムと[ドイツ]観念論とによって完全に侵食される一八九〇年まで、アメリカの学問的諸サークルに深く浸透していた」といわれている(Brubaker/Rudy 1976 : 15)。

さて、ウィザースプーンは、ラッシュの懇請に応じ、ニュージャージー・カレッジ(College of New Jersey)――のちのプリンストン大学――の学長になるために、一七六八年、四五歳のときにスコットランド(エディンバラ)からアメリカに移住してきた(Rich 1964 : xi-xii ; Noll 1989 : 26)。プリンストンの学長職は、そのころからとても名誉な職であり、当時もっとも高名な神学者だったエドワーズもなかなかつけなかった。

ウィザースプーンが学長としてリーダーシップを握っていた一七七〇年代から九〇年代に、プリンストンは政治家養成機関の様相を呈していた(Robson 1985 : 58 ; Miller 1976 : 100-2)。ウィザースプーン自身も、独立宣言に署名したただひとりの牧師であり大陸会議の委員だった。またマディソン、パターソン(Paterson, William)、エルスワース(Ellsworth, Oliver)、マーチン(Martin, Luther)など、多くの独立革命の指導者を輩出しており、一七七六年に開かれた憲法制定会議(Constitutional Convention)の出席者の一六%は、プリンストンの出身者だった(Wertenbaker 1946 : 55-67, 116)。ウィザースプーンがプリンストンで教えた学生のなかには、一三人の大学学長、一一四人の牧師、六人の大陸会議メンバー、二〇人の連邦上院議員、二四人の連邦下院議員、一三人の州知事、三人の最高裁判事、そして一人の大統領(マディソン)がふくまれていた(Martin 1961 : 5-6)。

当時の社会情況をふりかえるとき、プリンストンが国家形成に有益な政治的指導者を養成する「リベラル教育」を行ったことは、容易に納得できるだろう。キリスト教の力そのものではないが、教会の社会的権威がしだいに弱体化し、また領土の拡張と人口の拡散とによって、社会の規範形成力が弱まるなかで、アメリカは、聖職者にかわる新しい指導者すなわち「統治者」を必要としていたからである。フェデラリストが「民主制」という言葉を積極的に使用していないことに象徴されるように、プリンストンのような大学に期待されたのは、限られたエリート＝統治者を養成する「リベラル教育」だった(ウィザースプーンにもそうした考え方が見られる)＊。

＊ ウィザースプーンは、民主制を「超越的権力が多数者に託された状態」ととらえ、それは「自由の精神にそぐわない」と述べている。「人間の自然本性」は、ホッブズが明示したような「低俗な感性」(illiberal sentiment)もはらみ、「民主制における多数決は、デマゴーグや野心家の意思に従う傾向にあ」るからである。「民主制は、民衆の怒りに満ちた狂気と気まぐれとにまさに従属する。彼らはまさに気に入ったものを選び、そうした[情念を方向づける]力、彼ら自身の自由(liberty)を投げ捨ててしまう」と。しかし、ウィザースプーンは、かりに民主制が統治形態になるなら、雄弁術がその統治技術であるとも述べている。なぜなら、多数派が権力をもつかぎり、「説得こそが、唯一彼らを統治する方法であるからである」と(Witherspoon 1810: 201, 189, 202, 203)。

ウィザースプーンは『雄弁術講義』において、「高貴な雄弁術」の源泉を五つあげている。①魂(soul)の偉大さあるいは高位性、②パトスあるいは[善い]情念、③言葉のあや(詞藻)、④言葉の高尚さ、⑤言葉の構成あるいは配置である。③、④、⑤は狭い意味での修辞技法にかかわるものであり、①、②は内面性にかかわる事項である。①の魂の偉大さは、敵に怯まず困難に怯まない力強さ、つまり環境に左右されない力強さをさしている(Witherspoon 1810: 260)。つまり、充分に展開した道徳的センスである。②のパトスは「主体のきわめて重要な部分である」。それは「実践的判断に埋め込まれている」ものであり、「理性を左右する力」である。偉大な魂すなわち道徳的センスにもとづく「感性や言論は、どのような主体にも形成されうるし、共感や賛同のセンスとともに人の心にふれることができる」ものである(Witherspoon 1810: 262-3)。

そして、ウィザースプーンは、プリンストンが養成する職種として「牧師、法律家、政治家」をあげ、そうした職種に雄弁術は不可欠な技能であると論じている。「すべての一般的な立論の原理は、こうした三つの職種に共通するもの」だからである(Witherspoon 1810: 295)。彼は、それぞれの職種にふさわしい雄弁術の特徴を詳しく論じているが、要点だけのべれば、彼は、牧師には敬虔、明解、厳密、強靭、熱意、洗練による判断力の調整、無限の知識を求め、法律家には高潔、誠実、献身的配慮、勤勉、手際よさ、デリカシー、学芸・科学・歴史・法律にかんする広範な知識などを求め、政治家には威厳、無私、リベラルな知識、情念・低俗な感性を支配する道徳性を求めている (Witherspoon 1810 : 295-309)。

ウィザースプーンの道徳的センス　ウィザースプーンがプリンストンでおもに講じたのは、もちろん「道徳哲学」である。ウィザースプーンの道徳哲学にたいする思い入れはかなり強かったと思われる。彼は『道徳哲学講義』の冒頭で次のように述べている。「人びとは、いかに道徳哲学が包括的で重要であるかをはっきり知るべきである。過去の学問も、ある程度、それぞれ広大な領域を扱ってきたといえるかもしれない。しかしそれらは、多くの点において、より完全で組織的な理論を構築するうえで役に立たないだけでなく、すべての学生の性向や、将来の生活機会という問題をまったく置きざりにしている。道徳哲学が重要なのは、こうした他の学問の置かれた状況から脱しているからである。すなわち、道徳哲学は、個人的義務を指摘するだけではなく、実際の生活全体 (Whole business of active life) にかかわっているからである。古典語、数学的知識、自然の知識といえども、道徳哲学という卓越した科学にくらべれば、ただのハンドメイドにすぎない」(Witherspoon 1810 : 229)*。

* ウィザースプーンの『道徳哲学講義』は、一七七一年から二年に書かれた講義ノートであり、それが出版されたのは、彼の死後、一八〇〇年である。

ウィザースプーンの提唱した道徳哲学の基本は、人間の自然本性は、ロックが考えたような「タブラ・ラサ」(tabla rasa 白い板)*ではなく、「コモンセンス」(common sense) と「道徳的センス」(moral sense) である、と考えることである。コモンセンスは、「理性的な傾向性」をともなう内在的なセンスであり、道徳的センスは、「道徳的な傾向性」

をともなう内在的なセンスである。ウィザースプーンは、コモンセンスと道徳的センスを、ともに人間に残された神の「完全性」の痕跡であると考えていた。彼は『道徳哲学講義』で次のように述べている。

「第一義的な原理による指示、つまりコモンセンスによる指示がまず存在する。コモンセンスによる指示は純然たる知覚であり直観的な証拠をともなうものである。すべての理性化はそれらの証拠を基盤としている。このコモンセンスの指示なくしては、理性化は意味を失った言葉にすぎない」(Witherspoon 1810: 173)。

「[これにたいして]道徳的センスは、聖書において、また人びとに共通する言語において、私たちが『良心』と呼ぶものと厳密に同一である。それは、すべての理性化の試みがなされる以前に、造物主が私たちの心に刻んだ法であり、[人間の果たすべき]義務を私たちが遂行することによって具体化され復元されるものである」(Witherspoon 1810: 161; 2003, vol. 3: 379)。

＊ ロックは、一方で生まれたばかりの人間の内面は「タブラ・ラサ」であると述べているが、他方でそれに矛盾することも述べている。たとえば、「私たちは、ほとんど何でもできる能力と力をもって生まれた。すくなくともその能力は、私たちを、私たちが容易に想像できるものを超えて、遠くに運ぶだろう」と述べている(Locke 1823: Sec.4)。また「自然本性は、人に幸福への欲求を埋め込み、苦難を回避する欲求を埋め込んだ。これらは、まちがいなく内在的な実践原理である。……ただし、これらの原理は善への欲求という傾向性であり、理解によって得られた真理の獲得ではない。私は、人の心に自然本性的な傾向性が刻印されていることを否定しない」と述べている(Locke 1987: Book 1, Chap.3, Sec.3[傍点は引用者])。

つまり、ウィザースプーンにとっての道徳的センスは、理性的センスであるコモンセンスによる認識をふまえながらも、それからは独立して働く倫理的な判断力であり、本源的に、神によって人の「心に刻まれた文字（character）」である。『聖書』の「ヤコブの手紙」に、「心に彫り込まれた神の言葉（word）を受容しなさい。この言葉はあなたの魂を救う力をもっている」と記されているように（Bible KJV 1972 [James, 1, 21]: 275）*、「心に刻まれた文字」は、神からの直接の働きかけをともなわず、すべての個人のなかで自律的に働く内在的審級である。ちなみに、ギリシア語の『聖書』においては、この「神の言葉」にあたる言葉は「ロゴス」（logos）である。

＊　また「ローマの信徒への手紙」には、「律法をもっていなくても、律法の命じるところを自然に行う人は、自分自身、律法である。このことは、彼らの心に記されている律法の働きを示している。彼らの良心がその証である」と記されている（Bible KJV 1972 [Romans, 2, 14-5]: 187）。ただし、一六一一年に出版されプロテスタントが広く用いた『キング・ジェームス版聖書』においては、character という言葉は「心に記されている律法」「良心」という意味では用いられていない。

宗教史学者のノルが指摘しているように、ウィザースプーンの道徳哲学は、スコットランド道徳哲学の代表格であるハチソンのそれによく似ている（Noll 1989: 40-2）。グラスゴー大学の医家だったハチソンは、一七二五年に『美とヴァーチュの起源の探求』を著し、ロックがとなえた「理性」に導かれる自己利益の帰結としてのヴァーチュ概念を批判し、倫理的言動は五つの対外的なセンス（視覚・聴覚・触覚・味覚・嗅覚）に加えて、すべての人びとに普遍的に分有されている「美的センス」と「道徳的センス」という二つの内在的センスによって決定されると論じている。ハチソンにとって、当時の社会に蔓延していたヴァイスは、「慈愛を意志する自然本性である」道徳的センスがないために生じたものではなく、道徳的センスを看過するとともに理性を誤まって活用したことによって生じたものだった（Hutchson 1726: 75-80, 269-271; 佐々木 1981）。

ハチソンと同じように、ウィザースプーンも、道徳的センスをもつすべての人間は「ヴァーチュオスな人生」をおくることができるが、しばしば理性の誤りや情念の過剰によって道徳的センスを見失い、ヴァイスに飲み込まれることがあると考えていた。ウィザースプーンにとって、植民地アメリカにたいして次々に理不尽な要求を突きつけ、その自治権を侵害した当時の英国は、まさにヴァイスに飲み込まれつつあるように見えた。

一七七〇年代ごろから、プリンストンにおいても、英国からの独立の是非について、さまざまに議論されるようになった。その渦中にあったウィザースプーンは、一方で、どのような統治形態であれ、そこには抵抗不可能な「超越的権力」がすえられており、「私たちはこれを越えて行くことはできない」と考えていたが (Witherspoon 1810: 203)、他方で「人びとが現実になんらかの統治形態に同意してきたとしても、その統治形態がつくりだす法に人びとが惑わされているとわかれば、またその法が［人びとの］連帯という目的にとって有害で破壊的であるとわかれば、人びとはその社会を廃棄し、みずからの義務をとりもどし、すべてをより善い基礎のうえに再定立するべきである」と考えていた (Witherspoon 1810: 200)。「超越的権力」への抵抗が必要なときは「その腐敗が極限に達したとき」であり、「独裁への服従よりも統治体の転覆が明白に有益であると判明したときである」と (Witherspoon 1810 : 204)。

つまり、ウィザースプーンは、道徳的センスを充分にはたらかせている人びとには、「超越的権力」に抵抗するべきであると決断できるだけの判断力が備わっている、と考えていた。「もしも［権力に抵抗すべきであると］だれが判断をするべきなのかと問われれば、私はこう答える。それはすべての主体 (subject) であり、すべての人びとの自己 (self) であると。人びと［の道徳的センス＝良心］こそが人びとを判断させ、結党させるのだと思われる。［もっとも、全員をそうさせるような］妙薬は存在しないが」と (Witherspoon 1810 : 204)。

道徳的センスの定める道徳的義務　ウィザースプーンにとって、道徳的センスは、現世の権力、個人の情念を凌駕するヴァーチュだった。すなわち、フランクリンの世俗的・習慣的・個人的なヴァーチュとちがい、「神(意)」(Providence)と「公共愛」(public affection)を核とした宗教的・内在的・社会的なヴァーチュだった。確認しておくと、神(意)をヴァーチュと見なすことは、キリスト教神学に古くから見られる考え方であるが、「公共愛」をヴァーチュと見なすことは、ハチソンが提唱した考え方である。ウィザースプーンは『道徳哲学講義』において、「神そのものがヴァーチュ[=卓越性・完全性]である」と述べるとともに、ハチソンの言葉を引きながら、「慈愛(benevolence)ないし公共愛はヴァーチュである。全体の善にかかわることがヴァーチュの規準である」とも述べている(Witherspoon 2003, vol. 3: 384; 1810: 166, 164-5)。

ウィザースプーンにとっては、すべての人は、こうしたヴァーチュオスな道徳的センスによって、神の定めた「道徳的義務」を知ることができる存在だった。「神の命じるものが[道徳的]義務である。神が人間の自然本性に植えたすべてのものは、原理的に腐敗堕落していないものであり、神意であると見なされるべきである。この良心という内在的な原理[=道徳的センス]に対抗したり矛盾したりする心の傾向性は、執着執心というヴァイスであるか、[市場の]契約というヴァイスであるか、どちらかである」(Witherspoon 1810: 166)。「[私たちが]合意できると思われる点は、[道徳的]義務と神への服従という二つの原理が人間の自然本性[=道徳的センス]から引きだされるにちがいないということである。私たちが、創造者が人をどのように造ったのか、あるいは人に何を意図させているのかを発見するならば、人がなすべきことは明白なものになるはずである」(Witherspoon 1810: 154)。

このように考えるウィザースプーンにとって、民衆を道徳化するのは法ではなく宗教だった。「……はたして法は、民衆をヴァーチュオスな状態にするうえで何ができるだろうか。これまで見てきたように、ヴァーチュと敬虔とが密接に関係しているとすれば、真の宗教を促進することが、ヴァーチュオスで秩序正しい人民を育てるうえで最良にして最大の効果をあげる方法である。神への愛、他者への愛、それが真の宗教の本質である。この二つがあまねく広がるなら、市民法などはほとんどいらなくなるだろう」(Witherspoon 1810: 212; 2003, vol. 3: 447-8)。

そして、このように、神を信じ他者を愛することこそが、自分を「洗練する」(polish) ことだった。ウイザースプーンは、貴族という地位・血統と結びつけられることが多かった「洗練」(politeness) という行動様式を信仰、道徳的センスと結びつけ、万人に開かれたものに変えていった。彼は、一八世紀末期に多くのアメリカ人に読まれたといわれる『教育についての書簡』*の第四篇で、次のように述べている。「私には、真の宗教が真の洗練をその完全性に導くうえで重要であるだけでなく必須である、というようにしか考えられない。真の洗練は、真の宗教以外の方法ではほとんど達成できないものである。そして、この目的にふさわしい高貴な感性 (sentiment) が［私たちのなかに］存在している」(Witherspoon 1797: 145)。つまり、「洗練」が充分に確立されるのは、人が自分自身の道徳的センスにもとづいて道徳的義務を自覚するときである、と。

＊　のちにあらためてとりあげるが、『教育についての書簡』は、一七六五年にスコットランドのある「ジェントルマン層」の人に宛てて書かれた手紙である。この書簡は、一七七五年に『ペンシルベニア・マガジン』に掲載される同時に高く評価され、一七九七年に本として出版された (Smith 1973: 185)。おもに書かれていることは、親が権威を示すことが子どもの親への服従を生みだすこと、親が権威を示すためには、親が神を信仰し、たえず自分自身をふりかえり、自分を洗練することである。全体として、親から子どもへの働きかけを親自身が抑制する必要性を説いている。

ウィザースプーンにとっては、このように、信仰をつうじて、道徳的センスを自覚し、道徳的義務をはたし、自分を洗練していくことが、「キリスト教的な人格」(christian character)を形成することだった。

人格を蔑ろにする演劇　しかし、社会には、このキリスト教的な人格形成を妨げる享楽（ヴァイス）が溢れていた。ウィザースプーンにとって、そうしたヴァイスの一つが演劇であり、その典型は一七五七年にエディンバラの「キャノンゲートシアター」で上演された『ダグラス』(*Douglas*)*だった(Witherspoon 1757: 121)。ウィザースプーンは、一七五七年にこの演劇を批判し、「私たちがあらゆるところで強調すべきことは、聖なるものとしてのヴァーチュと栄誉、良心としての道徳的センス、聖化としての心の洗練、これらが劇場的娯楽と対立しているということではないか」と述べている(Witherspoon 1757: 127)。

＊　『ダグラス』は、ホーム(Home, John 1722-1808)の創作した演劇で、一七五七年のキャノンゲートシアターでの上演当時、エディンバラの民衆に大いに受けたが、登場人物の一人、淑女ランドルフ(Lady Randolph)の淫靡な自殺の仕方がスキャンダラスな話題となった(http://www.electricscotland.com/history/other/home)。

ウィザースプーンの演劇批判は、大きく分けるなら、次の三つから成り立っている。第一に、演劇内容が「まがいもの」(imitation)であることへの批判である。「歴史それ自体は、実際にいた人間の人格(character of human)を再現することであるが、演劇はそれらをありうるものとして(as they may be)再現することである」。この時代、ファーガソン(Ferguson, Adam)のように、歴史上の悲劇の再現としての演劇は、民衆に「道徳的教訓」(moral lecture)を与えるから、道徳的な価値があると論じる人が少なくなかったが、ウィザースプーンにいわせれば、それは間違いである。「この演劇というまがいものは、そうであること自体で、観客に大きな歓びを与える。それはその演技の内容が善いものか悪いものかにかかわらない。……それは彼らに歓びを与えるだけである。まがいものに美しさがあるとしても、それは道徳的な影響力をもたないし、道徳性（morality）と何の関係ももたない」（Witherspoon 1757 : 130, 134）。つまり、道徳性は本物の経験からしか生まれない、と。

第二は、役者という職業そのものへの批判である。ウィザースプーンは、だれかになりきるという役者の仕事が役者本人の「人格」（character）を大きく歪めると考えていた（Agnew 1986 : 191）。役者は、愚劣な情念を体現する「役柄」（character）に魅せられることで、また次々に役柄を変えることによって、自分自身の人格を失うからである。

「もっともうまくいった場合でも、それ［役者の人生］は永久に娯楽だけの人生であり、永久に理性と宗教に矛盾している。それは合理的な諸力、崇高な目的の構想を侵害することを意味し、人類の愚劣な部分を愉しみ喜ぶことに貢献する。キリスト教徒の礼節を楽しむかわりに。そうすることがまさに役者の仕事であり労働生活である。こうした役者としての生活がなんと奇怪な人格（character）をつくりだすことか。その人は、いわば永久に仮面をかぶって生活しつづけるのであり、すくなくともその人は、実際の人格であることよりも演技の役柄であることのほうが多い。これはすべての役者に当てはまることである」（Witherspoon 1757 : 162）。

「役者の人生とは何か。役者の人生はすべてせりふを吐くことに、とりわけ吐き気をもよおすような人間の情念をそのまま描きだすことに費やされている。この目的のために、役者は役柄にふさわしい精神と感性に懸命に入っていかなければならない。さもなければ、彼らの演技は、間違ったものや不自然なものにならないにしても、まったくの作りものとなり弱々しいものとなるだろう。それにしても、彼らは、その印象を心に刻み込むことなく、そして彼らがたびたび身にまとう見せかけがついには真実になることもなく、役柄をこなせるのか。どんな人間も、その仕事と生き方によって何かの色に染まるのではないか」(Witherspoon 1757 : 172)。

第三に、ウィザースプーンは演劇が観客にもたらす負の作用を問題にしている。一つの問題は、残酷なシーンにたいする感覚が鈍磨するという作用である。彼は、舞台で演じられた「下劣極悪なシーン」(scenes of villainy)は、それを観ている観客の現実生活において下劣極悪なものへの嫌悪感を奪い、さらに自分自身を見失わせることになると考えていた。「よく知られている真実であるが、人間はすべての年齢において経験によって形成される。ひどい経験をすれば、人格(human character)は強力で不幸な影響をこうむる。……繰りかえしあまりにも恐ろしいものを見れば、恐ろしいものに近しい考え方が作られ、そうしたものにたいする[嫌悪の]感情が弱められてしまう。そしてためらいもなく犯される罪を眼にしていれば、同じような変化が容易に生じ、繰りかえし罪を犯すことを否定しないような人間になってしまう」(Witherspoon 1757 : 164)。

もう一つの問題は、演劇がしばしば観客を登場人物と同一化し、とりわけ登場人物の感情と同一化し、激しい情念のままに行動する人間をつくることである。「どんな人でも、劇の上演に立ち会えば、演じている役者がそうするように、かなりの程度、自分自身を各登場人物の精神に移し入れてしまう。演技がうまければうまいほど、その移し入れ[=感情移入]は激しくなる。彼[観客]の注意力は堅く固定され、彼の情感(affection)は捕らえられ連れ去られ、目の前にあるもの以外、どんなことが起こっても、まったくわからない状態(total forgetfulness)になる。ときどき見られるように、[演劇によって]さまざまな情念が激しくかきたてられるのだから、[それが観客本人の人格に]何の影響もおよぼさないということがあるだろうか」(Witherspoon 1757 : 169)。

こうしたウィザースプーンの演劇批判は、誘惑・魅了されることへの嫌悪感に満ちている。何かに誘惑・魅了されている状態は、良心(道徳的センス)によって管理されていない情念のうごめきそのものだからである。ウィザースプーンにとっては、ハチソンの場合と同じように、人が「人格」をもつことは、良心(道徳的センス)が諸情念をたえず管理していることである。「演劇は何の利益も生まない消費であるだけでなく、気晴らしという猥雑である。それはあまりにも暴力的に情念をかきたて、あまりにも深く利害関心をかきたてている。そうであるために、民衆が[演劇がつくりだす]想像上の嘆きにとらわれたまま、現実に戻ることもある」。それは「すべてのキリスト教徒のもつべき生き方」と矛盾している。道徳的義務を果たすために、キリスト教徒は「可能なかぎり、自分の情念を抑制しなければならない」(Witherspoon 1757 : 138, 139)。

4 ウィザースプーンの教育論

習慣をつうじた臣従性形成　ウィザースプーンのこうした演劇批判が前提にしていることは、人間の心ないし自然本性の道徳性・可塑性(脆弱性)である。観劇であれ、役者稼業であれ、経験によって人間の心は大きな影響をこうむる。情念をむやみに掻きたてたり、確固たる一つの人格の形成を妨げるような仕事をしていれば、神の定めた道徳的義務を知ることはできない。かりに社会環境が私利私欲の追求を容認すれば、私利私欲に走る人間は多くなる。実際、当時のアメリカ社会は、他者への愛を欠いていた。一七七六年の『人間の情念を神意が支配すべきこと』と題する講演で、彼は「もしも私たちのなかに多くの利己的な人びとがいないとすれば、それは奇跡である」と述べている(Witherspoon 1776 : 142)。

したがって、人間に道徳的センスが内在するからといって、少しも安心できなかった。大人の多くは、道徳的センスを充分に形成していなかったし、幼い子どもの道徳的センスは、ほとんど発現しないまま眠っていたからである。道徳的センスは、充分な知識・情報を与えなければ、充分に機能しない*。「内在的観念や自然法に批判的な人びとは、道徳的センスの実在を認めたがらないが、彼らの反論はまったくくだらない。人が想像力あふれる反照的な感覚や能力を生みだしたりそれらを使ったりするためには、教育(education)と情報(information)が必要であることはつねに明らかである。それと同じことが道徳的センスについてもいえる」(Witherspoon 1810 : 161)。

* ちなみに、ハチソンにとって、社交性・会話・友情・家庭生活などの共同体的な生の本質は、「慈愛」(benevolence)と「共感」(sympathy)であり、彼は、これらをつうじて人間が「養成」(cultivate)されるときに、道徳的センスが開花し、個人的なヴァーチュとともに社会全体のヴァーチュが生まれる、と考えていた(Fea 2003 : 480-1)。

ウィザースプーンは、道徳的センスを発現させるためには、幼いころから習慣をつうじた行動規制を行う必要があると考えていた(この習慣による行動規制は、ウィザースプーンが幼い子どもにたいして education という言葉を使うときにその言葉が意味していることである)。彼は、先にふれた『教育についての書簡』において、親に抑圧されていると感じ反抗心を掻きたてることがないように、親に心から服従する習慣を幼いころから身につけさせるべきであると説いている。「服従の習慣は、その始まりを思い出そうとしても思い出せないくらいに幼いときに行われるべきである。さもなければ、多くの事例が示しているように、あとでどんなに子どもを管理しても、親の権威は確立されないだろう。親の名に値する行為が不可能になる場合もあるだろう」。子どもが「七ヶ月から八ヶ月になるまでのうちに」、親は親としての権威を確立するべきである、と(Witherspoon 1797 : 138, 135)。

自由尊重・模範提示　ただし、ウィザースプーンのいう「親としての権威」は、ピューリタン的な強圧的・威圧的な権威ではなかった。それは、むしろ子どもが自由意志によって(抑圧感・威圧感を欠いたまま)親につきしたがうような関係性だった。ウィザースプーンは、「私は幼い子どもに鞭を使えといっているのではない。むしろその逆である」と、読者に注意している。ウィザースプーンにとって重要なことは、「子どもが[親の言動から]優しさや快適さを感じること」であり、そうした肯定的な感覚が「子どもを[親にたいする]従順の習慣に導くことであり、懲らしめの必要がまったくいらないような[自律的な]状態を生みだすこと」だった(Witherspoon 1797 : 135)。

いいかえれば、ウィザースプーンにとって、子どもが健康であるために必要なものは「清潔(cleanliness)・換気(free air)」だけでなく「自由」(liberty)だった。「若くても老いても、誰もが自由を愛している。自由が人を傷つけないかぎり、たしかに自由は人に善をなす」。しかし現実には「自由な存在として生まれた子どもの多くが、その人生の最初の一〇年間を、奴隷状態で過ごしている。そして幼児期を女性によって囲われたり運ばれたりするために、手足も他の部分もできそこない状態になりやすい。そして全体にとても弱々しい。さらにその精神は、抑制されているために、一般に鈍いし萎れている。子どもにとって世界で最高の訓練は、思いのままにあたりを跳んだりはねたりすることである。もちろんそうできるようになってからであるが」(Witherspoon 1797 : 129)。

子どもの自由を尊重することは、いわば模範提示型の教育方法を採用することである。それは、何か教訓を与えたり懲罰を加えたりすることではなく、「実例(examples)によって、子どもの人格とマナーを形成すること」である。「実例」とは「親の言動」すなわち親の言語表現と表情・目線・仕草のような非言語的表現である。親の言動に「洗練」「敬虔」が乏しければ、子どももそのようになりやすい。しかし、子どもには道徳的センスがあるので、善い実例を経験すれば、子どもはそれをかならず身につける。したがって「子どもにたいする権威をもちたいと思う親がとりわけするべきことは、自分自身の行いを監視することである」(Witherspoon 1797 : 148, 139)。

「私が「威厳」(dignity)や「作法」(carriage)といった言葉で意味しているのは、親がいつも冷静で理性的である自分自身を具体的な態度で示すことである。それは、他者との会話においては思慮深く慎重であること、いらいらしたりやきもきしたりしないこと、感情的に自分の好みを相手に押しつけないこと、そして子どもにたいしては優しく愛情深いこと、しかも移り気ではないことである」(Witherspoon 1797 : 139)。

ウィザースプーンの考えでは、このように、親が子どもの自由を尊重することこそが、親に従順な子どもをつくることになるはずだった。ウィザースプーンは、自分の経験をもとに、幼い子どものしつけ方について、次のように述べている。幼い子どもが「欲望や嫌悪感に流されそうになったら、その流れを子ども自身が押しとどめるために、ときどき(しばしばではなく)子どもたちが喜ぶものを与えて、気持ちをそらそう」。「もしも子どもが何か善くないものをもって喜んでいたら、それを上手にとりあげよう」。そうすれば、子どもは親に敵意を抱くことなく、深く親を信頼するようになる。そして「こうした経験を繰りかえしていくなら、短期間のうちに親が望むときに、子どもは親に完全に服従し逆らわなくなるだろう」と(Witherspoon 1797 : 136)*。

＊　カスティグリアは、こうしたウィザースプーンの養育論にベンサム的なパノプティコンを見いだしている。「ウィザースプーンの規

律論はベンサムのいうパノプティシズムを論じていないが、あきらかにそれを要求している。それは継続的監視を行うことであり、監視されていなくても監視されているように感じさせ行動させることである」と(Castiglia 1998: 196)。こうしたとらえ方は安直であり首肯しがたい。ウィザースプーンは権威者の視線によって子どもの行動を規制しようとしたのではなく、子どもの道徳的センスによって子どもの行動を規制しようとしていたからである。カスティグリアは、ウィザースプーンの教育論が道徳哲学の一環であることを看過しているように見える。フーコーを援用するなら、規律権力論ではなく、晩年の自己論を援用するべきである。

ちなみに、このようなウィザースプーンの模範提示型、自由尊重の教育方法は、一七世紀末にロックが論じているところでもある。ロックは、『教育にかんする考察』において、次のように述べている。「子どもは(否、大人もまた)多くの場合、実例にならって行動する。私たちはすべて、カメレオンのような存在である。私たちが身近にあるものの色に染まるからである」(Locke 1968 [1693]=1967: Sec. 67)。したがって「自分の子どもに尊敬されたい、自分の命令にしたがってほしい、とおもう親は、息子を尊重しなければならない。[一世紀のローマの詩人ユベナリス[Juvenalis]が述べているように]親は『最大の尊敬を子どもに払うべきである』。自分の息子にまねてほしくないことは、息子の前でいっさいしてはならない」と(Locke 1968 [1693]=1967: Sec. 71)。

統治しすぎないように統治する　同じように、ウィザースプーンは、大学でつねづね教授たちに「いつも[学生を]統治せよ。しかし統治しすぎることに注意せよ」と述べていた(Wertenbaker 1946: 104)。この〈統治しすぎないようにつねに統治する〉ことは、別のところでも、彼が「権威は絶対的でなければならないが、権威は厳格すぎてはいけない」と述べているように、ウィザースプーンの養育(教育)論の根幹だった(Witherspoon 1797: 134)。それは、子どものみならず大人自身が低位の情念である激しい怒りを制御することである。大人の激しい怒りは、子どもを萎縮させるとともに、その大人と同じような、怒りを制御できない子どもを生みだすからである。

ウィザースプーンにとっては、子どもに罵声や怒声を浴びせるようなしつけは、まったく論外の行為だった。親の罵声・怒声は、本人たちが思っている以上に子どもを萎縮させ歪めるだけでなく、他の人をひどく不快にさせるからである。彼は、とりわけ「権威のない親が子どもにたいして怒り狂っている姿ほど、人をむかつかせるものはない」と述べている。たとえば、「下層民のなかには、世間体を気にした自己抑制すらできない人がいる。ときどき眼にすることは、父親か母親かが、罵声や怒声をあげながら、子どもを追いかけて、通りに飛び出してくるという様子である。彼(女)らはじつに愚かで、自分の行為を隣人や通行人が許してくれると思い込んでいる。しかし実際のところ、彼(女)らの行為は、見ている者にとって耐えがたい恐怖である」と(Witherspoon 1797 : 135)。

こうした親の怒りは、子どもを萎縮させ、他の人を不快にさせるだけでなく、神意にも反するものだった。その怒りが気分的なもの、虚栄心にかかわるものなどであり、道徳的センスの判断にもとづいたものではないからである。いいかえるなら、親の言動は、道徳的センスにもとづくものでなければならなかった。道徳的センスは、親に子どもを教え導き、篤く保護することを命じるからである。ウィザースプーンは、親の権利について次のように述べている。

「親の権利は二つにまとめられるだろう。第一に、権威。これは子どもに服従(submission)を求めるものである。第二に、適当な時期に子どもから相応の見返りを得る権利である。第一の権利は完全な権利であり、行使されるべきであるが、限界づけられるべきである。いくつかの国では、親は子どもの生死を決定する権力をもってきた。そしてホッブズは、子どもは親の財産であり所有物であると主張し、子どもを一時的にないしは生涯にわたり勘当することができると主張している。どちらの考え方も根本的に間違っているように見える。なぜなら、どちらも、教示と保護という［神の与えた］親の権利に矛盾しているからである。親の権利は、ほとんどの場合、子どもに益する行為に限定されているからである」(Witherspoon 1810 : 197)。

神意の感受　ウィザースプーンは、親が子どもから「見返り」を得ることにも否定的だった。そうすることは、「卑しい売買取引」(交換行為)にひとしいからである。ウィザースプーンにとって、親が子どもを養育(教育)するのは、あくまで子どもに自分の道徳的センスを自覚させ、神意にそうことを選択させるためである。宗教さえも、親が命じて子どもに信じさせるものではなく、子どもが道徳的センスを自覚したあとで自分で選ぶべきものである。ウィザースプーンは次のように述べている。「子どもは成長した後に、自分で宗教を選ぶべきである。ただし、親は子どもが最高の選択を行えるように、大人になるまで彼(女)らに宗教の存在を教示するという最重要な義務を課せられている。両親が子どもに宗教の存在を教示しなければ、子どもは、偏見と［市場］契約の慣習、それも最悪のたぐいのそれを吸収してしまうだろう」と(Witherspoon 1810 : 197)。

ようするに、ウィザースプーンの養育(教育)の目的は、フランクリンのヴァーチュ形成とは違って、個人的・社会的に「成功すること」ではなく、最終的に「永遠の幸福のなかで神の栄光に浴すること、そして子どもを救済することである」(Witherspoon 1797 : 140)。したがって、子どものころの権威への服従という習慣形成も、子どもをたんに操作するための方途ではなく、あくまで神意を自覚し、神に臣従するための準備である。すなわち、心身が可塑性・感受性に富んでいるうちに、心に権威への服従という習慣を形成し、そうすることによって、子どもの道徳的センスを発達させ、自発的にキリスト教的人格を形成するように導くことだったのである。

ウィザースプーンにとって重要なことは、人間理性は人間の「自然本性」を変えるだけの力をもっているが、それをささえているものは道徳的センス、つまるところ神への信仰であるということだった。彼は、『教育にかんする書簡』の第四編において、次のように述べている。「人間の理性(human reasonings)を神の英知(divine wisdom)と同等に位置づけてはならない。私たちの魂への配慮は、聖書に記されているように、私が必要としているものの代表である。卑しい売買取引を行う者は、世界を手に入れるが、自分の魂を失う。魂は、ヴァーチュの生得的な美しさではないし、当人の対外的な信用でも、それから生じる内面的な満足でも、これらすべてが一緒になったものでもない。[神意への臣従である。]人間の理性は、私たちの自然本性を変えることも、また私たちの行いを統治することもできるが、深く認識するべきことは、神と和解しなければ、私たちがまちがいなく永久に堕落しつづけるということである」と(Witherspoon 1797: 153)。

5　道徳的センス論の後景

人格形成概念の萌芽　さて、これまで見てきたように、ウィザースプーンは、一八世紀後期のアメリカにおいて、人間の自然本性に神意としての道徳的センス(「良心」)を見いだし、それを開花させる営みとしてのキリスト教的な人格形成論を説いている。ウィザースプーンが語っている道徳的センスは、それが万人に見いだされるという意味では普遍的なものであり、またそれが幼少期においては潜在的であるという意味では形成可能(可塑的)なものである。前章で確認したように、このような人格形成概念を、フランクリンは主題的に語らなかった。アメリカでもっとも早く人格形成概念を用意した人物は、さしあたり、ウィザースプーンと考えられるだろう。

なるほど、パングル/パングルの研究に見られるように、アメリカの近代教育概念の起源が語られるとき、しばしばロックの教育論がとりあげられた(Pangle/Pangle 1993: 54-72)。たしかに、ウィザースプーンの教育論にも、ロック的な教育概念を容易に見いだすことができる。ウィザースプーンは、ロックと同じように、子どもの自由を尊重し、模範提示による教育、環境の道徳的浄化を唱えている。しかし、ロックは、ウィザースプーンと違い、人格を明確に論じていない。さきにふれたように、ロックは、一般に考えられているように、人間の自然本性を「タブラ・ラサ」と考えていたとはいいきれないが、「人格」という言葉で人間の自然本性に普遍的かつ潜在的な道徳的内在性を見いだしてはいない。このことを考えるなら、人格形成概念の起源をロックに見いだすことはできないだろう。

さて、二点確認しよう。まず、ウィザースプーンのように、人間に普遍的かつ潜在的な道徳的内在性を想定することは、すべての人間の自律可能性を肯定することである。すべての人間に内在する道徳的センスは、それが適切な養育(教育)によって充分に形成されるなら、すべての人間の道徳的な自己判断を保証する内在的審級になるからである。ウィザースプーンは、親(教育者)の子どもにたいする強要的・強圧的な態度を否定する一方で、親(教育者)が子どもにすぐれた実例を示すという態度を宣揚し、また子どもをとりまく環境を道徳的に浄化することを強調していたが、その理由も、彼が子どもをふくめたすべての人間に自律可能性を見いだしていたからである。

次に、こうした道徳的センスを想定することは、人間観から解決不可能な問題を排除することになるだろう。道徳的センスの存在が強調されるなら、たしかに一方で人びとは、カルヴァン派ピューリタンに見られたような、行き先が見えないままに来る日も来る日も自己を審問するという過酷な義務からは解放されるが、他方で人びとは、人間はどうしようもなく厄介な存在であるという了解を失うことになるだろう。それは不道徳を許さないという厳格な態度の制度化につらなっている。現実の人間は、どれほど自然本性が善良であっても、不徳な言動、低位の情念から自由になれない。その意味では、道徳的センスの定着は良心の専制の開始といえるだろう。

道徳的センス論の後景　こうした教育論的効果と人間論的効果をもっただろう道徳的センス論は、一八世紀後期以降、アメリカ社会に広く受け入れられていった。おそらく、その内容が当時のアメリカ社会の個人指向という全体的動勢に符合していからだろう。クロッペンバーグは、「スコットランド道徳哲学がアメリカ人に受け入れられたのは、それが明確に実践的な倫理学を提示したからであり、絶対的権威への祈祷を求めず、旧来のキリスト教的ヴァーチュ概念に迎合しなかったからである」と述べている(Kloppenberg 1994: 690)。つまり、当時の社会が自律的個人という人間の在りようを肯定する傾向にあったからである、と。

まず、経済的側面に注目していうなら、自律的個人を肯定する傾向を生みだしたものは、第1章の最後でふれたように、一八世紀末期に商品生産がマニュファクチャー化し、場所としての市場(market-place)が抽象空間としての市場(market)にシフトしたこと、つまり市場が普遍的可能態となったことに求められる(Agnew 1986 =1995: 256; Lerner 1979; Rothenberg 1981)。抽象空間としての市場が成立すると、人びとの商品選択の根拠、ひいては物事の判断根拠が地域共同体から個人にシフトしていくからである。それは、かつての地域共同体を統合していた教会の絶対的権威がゆらぐことであり、キリスト教的なヴァーチュよりも世俗的である道徳が重視されることである。

次に、政治的側面に注目していうなら、自律的個人を肯定する傾向を生みだしたものは、一七八〇~九〇年代にかけて、政党間の党派的な闘争が激化し、利害感情むきだしの立法行動が表面化したことにたいして、当時の政治的なリーダーたちが強い危機感を抱いたことだろう(Diggins 1984: 18-99; Bloch 1985: 95-115)。独立革命期において、イングランドは堕落の象徴だったが、革命後においては、民主制が実現されるとともに過激な情念的行動、過剰な私益追求、いわば衆愚政治が堕落の象徴になった。革命戦争がすぎさるとともに、英国の理不尽な支配ではなく、アメリカ人自身のあらぶる情念が大きな問題となりはじめた。後述するように、ジェファソン、ラッシュ、ウェブスターにとっては、このあらぶる情念を抑制・制御する方法が自律的個人という在りようだった。

こうしてみると、ウィザースプーンのとなえた道徳的センス論は、一八世紀後期の社会情況が求めた社会変革理論の一つだったといえるだろう。それは、個人の自律的行動を主題化する市場化・民主化という社会的文脈を認識しつつ、社会を自己利益(情念)にもとづくものから自然本性(良心)にもとづくものに変えようとしていたからである。いいかえるなら、道徳的センス論は、内面の最深奥に神意を体現する自然本性(良心)を想定することによって、神と人間との乖離、自分と他人との乖離、現実と理想との乖離を克服しようとしたのである。

ウィザースプーンの道徳的センス論の社会改革指向は、一八世紀末期から一九世紀初期のプレスビタリアン派の牧師に広く見られたものであり、のちにそれは「エヴァンジェリカリズム」と呼ばれるようになる。宗教史学者フィアの言葉を引こう。この時代に「プリンストン、また他のカレッジで訓練された聖職者がおもに論じたことは、神の言葉を聴き、秘蹟としての神の慈愛を受けることでつちかわれる、神との垂直の関係性の重要性だけでなく、人間との社会との水平の関係性の重要性である。エヴァンジェリカリズムが前提にしていたものは、この社会進歩に貢献する潜在力をふくんだ強力な道徳的な内在性［＝道徳的センス］である」(Fea 2003: 481)。

しかし、ウィザースプーン自身が、その道徳的センス論にもとづいて、万人のための教育システム論を提唱することはなかった。万人の人格形成を意図する教育システムを提唱する人物は、ウィザースプーンの次の世代——たとえば、ラッシュ、ジェファソン、ウェブスターたちである。しかし、彼らが教育システムを語るためには、人格形成という概念を語る道徳的センス論だけでなく、公共管理という概念を語る近代的統治論が必要だった。

第3章　人格形成という教育概念の登場
——近代的統治論と道徳的センス

Emergence of Character Formation as Education Concept: Modern Governance and Moral Sense

〈要約〉　一八世紀末期から一九世紀初期の国家形成期に展開されたアメリカの公教育論の基本命題は、〈すべての人びとに道徳的な人格を形成することによって共和国を形成する〉という命題である。education という言葉が「人格形成」を意味するようになったのも、およそこの時期である。公教育論は、この時期にヨーロッパで盛んに論じられた近代的統治論と密接に関係していた。そこでおもに論じられたことは、全国民（「人口」population）の生命活動を掌握し、全国民を社会的に有用な身体に変えることである。全国民の生活情況の把握が「人口状態把握」(statistick) であり、全国民を有用化する営みが公教育 (public education)・公衆衛生 (public health) といった「公共管理」(public policy) である。アメリカの公教育（教育システム）論を直接喚起した契機は、革命後の社会的・政治的な情況である。革命直後においては、ラッシュもジェファソンも国家規模の人格形成の必要性を感じていなかった。しかしたちまち、彼らは「汚れた都市住民」「暴徒たち」「党派的熱狂」に直面し、「市民的ヴァーチュ」が消えかけていると感じ、その代替物を教育によって形成しなければならない、と考えるようになった。それが道徳的な人格の形成である。ラッシュは、精神医学的な人格の可塑性、道徳哲学的な道徳的内在性を前提にして、万人の道徳的諸能力を拡充する教育システムを提唱し、ジェファソンは、ヴァーチュ・才能にあふれる子どもを発見・育成するためのリベラル教育とともに、すべての国民の道徳的センスを拡充するための教育システムを提唱した。

1　なぜ統治論は教育を語るのか

人格概念の広まり　これまでにも指摘されてきたように、子どもの内面の可塑性を信じ、模範提示・環境浄化を主張する養育論は、さまざまな養育書とともに、一八世紀末期から一九世紀初期にかけてのアメリカに少しずつ広まっていった。そのなかには、ロックの『教育にかんする考察』、またその通俗版でありアディソンが一七一一～四年に刊行した『スペクテイター』、そしてハミルトン(Hamilton, Alexander)が一七九二年に出版した『不満の多い女性と幼い子どもを管理する方法』(*Treatice on the Management of Female Complaints and of Children in Early Infancy*)、さらにスミス(Smith, Hugh)が一七九三年に出版した『既婚女性への手紙――子どもの養育と管理について』(*Letters to Married Women on Nursing and Management of Their Children*)などがふくまれていた。

　こうした養育書に見られる子どもの内面の可塑性は、しだいにcharacterという言葉で表現されるようになった。前章でとりあげたプレスビタリアン派司祭、プリンストン大学学長ウィザースプーンの教育論がどれほどの影響力をもったのかはわからないが、レイニア、ミンツ、サスマンが論じているところによれば、一八〇〇年代から一八四〇年代にかけて、アメリカ人はcharacterの形成に大きな関心を示すようになった。

　たとえば、一七九二年に教育者のピアース(Pierce, Sarah 1767-1852)は、マサチューセッツ州のリッチフィールドに「フィーメール・アカデミー」(Female Academy)を設立し、若い女性たちのcharacterを完成させ、彼女たちを堕落から救い、またそうすることによって、社会全体を堕落から救おうとした。一八〇九年、彼女は学生たちに、善い女性の人生と悪い女性の人生をそれぞれ例示しながら、「女性のcharacterは白いサテンのようなものである。それはたった一つの穴が空いているだけで、永久に女性を堕落させてしまうのである」と講じている (Reinier 1996: 84-5 から引用)。ちなみに、同アカデミーに(のちに情愛指向の教育論を展開する)キャサリン・ビーチャーが入学したのが一八一〇年、彼女が一〇歳のときである (Reinier 1996: 108)。

序章でも述べたように、この時代の character という言葉は、「性格」と訳すよりも「人格」と訳すべきである。character は、かならずというわけではないが、しばしば神意が刻印されたものとしての良心を意味していたからである。たとえば、ミンツ、サスマンは、一九世紀前半の character は「人間の行動を内面から制御するものであり、個々人の良心と意志をふくみ、犯罪者になるか聖人になるかを決定するものだった」と述べている (Mintz 1995: 13; Susman 1979: 214)。いささか時代がくだるが、よく引かれるエマーソン (Emerson, Ralph Waldo 1803-1882) の定義もあげておこう。彼によれば、character とは「個人の自然本性に由来する道徳的命令であ」り、したがって「人格者 (Men of character) とは、彼らが帰属する社会の良心」そのものだった (Emerson 1896: 10-11)。

レイニアは、この時代の人格概念は市民的ヴァーチュのように政治的役割を期待された概念ではなく、経済的役割を期待された概念であり、また「一七八〇年代・九〇年代の愛国者」が論じた概念ではなく、「一八二〇年代に大人になった世代」が好んだ概念であると述べている。「この新しい世代は、議論の焦点を、共和的ヴァーチュ［＝市民的ヴァーチュ］すなわち公共利益に私的利益を服従させるために市民に求められるものから、一九世紀に『人格』と呼ばれたものに移していった。それは発展しつつあった資本制経済にふさわしい勤勉さを生みだすものであり、規律的な自己抑制である。……人格形成は子どもたちが公共学校に通うようになるとともに［カッツがとりあげた］諸施設の仕事となった。都市中心部で大きな問題が発生するなかで、博愛主義者たちは、親に見放されたと思われる子どもたちの人格再形成(to reform character)を求めた」と(Reinier 1996 : xi)。

しかし、レイニアのこうした主張に全面的に賛成するわけにはいかない。たしかに国家形成期の人格概念は、前に確認したように、市民的ヴァーチュから区別される概念であるが、人格形成という教育概念を語ったのはマサチューセッツのマン、ニューヨークのクリントン、ペンシルベニアのヴォークスのような「博愛主義者」(次章でとりあげるコモンスクール論を展開する〈改革〉者)だけではなく、ラッシュ、ジェファソン、ウェブスターのような「一七八〇年代・九〇年代の愛国者」でもあるからであり、彼らが人格形成という教育概念を語った理由は、マン、ヴォークスが人格形成という教育概念を語った理由から少しばかりずれているからである。端的にいえば、彼らの議論は近代的統治論にささえられていたからである。

近代的統治論と人格形成論　ここでとりあげるのは、ラッシュ、ジェファソンたちのとなえた、近代的統治論と密接な関係にある人格形成論である。革命後の政治問題の解決に腐心していたラッシュ、ジェファソンが「教育」を必要としたのは、彼らが求めた「教育」がまさに道徳的な人格形成を意味していたからである。道徳的な人格形成としての教育概念は、すべての人間の内面を道徳的に再形成することによってすべての国民を管理し国家にとって有用な人材に変換しようとする近代的統治論の思惑と、うまく整合していた*。

* 近代的統治論は、それが人格形成としての教育を論じているかいないかで、管理的であるか法治的であるかを判断することができるだろう。たとえば、一六五一年に書かれたホッブズの『リヴァイアサン』は、教育を論じていないという意味で、法治(ノモス)的統治論であるが、ほぼ一〇〇年後の一七五八年に書かれたルソーの『政治経済論』は、教育を論じているという意味で、管理(ポリス)的統治論である。

道徳的な人格形成概念そのものは、ラッシュ、ジェファソン、ウェブスターが考案したものではなく、ウィザースプーン、さかのぼれば、ハチソン、リード、ロックのようなスコットランド道徳哲学がとなえた概念である。しかし、すくなくともウィザースプーンは、道徳的な人格形成を全国民を統治する政治的手段として活用しようとは考えていなかった。ウィザースプーンに見られるような人格形成概念を近代的統治論という政治的言説のなかにとり込んだのは、一世代あとのラッシュ、ジェファソン、ウェブスターなどである。

ここでは、まず一八世紀のアメリカにおいてeducation／instructionという二つの言葉の意味が交叉する様子を瞥見し、educationの意味内容としての人格形成概念の登場を例示したい（第2節）。つづいてフーコーの議論にもとづいて近代的統治論の特徴について概観し、公教育が近代的統治論の主柱の一つであることを示したい（第3節）。そのあとでラッシュの教育システム論、そしてジェファソンの教育システム論をとりあげて*、人格形成という教育概念が求められるようになった言説的条件、また社会的条件を暗示しよう（第4・5節）。

* 革命期の教育思想についての研究は少なくない。古典的なものとしてはウェルターの研究がある（Welter 1962）。ジェファソンの教育思想については、ヘレンブランド（Hellenbrand 1990）、パングル／パングル（Pangle /Pangle 1993 : 106-124, 146-184, 250-264）の研究があるが、どちらもジェファソンの教育思想と道徳哲学、近代的統治論とのかかわりをとりあげていない。ラッシュの教育思想については、まとまった研究書がなく、クリッツの論文（Kuritz　1967）があるだけであるが、ラッシュの思想全体についての研究としては、ブラドスキー（Brodsky 2004）、デリア（D'Elia 1974）、クルーズ（Kloos 1991）の研究がある。また、タイアックは、ジェファソン、ラッシュ、ウェブスターの教育思想を「国民的人格形成」論ととらえ、そこに自由と秩序とのバランス感覚を見いだしている（Tyack　1966a）。なお、ジェファソンのテクストはさまざまに編集されている。おもに利用したものは、ヴァージニア大学の『ジェファソン・デジタル・アーカイブ』（*Jefferson Degital Arvhives*）と、ジェファソン協会の『ジェファソン著作集』（*The Writings of Thomas Jefferson*, 20 vols）である。一九五〇

年以来、プリンストン大学が編纂している『ジェファソン文書』（*The Papers of Thomas Jefferson*）は、もっとも詳細かつ厳密な考証をふまえて作られている全集であるが、いまだに完結していない。

2　instruction と education

ウィザースプーンにおける education の用例から　アメリカの場合、およそ一八世紀後期あたりから、instruction からゆるやかに区別された education という言葉が、「共和政体」を確立するために自律的市民を形成しようとする人びと、とりわけ革命を先導した政治人、スコットランド道徳哲学を展開していた大学人、さらにエヴァンジェリカル運動を構成する宗教的指導者によって使われるようになった。まず、前章でとりあげた大学人でありプレスビタリアン派牧師だったウィザースプーンの education の使い方にふれながら、一八世紀末期あたりから、道徳的な人格形成という意味で education という言葉が使われるようなったことを暗示しよう。

さて、ウィザースプーンは、一七七五年六月、プレスビタリアン派教会の連合体である「ニューヨーク・フィラデルフィア教会会議」(Synod of New York and Philadelphia)において長い演説を行い、独立戦争のさなかに牧師たちがとるべき態度を五つ論じている。そのうちの三つめは「少数の人びと」の「マナーの再形成」に心がけることであり、そこで彼は「道徳」の形成・保全・確保を説きながらも、education という言葉を一度も使っていない。

「第三に、私たちが心から乞い願うことは、私たち牧師の配慮をつうじて、各人がそれぞれに自分を統治することであり、それによって社会が方正となり節度をもつことであり、また少数の［放埒な］人びとの道徳を監視することである。ここで、ぜひとも思い出していただきたいことは、最近の大陸会議で決定されたことである。それは贅沢な生活、大衆の娯楽、すべてのゲームを控えることである。それらが民衆の道徳に致命的な影響を与えるからである。放蕩の一般化が国民をくさらせ、神聖な判断をそこない、彼らを破滅に導く一般的な手段であるということが否定できないのなら、マナーの再形成（reformation of manner）こそが、今、この困難なときにもっとも緊要に求められていることである」（Witherspoon 2003, vol. 3 : 14［傍点は引用者］）。

もちろん、前章でふれたように、ウィザースプーンは、一七六五年に書いた『教育についての書簡』において、「夫と妻は、子どもの教育（education of their children）にかかわることについては、すべて妥協し協力しなければならない」と述べているように、education of children という言葉を用いている。しかし、最初の数ページだけであり、明確な定義は行われていない。ただ、「実例によって子どもの人格とマナーを形成することについてのこの書簡」（this letter on forming children's character and manners）という冒頭の言葉から類推するなら、education の意味するところは「子どもの人格とマナーの形成」といえるだろう（Witherspoon 1797 : 126, 148）。

また一七八九年に、ウィザースプーンは、ニューヨークのプレスビタリアン教会で、幼い子どもに神の偉大さを教える意義を論じた「子どもの宗教教育（religious education）について」と題した説教を行っているが、その説教の文言のなかでは education という言葉を一度も使っていない。そこでは彼は、たとえば「若者の教示（instruction）と統治の重要性よりも重要なことは……ほとんどない」。「早期の教示（instruction）の重要性は自然本性のシステム全体に書き込まれている」というように、instruction を多用している (Witherspoon 2003, vol. 2 : 249, 254)。

もちろん、ウィザースプーンが education という言葉を頻繁に使っていないということではない。彼は、一七七二年に「ジャマイカの住民への提言」という文章のなかで、何度も education という言葉を用いている。しかしそれは、「選ばれた子ども」ないし「紳士階級の子ども」に「liberal education ないし学術的知識を与える」という意味においてであり、道徳的人格を形成するという意味においてではない。

> 「もうすこし個人にそくしていえば、education の重要性はほぼ明白である。それがヴァーチュと幸福を促進するからであり、同じように学芸と産業を促進するからである。……生活レベルの高い人物の子ども、とりわけ自分の力と努力で豊かさを獲得した人物の子どもは、他の人物の子どもと違い、早くからの、威厳にあふれ、洗練された education をぜひとも受けなければならない。生まれながらにして富者である彼らは、しばしば「放蕩という」危険な誘惑にかられるからであり、また彼らが人生においてつく地位は、希少であると考えられている最上の才能の持ち主に課せられている義務を彼らに要求するからである。もちろん [education が必要とされるのは]、彼らがまだ充分な配慮によって改善 (improve) されておらず文化的に養成 (cultivate) されていない場合であるが。ともあれ、経験が示しているように、liberal education の有用性はこういうところにある」(Witherspoon 1772: 103)。

ここで思いおこしたいことは、一七世紀のイングランドでいわゆる「教育革命」が生じ、紳士ないしジェントリー層（しいていえば、準貴族的な地位にある人びとで、中規模の地主、裕福な借地農、富裕な商人、法家・医家・聖職者など）を中心にして、大学・法学院への進学熱が高まったことだろう（Stone 1964=1985）。educationの語源であるラテン語のeducatioがもともと女性主語をとる言葉であり、養育を意味していたことを考えるなら、奇妙な話であるが*、この「教育革命」によって、educationという言葉が紳士階級の子弟に「教養を与える」「実務的知識を教える」という意味で使われるようになった**。このようなeducationの用例は、liberal educationの用例と完全に同一視できるものではないにしても、大きく重なっている。

* educationはラテン語のeducatioに由来し、instructionはラテン語のinstructioに由来する言葉である。ラテン語の文法は、educatio（養い育てる）には女性主語を要求し、instructio（積みかさねる）――またdocentia（教え込む）――には男性主語を要求している。このラテン語の文法から考えるなら、男が知識をeducatioすることも、女が身体をinstructioすることも、あってはならない表現である。したがって、たとえば、ハッチンズ（Hutchins, Robert M.）のように、「教育（Education）が扱うのは人間［男性］（man）の知的な能力の発達である。人間の道徳的・精神的な能力は家庭と教会の領域が扱うことがらである」（Hutchins 1953: 69）と表現することは、語源史に照らして考えるなら、倒錯した語用法である。

** 一七世紀初期から、いわゆるルネッサンスの影響によって「学術」（learning）システムが準備されはじめ、大学、法学院（Inn of Court 僧房に近い）においてそれらが教授（instruct）されはじめる一六一六年に、educationはclassical education、legal education、medical educationというように、体系的に分岐した「学術教授」（instruction）、特定の学校に特定の学問が対応するという「学問の学校化」（schooling）という意味で使用されるようになった（OED 1991: education）。これを契機に、educationは実務的知識の教示行為という意味でも用いられるようになった。

しかし、中世以来、ラテン語を学術言語としてきた西欧の伝統は、実務的知識の教示としてのeducationの用例をなかなか認知しなかったようである。その例は、コメニウス（Comenius, Johann Amos）の言説にみてとれるだろう。一七世紀中期に西ヨーロッパにおいて引く手あまたであったコメニウスは、educatio、educatusという言葉をほとんど使用していない。コメニウスのいう「教授学」は、「よく教える術」を意味するdidacticaであり（Comenius 1973: S1）、それは「学問を熱心に行わせる手段」を含意している。ちなみに「自分からは学びたがらない人を学習（discendum）に駆りたてること」を意味する言葉はdisciplinaである（Comenius 1973: S17）。

こうしてみると、精確なことはわからないにしても、一八世紀半ばまでのニューイングランド・北東部においては、「道徳的な人格形成」を意味する言葉としてeducationが使われることはまだ一般的ではなかった、と考えられる。第1章でふれたフランクリンもそうだったように、この時代にeducationという言葉がおもに意味していたのは、紳士階級の子弟に「教養を与える」「実務的知識を教える」こと、リベラル教育だったといえるだろう。

instruction と education

しかし、一八世紀後半になると、事態は変化していった。一八世紀後半におけるeducationの用例は、やはりさまざまであるが、instructionと対比させながら整理してみると、educationを道徳的な人格形成という意味で用いている例もしばしば見つかるからである。けっして充分な調査ではないが、一七五〇年代から一八一〇年代に限定して、いくつかの史料集を調査してみてわかったことは*、この時代に、instructionがおもに知識・道徳を教示することに使われていること、educationが実務的知識を教示すること、また道徳的な人格を形成することにおもに使われていることである。いくつか例示しよう。

* 私が調査したものは、おもに次の三つの史料集に収められた史料である。①ハイマン／ルッツの編集した『建国期アメリカの政治論集』（*American Political Writing during the Founding Era 1760-1805*）における一五件の史料。②スミスの編集した『初期アメリカの教育理論』（*Theories of Education in Early America, 1655-1819*）における二八件の史料。③ルドルフの編集した『初期共和国の教育論』（*Essays on Education in the Early Republic*）における八件の史料。

第一に、educationを使わず、知識・道徳の教示行為という意味でinstructionを使っている例である。のちに第二代大統領となるJ・アダムズの従兄で、マサチューセッツ州知事を三期にわたってつとめたZ・アダムズ（Asams,

Zabdiel 1739-1801）は、一七八二年に牧師として、次のように会衆に説いている。「良心にかかわることがらは、神と一人ひとりの人間の魂に任されるべきことがらである。これにたいして、私たち全体がとり組まなければならないことは、宗教の形態・形式（modes and forms）であり、教義が喚起するような感覚（sentiment）である。……つまり若者たちは、学校で科学にかんする知識を教示（instruction）されるだけではなく、道徳の原理についても教示（instruction）されるべきである。……若者たちは、その教示のなかから、宗教がこれまで指摘し説きつづけてきたさまざまな神聖な義務を聞きとらなければならない」（Adams, Zabdiel 1782 [Hyneman/Lutz 1983]: 556）。

第二に、知識・道徳の教示行為としての instruction と、それに近い意味の education を使っている例である。一七六二年に、ボストンの著名な牧師ウィリアムズ（Williams, Abraham 1727-84）は、マサチューセッツの総評議会と総督にたいして説教を行い、次のように述べている。「[共和政体を確保するためには]法による統治を行うだけではなく……また[教会や家庭で]信仰心を子どもに求めるだけでなく、……社会的な信仰形成というべきもの――いいかえるなら、義認された状態で行われる教示（instruction）――つまりよく管理された学校（school）と教育（education）という手段を思いきって実現すべきである」と（Williams 1762 [Hyneman/Lutz 1983]: 39）。

同じような instruction、education の用例をあげよう。のちにニューヨーク州知事を三期にわたりつとめることになるクリントンは、ニューヨーク市長だった一八〇五年に次のように述べている。「市内にはさまざまな宗教団体があるが、なかでも慈善と厚情の精神をもつ団体だけが、その団体とかかわりのある貧しい子どもたちに教育（education）への希望をもたせるとともに、実際に教育（education）を与えている。しかし、大多数の貧しい子どもは見放されたままである。彼（女）らは宗教的・道徳的な教示（instruction）を受けられず、学問の初歩にふれることもできない。日常の職業生活に必要なものすら欠いたままである」(Clinton 1973 [1805]: 342)。

第三に、比較的早い時期に、道徳的な人格形成の営みとしてeducationという言葉を用いている例である。ニューイングランドの著名な牧師ウェスト(West, Samuel 1730-1807)は、一七七六年五月二九日に、マサチューセッツの邦議会において次のように演説している。「私たち統治者は[私たちの]従者(subject)を社会の善き構成者とするために彼らの心(mind)を形成する適切な方法を行使する権利をもっている。いくつかの人類の諸階層の間に見られる大きな違いは、おもに彼らが受けてきた教育(Education)と法規制(Laws)がもたらしたものである。人はヴァーチュオスにもなるしヴァイスにもなる。寛大で・高貴で・勇敢にもなるし頑迷で・下劣で・臆病にもなる。それはすべて彼らを支配している統治とともに、教育(Education)の成果であり、幼いころから彼らの心を形成してきた指導者の方法がもたらした成果である」(West 1776 [Hyneman/Lutz 1983]: 432; cf. Robson 1985: 58)。

第四に、知識の教示行為としてのinstructionとともに、そうしたinstructionをふくみつつも道徳的な人格形成も意味するeducationという言葉を用いている例である。一七九八年、スミス(Smith, Samuel Harrison 1772-1845)は、アメリカ哲学会から表彰された論文において次のように述べている。「人間の自然本性についての正しい見解は、青少年の心は柔らかいが大きな進歩の可能性を秘めていることを示している。しかし、彼(女)らの心はしばしば[子どもの原罪というピューリタンの]迷信的観念によって傷つけられている。意志をくじく恐怖や、いくつもの偏見にさらされている」。「自律性指向の気風によって、多くの若者の心を活気づけよ。そうすれば、有用な真理がたちどころに習得されるだろう。この気風によって、啓蒙的な英知の教示(instruction)とともに、公教育の計画が私教育の計画を凌駕することになるはずである。……そこでは、親の影響力がおよばない教育(education)によって、父親の誤りが子どもに伝承されることがなくなるはずである。……教育（education）とは、人間の状態と人格（character）を改善し、その堕落を断固として押しとどめることである」（Smith 1965 [1798]: 201, 208）。

のちにとりあげるラッシュ、ジェファソン、ウェブスターも、かならずというわけではないが、知識の教示行為としてのinstructionとともに、そうしたinstructionをふくみつつも道徳的な人格形成を意味するeducationを用いている。たとえば、ジェファソンは一八一四年、州内全域におよぶ教育システムを構想し「州内の各区に住んでいる子どもの教育（education）のためにそれぞれ一つの学校を設置し、その学校で子どもたちは読み方、書き方、分数・平方根・比例のような算数、地理について三年間の教示（instruction）を受けるべきである」と述べている（Jefferson 2002a [Sept. 7 1814]: 1）。また一八一八年には、教育（education）を「ヴァーチュオスで社会的に有益な人格（character）の形成」と定義し、「人びとの人格は、正当で有益で効果的である行い（conduct）を評価する他者からの刺激に敏感である。誇り高い人格、はるかな野望、道徳的傾向性は、活発な年齢の子どもに見られる無分別を改善する本来的な契機である。そしてそれを習慣的に喚起し実践することで強化するとき、怯えによって動機を失うことなく、将来の人格に幸福な効果をもたらす」と述べている（Jefferson 1973 [1818]: 326, 334）*。

* ラッシュは「教育は人格形成である」といった端的な表現をしていないが、たとえば次のように述べている。「犯罪者たちの告白が教えてくれることは、彼らの悪行とそれにたいする刑罰が、子ども時代の適切な教育（education）の欠如がもたらした必然的な結果であるということである」（Rush 1965a [1786]: 7）。

また、ウェブスターは一七九〇年に次のように述べている。「私たちが知っているいくつかの国では、裕福な人びとだけが息子を教育（educate）できるようなカレッジ、アカデミーの設立を法律で定めていながら、貧しい人びとの子どもに読み方・書き方を教示できるような法律を一つも定めていない」。「人間のヴァーチュは能力(abilities)よりも社会に大きな影響を与える。そうだからこそ、私たちは心を頭よりも慎重に養成(cultivate)しなければならない」。「教育(education)は、もっとも強力に人間の道徳的な人格を形成する(forms the moral characters)。そして道徳は統治の基礎である。教育(education)はしたがって議会が最初に留意するべきことがらである。……優れた教育システムは政治的管理の条項の最初に位置するべきである」(Webster 1965 [1790]: 66, 67, 64[傍点は引用者])。

このような instruction と education との使い分けは、革命期のフランスにおいて生じた、instruction publique と education nationale との論争を思いおこさせるだろう。その論争は「知育／徳育」の対立を意味するとともに「対経済的営み／対政治的営み」の対立も意味していた。教育思想史研究者のグレンは、当時のフランスでは「前者は経済生活に欠かせない技能・知識を教えることを指し、後者は政治生活・社会生活に参加するうえで必要な人格・価値・忠誠心の形成を指していた」と述べている(Glenn 1987: 86-7)。こうしたフランスでの instruction と education との使い分けは、アメリカでの instruction と education との使い分けと、あまり大きくちがわない。

のちに詳しく確認するように、ジェファソン、ラッシュ、ウェブスターなどがアメリカ革命後に展開した公教育論のほとんどは、有用な知識の伝達普及を説きながら、同時に道徳的な人格形成も説いている(それは、およそのところ「instruction (liberal education) を説きながら、同時に education を説いている」といいかえられるかもしれない)。これまで、彼らの説いた公教育論は「権利としての教育」「機会均等の教育」の提案であると肯定的に解釈されてきたが、国家(「統治者」)が求めるところの人間(「市民」)を意図的に形成する権力装置の提案であると批判的に解釈することもできる。このような公教育論解釈は、当時の公教育論が近代的統治論の一環として提示されていることを確認するなら、それほど奇異には感じられないはずである。

3 近代的統治論

近代的統治論のキーワード これまで「重商主義」(mercantilism)、「カメラリズム」(cameralism)、「重農主義」、「ポリス(ポリツァイ)論」と呼ばれてきた一八世紀のヨーロッパの言説は、フーコーの統治性論の影響だろう、「近代的統治論」ととらえなおされている(坂上 1999; Hacking 1975, 1990; Small 1999)。近代的統治論の起源は一七世紀のポリツァイ論にさかのぼることができる。たとえば、レーナイス(Löhneyss, Georg Engelhard von 1552-1622)の『宮廷政治』(*Aulico Politica*. 1625)は、もっとも古いポリツァイ論の一つといえるだろう(千葉 1991)。

フーコーによれば、こうした近代的統治論は臨床医学の進歩とともに広まり*、「生-権力」(bio-pouvoir)ないし「健康の管理」(la politique de la santé)という特徴をもつにいたった(Foucault 1994=1998-2002, No.257, No.274)。それは、全国民の生活生命状態を掌握・管理し、全国民を有用化・自律化するというプログラムである。

＊ 近代的統治論の広まりに大きく寄与したのは臨床医学である。フーコーは次のように述べている。一八世紀後期から一九世紀にかけて「医師は、かならずしも統治技法(art de gouverner)にかんしてではないが、すくなくとも社会体(corps social)を観察し矯正し昂進し、それを恒常的に健康状態に維持する方法にかんする偉大な助言者になり、専門家になっていった。[この時期]、医師が政治的に高い地位を確保しえたのは、彼らが治療者としての能力に優れているからといよりも、彼らが衛生学者としての機能を発揮したからだった」(Foucault 1994=1998-2002, No.257 : 736)。

こうした近代的統治論を特徴づける第一の概念は、「健康」(health)である。「健康」は、近代的統治論がめざす国家・国民のあるべき状態である。すでに一六九三年、ロックは「健康な心が健康な肉体に宿ることは、端的な表現ながら、この世での幸せな状態を示している」と述べているが(Locke 1968 [1693]: 1)、国民全体の健康を保全することが政治の原則にすえられた時期は、次の一八世紀である。医学思想史研究者のローゼンは、「ヨーロッパとアメリカにおいて、健康の重要性がはじめて公共管理(public policy)の問題として認識されるとともに深く考察されるようになったのは、一八世紀である」と述べている(Rosen 1952: 32)。

近代的統治論を特徴づける第二の概念は、固有の規則性をもっている「人口」(population)である。フーコーによれば、近代的統治論においては、統治の成否は統治者が人口の状態(人口変化が示す規則性)を把握できるかどうかにかかっていた。「統治の目的は……さまざまな人口集団の境遇を改善し、その豊かさ、その寿命、その健康を増大させること」だからであり、人口全体の健康を増大させることが、その人口によって構成される国家の諸力を増大させることになるからである(Foucault 1994=1998-2002, No.239: 264, 266-267)。近代的統治論においては、人口は統治がめざす目的であると同時に、統治を成功させるための手段でもあった。

したがって、近代的統治論における「人口」は、たんなる住民の総数ではない。そこでいわれる「人口」は、増加率・死亡率・罹患率といった変数をともない、また生存しつづけるために必要なものであれ、さらに発展するために必要なものであれ、さらに身体的な満足感を得るために必要なものであれ、なんらかの存立条件(定数)をともなっている関数である。近代的統治論が注目するのは、そうした「人口に特有な変数と定数である」。もちろん、その定数の値を変えて、その変数の値を増大させるためである(Foucault 1994=1998-2002, No.257: 11-12)*。

* なお、OEDによれば、最初に「おもに人民の数にかんする一つの国の状態、……一つの国、タウン、などに居住している人の総数」

という意味でpopulationという言葉を使ったのはベーコンで、一六一二年のことである。そして、統計学的な意味で「重要な問題となっている諸客体ないし諸個人の総体」という意味でpopulationという言葉が使われたのは一八七七年である(OED 1991: "population")。

近代的統治論を特徴づける第三の概念は「ポリス」(police［ドイツ語のPolizei、英語のpublic policy］)である。ポリスが意味していることは、たんなる法律的規制(法治rule of law)ではなく、関与的規制(管理rule of regulation)であり、それは、さまざまな方向に・さまざまな調子で増殖する諸力を、教育・教示・矯正・監禁などの方法によって、定型化し生産力化する統治技法の総体である。一八世紀には、ドイツ語圏だけでも、延べ三二一五冊のポリツァイにかんする書物が出版されている(Rosen 1953b, 1953a; 市野川 1993)*。

＊ ただし、一八世紀においても、英語圏ではpoliceという言葉はほとんど使われなかったようである。一七二〇年にロンドンを訪れたあるフランス人は次のように叫んだ。「おお神よ！ この街の人びとのあいだにあるような秩序は、いったいどうすれば実現できるのだろうか。彼らはpoliceという言葉を知らないのに」(Dean 1992: 223から引用)。英語圏においてpoliceに部分的に相当するものは、スコットランドのペティ(Petry, William 1623-87)やグラント(Graunt, John 1620-74)がとなえた「政治算術」(political Arithmatik)、「人民書誌」(demosgrapy)であるが(Petry 1676; Graunt 1662)、一九世紀初期になると、英語圏においても関与的規制という意味でpoliceという言葉が使われるようになった。後述のコルクホーンを参照。

ポリス(ポリツァイ)の定義を三つあげておこう。まず、ユスティ(von Justi, Johannes Heinlich Gottlob 1717-71)は『ポリス学序説』で、ポリスとは「国家の内政にかんして国家の力を強化し増大させ諸力をしかるべき用途につけ、かつ臣民の幸福をつくりだす諸法と諸規則の総体」であると述べている(Justi 1969［1756］: 18)。次に、フランク(Frank, Johann Peter 1745-1821)は『完全な医療ポリスのシステム』で、「国家内部の保全は、普遍的なポリスの科学の主題である。この科学のきわめて重要な部分は、社会における人びとの健康な生命［=生活］を維持する配慮を達成するために確実な原理を適応することである」と述べている(Frank 1976 [1779-1817] : 12)。

英語圏のポリス論はほとんど顧みられないようであるが、一八一四年にコルクホーン(Colquhoun, Patrick 1745- 1820)が『大英帝国の富・力・財について』において「ポリスの科学」(science of police)を次のように定義している。「ポリスの科学によって私たちが理解することは、共同体の快適さ・便利さ・安全性にかんするすべての管理(regulations)である。そこでは、労働者の生活条件が改善され、道徳上・刑法上の攻撃がより効果的に抑制され、処罰の必要性が軽減されるが、悪事をはたらく者の手は後ろにまわり、心は改善される。そして軽率な過ちはあらかじめ予防され、穢れなきものがそのまま保全される」と(Colquhoun 1814 : 115 [Kimmel 2002 : 6 から引用])*。

＊　コルクホーンの著したポリス論は、アメリカとりわけフィラデルフィアの知識人・政治家のあいだで広く読まれていた。一七九五年にロンドンで出版されたコルクホーンの『大都市のポリスについて』(*Treatise on the Police of the Metropolis.*)は、一七九八年にフィラデルフィアでも出版されている(Kimmel 2002 : 7, 20を参照)。一八一七年、ペンシルベニアのヴォークス、ラルストン(Ralston, Robert)、ケアリー(Carey, Mathew)は、コルクホーンの「ポリスの科学」をふまえて、「国民」をより健康にすることをめざして、『ペンシルベニア公共経済促進協会』(The Pennsylvania Society for the Promotion of Public Economy)を設立している。「国民の資産と幸福は、国民の勤勉さと経済性と道徳性にかかっている。国民の富と人格の核心をなしているこれら三つの要素を促進し、鼓舞し、防衛することは、国家を考える人びと、博愛主義者にとってもっとも大事なことである。……こうした事項の促進を援助するために、すなわち私たちの現在の公共経済(public economy)を調査すること、その弱点を明らかにすること、そしてラディカルな改革すなわち望ましいことを民衆に提案することによって、……、公共経済を促進することを目的として、私たちは一つの協会を設立することに同意する。……この協会は『ペンシルベニア公共経済促進協会』と呼ばれる」(PSPPE 1817 : 39-40 [Kimmel 2002 : 15 から引用])。同協会とペンシルベニアのコモンスクール運動とは密接に関係していた。第4章を参照。

人口状態の把握と公共管理　こうした概念的特徴をもつ近代的統治論は、簡潔にいえば、次の二つの具体的方略から構成されていた。一つは人口状態（民衆の生活情況・生命状態）の把握である。それは、たとえば、人びとの出生・罹患・死亡の状態、また矯正・教育・治療の状態、家族数・住民数・児童数・男女比などを把握することである。もう一つは公共管理の展開である。それは、地域・階層・年齢・性別にかかわらず、すべて人びとを有用化・自律化するためのさまざまな施設を設置し運営することである。

人口状態の把握は、のちにたんに「統計（学）」と訳されるようになるstatistick (statistics) / statistique / Statistik の目的である。statistick/statistique の由来は、ドイツのアッヘンバル（Achenwall, Gottfried 1719-1772）の造語 Statistik（Statisticus）である。当初、この言葉が意味していたことは、現在のような「数量的な集計」ではなく、「Staat（国家の事実と形態）の研究・言明」であり、そこには人口学的な事実も、経済学的な事実も、衛生学的な事実もふくまれていた（Rusnock 1990）。その意味で、人口の生活情況の把握は「人口統計学でもあり、収入と住民との関係の算定でもあり、富と景気循環のタブロー化でもあり、生と確率的生存期間のタブロー化でもある。つまりケネー、モオー、シュスミルヒの言説である」（Foucault 1976: 184=1986: 177）*。

* statistickという言葉がつくられた背景は、state /Staat が「状態」を意味する日常言語ではなく、特殊な状態、つまり「近代国家」（国境によって囲まれた一定の領土において実力の行使によって人民を統括する権力組織）を意味する言葉として使われはじめたことである。それはおよそ一八〇〇年以降のことである（Skalweit 1975）。なお、もっとも早く全国規模の人口状態の把握が実施されたのはフランスで、一七九五年のことである（Dhombre/Dhombre 1989: 536-7）。

公共管理の展開は、おもに「公教育」（public education / instruction publique / education nationale）と「公衆衛生」（public health [hygiene]/ sozial Medizine / hygiene publique）の展開である*。フーコーの言葉を用いていえば、公教育は「解剖的管理」

(anatmo politique)であり、公衆衛生は「生命の管理」(bio politique)である。「解剖的管理」は「機械体としての身体」に注
目し、「その調教、適性増大、力の強奪、有用化と馴致化、管理システムへの組み込み」といった個々人の「規律化」
の営みであり、「生命の管理」は「生物体としての身体」に注目し、「その繁殖誕生、死亡率、健康水準、寿命」を操作す
ることである(Foucault 1976: 183=1986: 176; cf. Hacking 1990=1999: 33)。

＊　公衆衛生は、疫病・疾病の「原因」(病原体)の消滅ではなく、その「素因」(社会的条件)の解消をめざす活動である。すなわち、疾病・疫病は、身体接触・空気汚濁・水質低落などを加速する産業化・都市化といった社会的条件のもとで生じるから、この社会的条件の改善によって——水道・下水・換気・居住環境などの整備によって——疾病・疫病を防ぐという考え方である。このような公衆衛生概念が前提にしていることは、「ミアスマ論」(miasma theory)といわれる疾病のとらえ方である。それは、疾病は特定の社会空間のなかで生みだされ蔓延し、そうした空間のなかでつちかわれた人格・慣習を台座としている、という考え方である(Rosen 1993: 263-266)。

public health という言葉が使われはじめたのは一七八二年である。この言葉は一八〇二年に「万人を対象とする医学のポリス」を意味するようになり、一八五〇年代に「政治医学」を意味するようになった(OED 1991: public health)。sozial Medizine という言葉が最初に使われたのは、かなりおそくて一八四八年である。それは、ドイツの病理学者フィルヒョウ(Virchow, Rudolf Carl 1821-1902)が「医学とは一つの sozial Medizine(社会医学)であり政治医学である」と述べたときである(OED 1991: social medicine)。公衆衛生の歴史については Rosen 1953a, 1955, 1993 を参照。

公教育においても、公衆衛生においても、基本的な考え方は、恣意的な子どもを処罰したり病んでいる人びとを治療するだけでなく、問題・疾病を未然に防ぐという予防的思考である。予防的思考は、この時代に書かれた『フランケンシュタイン』(一八一八年刊)という有名な物語に象徴されるように、すくなからず〈生命は操作可能である〉という前提命題のうえに成り立っていたが、同時にそれは、伝染病を予防するために自分の生活に配慮するこ

とが社会全体の健康を維持することであると考えられていたように、個人と社会との連関性を重視していた。

アメリカにおける人口状態の把握(スタティスティク)　さて、statistickという語は一七八七年に英語になったとされているが、この言葉がアメリカで使われるようになったのは少しくだって一八〇〇年代から一八二〇年代にかけてである。一八〇六年にウェブスターが編纂した『英語辞典』によれば、それは「人民の社会的条件ついての確実な言明ないし俯瞰(view)」を意味していた(Webster 1806: statistick)。このころのニューイングランドには、「ガゼッテール」(gazetteer)——のちのガゼット——と呼ばれた発行紙がいくつも生まれたが、それらは、「新聞」というよりも「官報」に近いもので、statistickを良き統治の本質的な前提であると見なし、「人民の生活情況を俯瞰し説明すること」(statistical view/statistical account)を使命としていた。

もっとも、人口状態の把握についての関心は、すでに一八世紀半ばに現れている。たとえば、フランクリンは一七五〇年に『貧しきリチャード』(*Poor Richard*)のなかで人口問題にふれているし、また一七五五年に「人類の増大・居住生活・国々にかんする観察」(*Observations Concerning the Increase of Mankind, Peopling of Countries, &c.*)という人口状態論を出版している(PBF 1959- vol. 4: 224-34)。彼は、そこでstatistickという言葉こそ使っていないが、アメリカの人口を「産業的な財」(manufactured goods)を増大させる「労働力」ととらえ、人口の「確実な把握」は、アメリカの産業変動の予測につながるから、人口にかんする知識は「共有財産」(common good)を増大させる「大事な知識」である、と論じている(Aldridge 1949: 29-44; Connor 1965: 69-95)。

また、一七七〇年代にラッシュ、ジェファソン、ダグラス(Douglass, William 1691-1752)、ウェブスターが各地域の詳細な「状態」(state)を記している(Douglass 1771; Jefferson 1955 [1785]=2003; Rush 1988 [1806]: 124-131; Webster 1794)。ウェブスター

が述べているように、人口状態の把握は人民にかんする明白かつ確実な事実を示すことによって、党派的な対立抗争を避ける方法の一つだった。「党派が暴力的になる理由の一つは、しばしば思弁的な懐疑にもとづく意見の違いである。たしかに安寧な公共の幸福にいたる現実的な方向を語る党派は多様である。しかし、規準(measure)が明白で確実で、はっきりとコモンウェルスを増進するものなら、それに符合する意見が分断することはめったにない」と(Webster 1794: 43)。

一九世紀に入ると、人口状態の把握は、平等実現の観点からも広く求められるようになった。たとえば、一八一六年の『ノース・アメリカン・レヴュー』(*North American Review*)は、次のように述べている。独立革命以後の「社会の配置」においては、「知的・道徳的・身体的な力」の複合している大衆は、進歩の速度と方向を国家によって設定されなければならない。彼らの力は不平等であり、その帰結である「労働力も富も異なっている」。したがって、彼らの「一般意志」を個々の要素に分割して研究しなければならない。すなわち「人の動機を規制しているすべてについて、国民の状態を改善するすべてについて、市民としての義務を正しく判定するすべてについて、研究しなければならない」。つまり「政治算術」(Political Arithmetik)が必要である、と(Cohen 1982: 167-8 から引用)。

政府による人口状態の把握は、一九世紀直前に実施されている。まず一七九八年に、ボストン市は、「ボストン健康委員会」(Boston Board of Health)を設置し、市民の健康状態を把握している。また一八〇四年に、ニューヨーク市は常勤の保健調査官を配置し、市内の保健情報を収集している(Klebaner 1952; Mohl 1971; Clement 1977; Porter 1993: 1250-1251)。一八一七年に、フィラデルフィアの〈改革〉者たちは、「乞食」が発生する原因を具体的に調査するとともに、改善策を提案している(第4章第3節参照)。一八二一年に、マサチューセッツ州議会は、貧困者調査委員会を設置し、州内の貧困者数の正確な実態数をかぞえあげ、その救済に要する費用を算出している。一八二四年に、ニューヨーク州議会も、貧困者の存在は「反秩序であり」「社会のコストである」と見なし、同じような貧困者調査を実施している (Rothman 1990 [1971]: 157-61, 307)。そして一八二〇年に、連邦政府は、国民全体の生産性を把握しまた拡大するために、はじめての全国規模の人口調査を実施している。

アメリカにおける公共管理導入のためらい　しかし、アメリカにおいては、人口状態の把握がただちに公共管理を生みだしたわけではない。革命期以来、アメリカ社会は「自由」を標榜し、公共管理を「自由」への侵害と見なしていた。人口全体が「健康な状態」にある以上、公共管理を導入する必要はないと考えてきた。独立革命直後のアメリカは、なるほど、フーコーがいう「リベラリズム」を体現していたといえるだろう。フーコーは「[英語圏の]リベラリズムをつらぬいているのは、〈人は統治しすぎる〉という疑いであり、すくなくとも〈統治しすぎているのではないかとつねに疑う〉という原則である」と述べている (Foucault 1994=1998-2002, No.274: 136 [訳文変更])。

のちにとりあげるラッシュも、一七七四年の時点では、政府が人民の生活に介入する必要を認めていなかった。「人口」は、政府が介入しなくても健康な状態にあったからである。「一国の人口[の健康な状態]」は、報酬や刑罰によって達成されるべきものではない。アメリカにとって幸福なことは、プロテスタント宗教が普遍的に浸透していること、また黒人奴隷への監視がいきとどいていること、また私たちのあいだに長子相続権の横領をそそのかす一般的な意志がないこと、また天然痘の接種を広範に実施していること、さらに疫病が存在しないことである。つまり政府が人口に介入するべき必要性がないことである」([一七七四年二月四日、フィラデルフィアで開かれたアメリカ哲学会における報告] Rush 1794, vol. 1: 74-5; 1815, vol. 1: 89 [傍点は引用者])。

いささか抽象的ではあるが、ジェファソンも一七七九年に「ヴァージニア信教自由法案」において、「思想の領域における官吏の権力」を批判しつつ、次のように人民の自由の重要性を述べている。「全能の神は、人間の心を自由なものとしてつくりだした。……真理は偉大であり、自由が与えられれば、真理はかならず勝利する。真理はそれが精確であり充分であるかぎり、誤謬への敵対者である。自由な討論、自由な論議という、真理そのものが携えている自然な武器が、［権力をもつ］人間の介入によって奪いとられないかぎり、真理は、誤謬との闘争において何一つ、恐れるものをもたないのである」と（PTJ 1950- vol. 1 [A Bill for Establishing Religious Freedom]）。

実際、アメリカ社会で公教育が具現化するのは一八三〇年代以降であり、公衆衛生が具現化するのは早くても一八五〇年代である*。次章で確認するように、公教育の具現化は、いわゆるコモンスクール・システムの具現化を待たなければならないし、それもしばしば民間の教育普及団体の活動を州政府が追認したものだった。そして、公衆衛生の法制的な具現化は、一八四八年から九年にかけてのコレラの大流行をきっかけとして、民間の清潔普及団体の活動を州政府が追認したものだった（Porter 1993: 1252-3）*。

* 一八世紀末から一九世紀初めにかけて、ゆっくりとしたペースで、公衆衛生を受け入れる素地が作られていった。たとえば、「ペンシルベニア病院」(Pennsylvania Hospital) がフィラデルフィアに開設されたのが一七五一年、ニューヨークのベルビューに「ベルビュー病院」(Bellevue Hospital) が開設されたのが一七七一年（実質的な開業は一八一六年）である（Shryock 1947, 1962; Bridenbough 1955）。なお、ボストンに「マサチューセッツ一般病院」(Massachusetts General Hospital) が開設されたのは、かなりおそくて一八二一年である (Rosenberg 1987: 18)。

もっとも、当時のこうした病院は、まだ機能的に分化していなかった。たとえば、ベルビュー病院に収容された人びとは、病人だけではなく犯罪者・妊産婦・貧困者でもあった。しかも、料理・洗濯・介護という院内業務を果たしたのは、比較的具合のいい五〇歳以上の女性入院者だった。同病院からペスト患者、犯罪者が排除されるのは一八三七年、貧困者が区別されるのは一八四八年である。それでも、一八七〇年代にいたるまで、入院者はほとんど放置されたままだったし、四肢切断手術を受けた者の二人に一人は敗血症などで死亡し、妊産婦の五人に二人は産褥熱で死亡していた（Dolan 1973=1978 : 205, 276, 277）。

したがって、一七八〇年代にラッシュ、ジェファソン、ウェブスターたちが「公教育」「教育システム」論として、公共管理を積極的に提案しはじめたことは、時代の先駆である。従来の教育史は、こうした先駆的な教育論を、近世ヨーロッパの階級的・宗教的な教育にくらべるなら、「無償・中立・義務」を特徴とする普遍的な教育論であるととらえ、高く評価してきた。しかしここでは、そうした教育論は、機能的分化という社会構造に連動した、「人格形成」を特徴とする近代的な教育論として、社会学的に位置づけられることになるだろう。

4　ラッシュの教育システム論

もっとも早く明確な教育システム論を展開した人物は、しばしばとりあげられるジェファソンよりも、あまりとりあげられることがなかったラッシュだろう。「アメリカ医学の父」といわれるラッシュは、ペンシルベニアにおける病院改革、監獄改革、教育改革をつうじて、近代的統治論を展開した人物である（Rush 1988 [1806] : 95-105, 124-131, 155-161）*。彼の展開した教育システム論は、当時のペンシルベニアの政治状況と無縁ではなかった。

＊　ラッシュは、エディンバラ大学に留学し、リードの指導を受けつつ、医学博士号を取得した。一七六九年六月にエディンバラから帰国したラッシュは、一ヶ月後にフィラデルフィア・カレッジ（のちのペンシルベニア大学）の化学の教授に就任した。わずか二三歳の、アメリカ最初の化学の教授である。そして一七八九年に、彼は同カレッジの医学理論・臨床医学の教授に就任し、三年後の一七

九二年には、ペンシルベニア大学の医学部教授に就任した(Rush 1948 : 87)。彼は、ペンシルベニアで政治家としても活動し、アメリカの「独立宣言」にも署名している。

一八世紀初期から中期にかけて、英国政府の宗教的・経済的な弾圧政策、そしていく度かの飢饉をのがれて、多くの人びとがスコットランド、アイルランドからアメリカに移住してきた。一八世紀後期において、このスコッチ=アイリッシュの住民は、ペンシルベニアにもっとも多く集中し、一七六〇年代に彼らは、ペンシルベニアの人口のじつに四分の一を占めるにいたった(Kelley 1979 : 108)。そして彼らは、プレスビタリアン神学とともに、急進的なホイッグ的共和主義思想をペンシルベニアに広めた。いささか単純化していえば、ペンシルベニアの先住者として多数を占めていたクェーカー派にとっては、神は罪深い人間を許す愛の神だったが、スコッチ=アイリッシュのプレスビタリアン派にとっては、神は人類の聖なる律法侵犯に憤る怒りの神だった。この両派の神概念の違いが、しばしばペンシルベニアの政治的分断に反映されていった(Leyburn 1962)。

独立革命直後のペンシルベニアの政策は、基本的にスコッチ=アイリッシュのプレスビタリアン派、たとえばヤング(Young, Thomas)、カノン(Canon, James)たちに左右されていた。そして、フィラデルフィアの職人・労働者層は、彼らが商業資本家の政治支配を攻撃し、さらに反英国運動を展開することを強く支持していた。スコッチ=アイリッシュのプレスビタリアン派は、彼らの支持のもと、一七七六年にペンシルベニア憲法を制定し、州知事をおかずに、全権力を一院制議会と直接選挙された行政官に集中した政治形態を定めた。そして「ラディカルな共和主義者」という名のとおり、「不純」な同盟者を次々に排除していった。すべての選挙民・公職者に聖書への信仰告白を要求し、ペンシルベニア大学執行部から国教会派を放逐し、さらに資本家の搾取にたいする労働者の闘争を支持し、産業界への政府援助（融資）のすべてを打ち切った（Kelley 1979 : 78 ; Ireland 1973 : 438）。

あらぶる情念　ラッシュが教育システム論を提案せざるをえなくなったのは、このようなプレスビタリアン派の独裁政治が現れたからである。ラッシュは、ペンシルベニアの政治舞台にホイッグ派（プレスビタリアン派）の専制への批判者（州憲法への批判者）として登場した。ラッシュはエディンバラ大学の学生であったころに、ホイッグ的な共和主義者となり、帰国後、フィラデルフィアのホイッグ派政治集団の指導者となったが、彼は、同派がみずからの主張のみを反映した政策を次つぎに実施していくという独裁を目のあたりにし、一党派による政治権力の独占を厳しく批判するようになった。一七八五年に彼は、ホイッグ派が「世界最善の政体の一つにかえて、暴徒どもの支配（mob rule）を生みだした」と告発し、彼らは「真の共和主義者ではない」と断じている（Ireland 1973 : 440 から引用）。彼はのちに、『自伝』のなかで当時の自分を回想し、「そのとき私は、私がこれまで教えられてきたこと、信じてきたことのすべてが間違いだったのではないかと疑っていたし、どこまでも、これまでとは異なる考え方にもとづいて自分の意見を基礎づけようとし始めていた」と述べている（Rush 1948 : 46）。

ホイッグ派批判を始めてから二年後の一七八七年、ラッシュは次のように演説している。「私たちは、［ブリテンの］君主制に抵抗しているうちに、独裁の寺院に二つの扉があることを忘れてしまった。私たちは、そのうちの一つを適切な制限［＝議会制度］で釘づけた。しかし、私たちは、もう一つの扉を開けたままである。つまり、私たち自身の無知と無軌道がもたらす影響にたいする守りを忘れている」と（Goodman 1934 : 75 から引用）＊。

＊　ウェブスターも、同じ考え方をもっていた。彼は同じ一七八七年に、「アメリカ人の犯した根本的な失敗は、革命が始まった段階で革命がうまくいったと考えてしまったことである」と述べている（Webster 1974 : 62 ［"A Grammatical Institute"］）。また、リパブリカンズと

フェデラリスツとの党派闘争、フェデラリスツ内部の党派闘争などに飽き飽きしていた彼は、一八〇八年に次のように述べている。「このような党派の衝突状態においては、世論は狂乱状態であり、なんの合意にもいたらない。政府は活力を失い、国家は防備を欠き、公共精神はアパシー状態である」(Webster 1953b [1808]: 303)。この年、ウェブスターは、自由を恣意とはきちがえるアメリカ人によほど失望したらしく、リベラルなユニテリアニズムを捨て、厳格なカルヴィニズムに改宗している。それから二四年後の一八三二年、彼は当時をふりかえりつつ、次のように述べている。「[厳格な]宗教がなければ、良い道徳も、統治の健全な原則も、文芸・学識も、私たちを深刻な[政治的な]動乱から救いだすことができない」と(Webster 1953a [1832]: 432)。

このころ、ラッシュは、ホイッグ(プレスビタリアン)派が独裁権力を行使しつづけることから、人間の堕落可能性を確信するとともに、自分の医学理論を修正する必要を感じた。ラッシュのおもな研究目的は、脳および神経系統の形状と記憶・判断・思考という心の働きとが因果関係にあることを実証することだった。彼は、一七八〇年あたりまで、精神障害やヴァイスが脳の器官障害に起因すると考えると同時に、人間には「道徳的能力」(moral faculty)*という「内在的能力」が先天的に備わっていると信じていた(Goodman 1934: 292-3)。しかし彼は、一七八三年になると、「自由への情念の過剰」を「アナルキア」(Anarchia 無秩序)と呼び(Rush 1794, vol. 1: 277)、人間のなかに「理性」にまさる無秩序な「情念」があると考えるようになった。そして一七八六年、彼はついに「人間は自然本性のままでは統治不可能な動物である」と断じるようになった(Rush 1965b [1786]: 15)。

* ラッシュは人間の内部で働く感覚を「(内在)能力」(faculty)と呼び、それを九つに分けている。「理解」(understanding)、「記憶」(memory)、「想像」(imagination)、「情念」(passions)、「意志」(will)、「信仰心」(principle of faith)、「道徳的能力」(moral faculy [別名、道徳的センス moral sense])、「良心」(conscience)、「神性センス」(sense of diety)である。ラッシュはこれらの能力のうち、「道徳的能力」(道徳的センス)・「良心」・「神性センス」を「道徳的諸能力」(moral faculties)と呼んでいる。ラッシュにとって、この「道徳的諸能力」は、「善と悪、いいかえるなら、ヴァーチュとヴァイスを区別し前者を選択する、心に内在する力」を意味している。これは、ハチソンのいう「道徳的センス」、

アダム・スミスのいう「共感」、そしてルソーのいう「道徳的本能」にひとしい(Rush 1815, vol. 1: 97; Carlson/ Simpson 1965: 24-5)。ラッシュにとって「精神病」(disease of mind)は、これらの「(内在)能力」のどれかに生じる機能不全であり、その原因のほとんどは脳神経・血管の異常だった。

精神医学的なヴァーチュ形成＝人格形成　一七八六年、ラッシュは、理性をうわまわる恣意的な「情念」の存在を確認するとともに、この恣意的な「情念」に「聖職的な制限」(restraints of ecclesiastical)を加える「教育システム」を提案している(Rush 1965a [1786]: 12)。それが「ペンシルベニアに知識を普及し公共学校を設立するためのプラン」("A Plan for the Establishment of Public Schools and Diffision of the Knowledge in Pennsylvania")である。このプランのなかで提案された「教育システム」は、底辺にすべての子どもを収容する小学校を配し、最頂点によりすぐられた青年だけを収容する大学をいただくというピラミッド型をしていた。

「聖職的な制限」と述べられているように、ラッシュにとっては、このピラミッド型の教育システムの土台はキリスト教だったが、この教育システムが生みだす成果は共和政体だった。彼にとって「共和国における有益な教育の唯一の基礎は[イエス・キリストの]宗教」であり、キリスト教は「すべての人間の根源的・自然的平等」を謳い「謙譲・献身・同胞愛」を教え「他者の求めることを他者に行うこと」を求める宗教だった。したがって「キリスト教徒はかならず共和主義者」だった(Rush 1965a [1786]: 10, 11)。彼は、ルソーの言葉とほとんど符号する言いまわしで次のように述べている。「宗教がなければヴァーチュはなく、ヴァーチュがなければ自由はない。自由はすべての共和主義的統治の目的であり命運である」と(Rush 1965a [1786]: 10)。

ラッシュは、これまで「宗教・自由・学問は対立しあってきた」が、社会が党派性に引き裂かれ、統一的秩序を失いつつある今、それらが「なんらかのリキュールのように、一つに混ざり合っている状態」になるべきであると考えた。宗教・自由・学問は、相互に相手をささえあうときに善い相乗効果を生みだし、人間を「幸福」「完全性」にいたらせるはずだった。彼は「宗教と自由と学問が結合し相関したものは個人の道徳・態度・知識に影響し、個人の道徳・態度・知識は統治に影響し、統治は個人に影響する。こうした影響力によって、人間が到達するだろう幸福と完全性がどれほど高度になるか、測定できないくらいである」と述べている(Rush 1965a [1786]: 22)。

ラッシュにとっては、キリスト教も精神医学も唯一の真理の二つの側面にすぎなかった。もしもキリスト教が科学に対立したり、科学がキリスト教に対立したりすることがあるなら、どちらも偽物だった。すくなくとも本物であろうとする精神医学は、本物であろうとするキリスト教とささえあうはずだった。一七八六年に彼は、アメリカ哲学協会(American Philosophical Society)の会合において「道徳的能力に与える身体的要因の影響の探究」("An Inquiry into the Influence of Physical Causes upon the Moral Faculty")と題した報告を行い、次のように述べている。「虚偽は虚偽に対立する。しかし真理は、どのような学問においても相互にささえあう。おそらくキリスト教の教えのなかに今でもわけのわからないものがいくらかふくまれているのは、私たちの現象についての知識や自然法則についての知識が完全ではないからだろう」と(Rush 1815, vol. 1: 123)。

ラッシュは、その報告のなかで、精神医学の知見にもとづく「人格形成」の営みに絶大な信頼を寄せている。ラッシュにとって、道徳的人格すなわち道徳的能力(道徳的センス)は、物質的なものであり、人為的に形成可能なものだった。「私が確信していることは、……道徳的能力、情念、感覚、脳、神経、血液、心臓を理性にもとづいて操作することによって、人を道徳的人格(moral character)に変化させ、その人を天使にも似たものに変化させ、いやさらにその人を神そのものに似た存在に変化させられるということである」(Rush 1815, vol. 1 : 122)。

刺激による心の操作可能性　ラッシュは、人格形成を必要としている人間の行為形態を二つに分けている。一つは「狂気」(mad)でありもう一つは「悪」(bad)である。内面にある「道徳的諸能力」が乏しい場合、人は物事の善悪の判断ができなくなり、「殺人、窃盗、詐欺、飲酒」などを行うが、そのうち、器質異常に起因する「精神異常」(insanity)ではない場合が「悪」であり、器質異常に起因する「精神異常」である場合が「狂気」である*。

* ラッシュは一八一〇年一一月に行った「精神の法医学講義」("Lecture on Medical Jurisprudence of the Mind")において「正常」(sanity)と「精神異常」(insanity)を次のように定義している。「正常――それは他の人びとと同じように、また通常の習慣からはずれることなく、物事の善悪が判断できるという性向であり、精神異常はそれらの性向からの逸脱である。そこでは、理性の不在が社会的な絆を裁ち切り、放浪させ、自由を奪い、抑制力の形成を妨げ、真実や道徳性をとり去るのである」と(Rush 1948 : 350)。

しかし、「悪」と「狂気」とを明確に区別する方法は、なかなか見つからなかった。ラッシュは一八一二年に「人間の[心的な]病気が多様であるということは、人間の行動が人の法もしくは神の法に照らして裁かれるべきことを示していると考えなければならない。そして、病気の多様性のなかに、自由な主体(free agency)から[自然のもたらす]必然性を区別する線、あるいは悪と狂気とを区別する線が引かれなければならない。しかし私は、その線をどこに引くべきか決めかねている」と述べている(Rush 1951 [1812] : 361)。

しかし、ラッシュにとって重要だったことは、自由意志(のもたらす「悪」)と器質異常(のもたらす「狂気」)とを区別する規準を明確に設定することよりも、「悪」であれ「狂気」であれ、「心の道徳的異常」(moral alienation of Mind)を「道徳的諸能力」の形成・拡充によって予防し治療することだったようである。

「[悪と狂気と]の線引きの問題が、どのようなかたちで決着するにしても、次のことはただちに承認されるはずである。すなわち、こうした[道徳的に異常な]人びとが明らかに同情に値することであり、また医学の仕事が、宗教と法律を助けながら、心の道徳的異常を予防し治療することだということである。私たちがやろうとしているのは、法律が身体を統治し道徳的諸能力を統治するように、この人間性を志向する[人格形成の]企図をじっさいに遂行することである」(Rush 1951 [1812]: 361)。

確認しておくなら、ラッシュは、「魂」(soul)という神の領域と「心／精神」(mind)という人の領域とを区別し、「心／精神」の領域にのみかかわろうとしていた。魂は「神性」であり、したがって「不滅性」(immortality)であり「非物質性」(immateriality)である。したがって、魂の存在を実証することはできない。魂の存在は「人間の心のなかにある[聖書に語られている]真実への生得的な愛」「私たちに組み込まれている神の命令」によって暗示されるだけである(Rush 1988 [1806]: 57, 58)。魂は、人の心(情念)を抑制し身体(行動)を規制するが、魂そのものが心(情念)をつくりだしたり身体(行動)を支配しているわけではなかった(Rush 1815, vol. 1: 105)。

個々人の「道徳的諸能力」が多様であり、「悪」と「狂気」のような決定的な否定性をつくりだす理由は、「魂」が多様だからではなく、心／精神に作用する「刺激」が多様だからである。いいかえるなら、外からの多様な「刺激」が多様な心／精神を生みだし、ときに「悪」や「狂気」を生みだすのである。「刺激」は、言葉のほかに、気候・食物・飲物・極端な飢餓・病気・怠惰・寝すぎ・清潔さ・孤独・音楽・明暗などであり、ラッシュは、こうした多様な「刺激」が多様な「血管運動」を喚起し、「心／精神」の機能を規定すると考えていた（Rush 1815, vol. 1 : 106-114）。

ラッシュは、身体を「固体」（筋肉・神経などの繊維）と「流体」（血液・精液などの体液）に分け、体液を濃くしたり薄くしたりすると、身体の働きが変化するように、固体の働きを決定するものは流体であると考えていた（Rush 1948: 361-366）。たとえば、オナニーは、正常な体液を過度に薄くして過度に血管運動を鈍化させるから、病気を招く悪弊であるが、「瀉血」（blood-letting）は、濃すぎる体液を薄くして過剰な血管運動を正常化するから、病気をなおす治療であると。そして、ラッシュは、食事を制限したり体液を薄くしたりすることによって、狂人をも「飼いならすことができる」と考えていた（Rush 1815, vol. 4 : 174）。

教育による共和的機械の形成　こうした、心（精神）・身体への「刺激」をうまくコントロールすれば心（精神）・身体を操作できるという精神医学的な知見をもとに展開されたのが、冒頭にあげたラッシュの教育システム論である。彼が教育によって形成しようとしたのは、先にふれたように、共和的市民である。彼は「私は、人を共和的機械（republican machines）に変える（convert）ことができると考えている。もしも私たちが偉大な国家の統治機械として人びとを整合的に機能させたいと期待するのなら、人の共和的機械化をただちに実行するべきである」と述べている（Rush 1965a [1786] : 17-8）。

人を共和的機械に変える「刺激」は、言語的なものから身体的なものまでさまざまである。ラッシュはその「刺激」として、六つの働きかけをあげている。第一に「聖書に描かれる物語・教訓」とともに「神にたいする尊敬」を教えること。第二に「私事性」および「公共性」の価値、「人格」および「法律」の価値、「個人」および「家名」の価値、「無関心」と「党派精神」の問題とともに「祖国への最高の尊敬」を教えること。第三に「永続的な自由は共和国においてのみ可能であ」り「政治は学問と同じように進歩しなければならない」という「共和国の原理」を教えること。第四に適度な食事・睡眠・静寂・独居・清潔をつうじて「身体規律」を与えること。第五に法律・規範に服従させるために「教師の権威を可能なかぎり絶対的なものにする」こと。第六に「健康・ユーモアを助長する娯楽」を与えることである（Rush 1965a [1786]: 13-5）。

最初にあげているように、ラッシュは、宗教の言葉が子どもの心によく作用し「道徳的諸能力」をよく高めると考えていた。一七九一年に彼は「学校本*としての聖書の使用を擁護する」（"A deffence of the Use of the Bible as a School Book"）という評論のなかで、「子どもの心のなかには、宗教知にたいする特別な感性がふくまれている」と述べ、それは一般に六、七歳のころに現れると述べている。ラッシュとって、その感性は「神が自分の道具［人間］を自分の目的［神意］にふさわしいものとして創った証し」だった（Rush 1988 [1806]: 56）。

＊　学校本（schoolbook）は、子どもそれぞれが持参し学校で使う本であり、基本的に個別的なものである。それは、学力・年齢が同等の均質な生徒集団が使用する教科書（textbook）から区別される。第5章第2節を参照。

ラッシュにとっては、聖書に書かれていることは絶対的な原理だった。「聖書はこの世にあるどんな本よりも多くの真理をふくんでいる」。「神からの声である完全な道徳性（the perfect morality）は［聖書に記されている］教義のなかにある。……それは［イエスという］神の子が人類のために生きそして死んだことの意味である。道徳的義務の基礎についていえば、この［他者のために生きて死ぬという］教義によって、道徳的義務は永続的で自己運動的な愛（LOVE）という原理に結びつけられる」と（Rush 1988 [1806]: 57, 62）。

また、ラッシュにとっては、「身体の管理（physical regimen）は、道徳的教授につきものであ」り（Rush 1815, vol. 1: 105）、この身体の管理を介した精神の管理（「規律化」[discipline]）が重要だった（Rush 1965a [1786]: 15）。身体を管理する方法とは、たとえば、「おもにパンとミルクと野菜からなる節食によって生活すること……、手を使った労働をすること、適度な睡眠をとること、沈黙・孤独に耐えること、清潔であること」であり（Rush 1965a [1786]: 22; cf. 1815, vol. 1: 111-112）、また競馬・闘鶏・賭事・飲酒といった「享楽」（amusement）に近づかないことである。つまり「利益を生産し市民を産出する」ような行為だけに親しむことである（Rush 1815, vol. 1: 118）。

さらに、ラッシュにとって、教育者は絶対的な権威者でなければならなかった。なぜなら、教育者は法の絶対的な権威を表象する存在だったからであり、法の遵守が国家を構成する市民のもっとも重要な義務だったからである。ラッシュは次のように述べている。「教師の権威は、可能なかぎり絶対的であるべきである。学校の政体（body politic）は、私的な家庭の政体と同じように、子どもにたいして過酷なものであってはならないが、絶対的でなければならない。この絶対的権威をともなう教育形態によって、私たちは、若者を法を遵守する人間にすることができるし、彼（女）らを共和国を構成する市民に洗練することができる」と（Rush 1965a [1786]: 23）。

しかし、ラッシュは「情念」をまったく否定したわけではなかった。ラッシュは、正常な身体が活発な「体液」によってささえられているように、正常な心／精神は活発な「情念」によってささえられていると考えていた。彼は一七八九年の講義において「情念は生命の歯車をまわす絶えざる[刺激]の流れをつくりだす」と論じ、一八一一年の講義においては「情念こそが精神的な愉悦の尽きることのない源泉である。とりわけ欲望と連動している情念、たとえば希望・愛情はそうである」と論じている（Corrigan 1993: 185 から引用。cf. Rush 1815, vol. 2: 193）。

ラッシュは、たとえば、彼の親友だったアダムズ*と同じように、情念にささえられた「競争」（competition）を高く評価していた。ラッシュは、一七九〇年に連邦議会議員クライマー（Clymer, George 1739-1813）に宛てた手紙のなかで、「競争」の「はかりしれない」効果について、次のように書いている。「若者のあいだで一般的に見いだせる競争の精神は、子どもにより多くの喜びを与えるとともに、彼らをたがいに結びつけ、より多くの利益をうみだす手段である。貧しい民衆の子どもを雇用したイングランドの町のマニュファクチャーがもたらした安寧さは、学校のなかでこの喜びと労働とを結合させる方法から得られるはずのものが何であるかをよく示している。喜びと労働とを結合させる競争という方法をつうじて生みだされる利益が、合衆国のすべての学校に見いだされるなら、その総計はほとんどはかり知れないものになるだろう」と（Rush 1988 [1806]: 35）。

＊　一七五〇年にアダムズは「ダヴィラ論」のなかで、「競争」から生まれる「称賛への欲望」のもつ背反的機能を論じている。彼によれば、「競争」から生まれる「称賛されたい」という願望は「差異化の欲望」であり、「周囲の知人たちから注目され、傾聴され、賛同され、承認され、そして重視されたいという個人の欲望」である。この差異化の欲望は、あらゆる局面においてヴァーチュとヴァイス、幸福と悲惨の主要な源泉であり、人類の歴史はこうした「欲望の作用と効果」が生みだした「たんなる物語」にすぎない（Adams 1851, vol. VI: 234）。「称賛されたい」という欲望は普遍的であり、この欲望が叶えられるときには人はいつも希望を膨らませ、共感を高め構築を志すようになるが、この欲望がくじかれるときには人はいつも絶望を深め、独善を強め破壊をめざすようになると（cf. Lovejoy 1961=1998）。

　アダムズは、このようにどちらにもころぶはずの競争を重要な統治技法として活用しようとしていた。なるほど、競争によって「すべての人間は……たえず同胞の奴隷として拘束される。……彼らは自分の虚栄心によって事実上、人類の奴隷と化す」（Adams 1851, vol. VI: 245）。しかし、競争のこうしたネガティブな側面は「人間を社会に適合させようとして自然が人間に与えたもの」、すなわち社会的な絆によってたがいを有益な存在にかえる賞賛への欲望が生みだす残余効果、ようするに少数の人間がおちいる状態にすぎない。多くの人間にとっては、競争こそが「魂を教導する偉大な情念」を生みだす契機であるとアダムズはいう（Adams 1851, vol. VI: 246）。

　アダムズによれば、競争を効果的に管理する方法は、その目的を一点にしぼることである。すなわち、めざされる目的が唯一であるような競争、人を同一の目的に向けて・同一の条件を与えて競わせることである。「市民の競争がある一点をめざしているとき、……諸君は一斉性、同調性、そして服従を見いだせるだろう。しかし、市民がさまざまな個人、さまざまな集団、ないし[多様な利益を代表する多様な議員からなる]議会をめざしているときには、諸君は、抗争にみちた制度のはらむあらゆるゆがみ、異常、混濁の出現を予感することになるだろう」と(Adams 1851, vol. VI: 256)。

クレミンが端的に述べているように、なるほどラッシュは「キリスト教的な共和主義」者であり、若者の道徳的人格をキリスト教によってつちかい、共和政体を確立することをめざしたといえるだろう(Cremin 1980: 110)。しかし、今、見てきたことから明らかなように、ラッシュにとっては、国民が学ぶべきキリスト教は、あくまで知識であり信仰ではなかった。彼が重視したことは、神の絶対的存在ではなく聖書の道徳化機能である。その意味では、ラッシュはキリスト教的な機能主義者だったといえるだろう。

5　ジェファソンの教育システム論

農園的な人間と都市の堕落　さて、つづいてジェファソンの教育システム論を取りあげよう。ジェファソンは、一七八〇年代から一八一〇年代にかけて、人格形成を組織的に行う教育システム論をいくつも提案しているが、その理由は、すくなくとも二つ考えられる。その一つは、大都市の出現であり、それにともなう貧困、暴力、猥雑、伝染病の蔓延(とりわけ一七九三年からの広がった黄熱病)である。もう一つは、ラッシュの場合の独裁政治・党派精神の出現に似ているが、政治腐敗の予感である。

一八〇〇年代から一八三〇年代にかけて、ボストン、ニューヨーク、フィラデルティア、ボルティモアといったアメリカ東部の大都市では、スラムが出現し、売春宿が乱立し、泥棒が横行し、暴動が頻発し、居酒屋に自堕落な若者がたむろするようになった(詳しくは第4章第3節を参照)。そして、黄熱病をはじめいくつもの伝染病も蔓延するようになった(Rothman 1990 [1971]: 69-71 ; Boyer 1978 ; Minz 1995: 4-15)。こうした大都市の出現は、人間の堕落可能性をジェファソンに見せつける結果となった。一八〇〇年九月、ジェファソンは、ラッシュに宛てた手紙において、晩年のフランクリンのそれを彷彿させるような人間観を述べている。

「さきごろ、ボルティモア、ノーフォーク、プロヴィデンス［これは地名］に広がった黄熱病は、私の見方からすると、私たちにとっての慰めであり、そのなかからかならず善いことが生じるはずである。プロヴィデンス［これは神の意志］は確実な事物の秩序を定立したが、同じように最大の災厄は確実な善を生みだすための手段である。黄熱病は、この国での大都市の成長を妨げるはずである。私が見たところ、大都市は道徳・健康・人間の自由にとってペストなみに有害(pestilential)である。たしかに大都市は洗練された芸術をつちかい、便利なものを生みだすが、そこに生きる人びとの完全性は乏しい。もっと健康でヴァーチュオスで自由であることが、私の選ぶところである」(TWTJ, vol. 10 [Sept. 23 1800]: 173 ; Jefferson 2002a [Sept. 23. 1800]: 1081-2)。

一八一二年、ジェファソンは、別の手紙でこの黄熱病にふたたびふれて、「［黄熱病による都市住民の死］は、善き健康の法則、そして堕落の法則に完全に符合する事例である」と書いている(TWTJ, vol. 13 [Oct. 1, 1812]: 187)。ジェファソンにとって「善き健康」とは、神から特定の人びとに与えられた自己信頼・自己防衛の実践であり、それは農園生活のなかで可能になるものであり、大都市で可能になるものではなかった (TWTJ, vol. 2: 229; vol. 5: 153)。少しさかのぼるが、ジェファソンは一七八七年に、マディソンにあてた手紙に、アメリカ人は「農業的であるかぎり、何世紀にもわたりヴァーチュオスだろう。……彼らがヨーロッパのように都市にひしめき合うようになったら、ヨーロッパと同じように堕落するだろう」と書いている (PTJ, vol. 12 [Dec. 20, 1787]: 442)。

ジェファソンは晩年のフランクリンと違い、人間の堕落を「治癒されるべき患部」と見なしていた。「大地で労働する人間は神に選ばれた民であ」り、「選ばれた民であるかぎり、その心は、神に似た実質的で本質的なヴァーチュに向かう性向をつくる」はずだった (TWTJ, vol. 2: 229)。しかし都市に生きる人間は、その都市の環境ゆえに、この性向をつくることができない。そのため「大都市の暴徒たちは、純粋な統治を維持することにたいして、人間身体の力にたいして炎症がもたらすものとまったく同じものをもたら」している (TWTJ, vol. 2: 230)。ジェファソンは、この炎症に対処するために、「私たちは、都市の産業的な人間 (man of manufacture) を支配するべく、彼らに農園的な人間 (man of agriculture) の道徳的かつ身体的な志向性をのしかける」べきである、と述べている (TWTJ, vol. 11: 3)。

ここに見られるのは、繰りかえし指摘されているように、ジェファソンの「アグレリアニズム」(agrarianism) ないし「重農主義」(physiocracy) である*。たとえば、ベラーたちは、ジェファソンの重農主義が農業による経済的・道徳的自律を主張していたと考えている。「ジェファソンが理想としていたのは、みずから生計を立てつつ、公共生活にも参加できる自営農民である。都市と製造業を彼が恐れたのは、まさしくそれが階級間の大きな不平等をもたらし、自由な市民にふさわしい道徳を腐敗させると考えたからである」と (Bellah et al. 1985=1991: 36)。

* ウェブスターは一七九〇年に、『幼い読者の手引き』(*The Little Reader's Assistant*)という学校本を出版したときに、同書の最後に「農夫のためのカテキズム」を付し、ジェファソン流の農本主義を端的に表現している。一部を引用しよう。「Q、人間にできる最高の仕事は何ですか。A、大地を耕すこと、つまり農業です。Q、どうして農業が最高の仕事なのですか。A、なぜなら農業はもっとも必要とされていて、もっとも健康であり、もっとも無垢であり、もっとも身近にある職業だからです」(Pangle/Pangle 1993: 137 から引用)。なお、ジェファソンのアグレリアニズムについては、ベンダー『都市的未来像へ』を参照 (Bender 1975: 21-30)。

たしかにベラーのいうとおりであるが、すくなくとも重農主義の特徴としてもう一つつけ加えなければならないことがある。それは、重農主義がけっして牧歌的なものではなかったということである。重農主義は、一八世紀に商業資本主義が広まると同時に、それに反発するようにヨーロッパで広がった思想であるが、あくまで機能的価値を創造することを求め、自然と協働する農園だけを生産活動と見なす考え方だった。商業はたしかに価格の差によって交換価値をつくりだすが、有用なモノを生産しないし、自然諸力を応用・利用した人間の労働力を増進しないので、生産活動とは見なされない。こうした商業と違い、重農主義が目指していたことは、使用価値そのもの、生産性そのものを高めることだったのである (Larrère 1992; cf. Marx 1965 [1862-3]: 19)。

重農主義の生産性を高めるという目的は、人口を管理し操作するという考え方と結びついていた。ジェファソンは重農主義者のデュポン・ド・ヌモー (Dupont de Nemours, Pierre Samuel 1739-1817) と親密な関係にあった。はっきりしたことはわからないが、ジェファソンはデュポンをつうじてフランスの重農主義に親しんでいたと考えられる。そのフランスの重農主義は、重商主義以上に「人口」にたいする介入に積極的だった。フーコーは「重農主義者にとって、人口とはただたんにある領土に住んでいる住民の集合ではない。……彼らにとって人口は、多様な自然の要因に依存するが、その要因そのものは人為的に変更可能なものである」と述べている (Foucault 1994=1998-2002, No. 255: 367)。

つまり重農主義にとって、人口は人為的に操作可能な客体だったのである。

自然の貴族制と腐敗の予感　ジェファソンが教育システムを提案するようになったもう一つのきっかけは、政治が腐敗していくだろうという予感である。アメリカ革命直後の一七七九年、ジェファソンはすでに次のように述べている。「ある政治形態が個人の自然権としての自由を保護するうえで、他の政治形態よりもうまく制度を作っていても、また政治形態そのものがそれ自身の堕落からうまく逃れていても、これまでの経験からわかるように、そうした最善と考えられる政治形態のもとでも、権力を与えられた者は、時間の経過とともに、私心を露わにし、政治形態を暴政へ変えてしまう」と（Jefferson 1973 [1779]: 232-4; PTJ 1950- vol. 2: 526-7）。

こうした政治腐敗のメカニズムの一つは、（市民として政治をになうべき）民衆の精神が移ろいやすいことである。ジェファソンは一七八五年に『ヴァージニアの状態についての覚書』で次のように述べている。

「私は、この国の民衆が、たとえば、三位一体の秘蹟を理解していないからといって三年間、牢獄に入れられるというような、異端審問にかけられるべきであるとは思わない。しかし、民衆の精神（spirit of people）は誤りえないといえるだろうか、永久に信頼できるものだろうか。民衆の精神はそのまま統治する者だろうか。民衆の精神は、私たちの諸権利のかわりに護るべきものと考えるべきだろうか。さまざまな考え方があるだろうが、ともかく、時代とともに民衆の精神は変わりうるし、事実、変わっていくだろう。私たちの指導者は堕落するだろうし、民衆は配慮を失うだろう。たった一人の熱狂者が迫害者となり、より善い人びとがその犠牲になるだろう」（Jefferson 1955 [1785]= 2003 : 290-1 ; Jefferson 2002b [Query 17] : 288）。

もう一つの政治腐敗のメカニズムは、理念・原理の社会習慣による変形、いいかえるなら、崇高な理想が安易な習慣にとりこまれ、換骨奪胎されることである。たとえば、一八〇二年の一月、先にふれたフランスのデュポン・ド・ヌモーに宛てた手紙のなかで、ジェファソンは「実践可能なものは、しばしば純粋に理論的なものを支配してしまう。そして統治される者の諸習慣がかなりの程度で実践可能なものを決定してしまう。こうして、同一の［政治］原理が、異なる習慣をもつ国民によって実践的に変形されることによって、まったく異なる様相の統治形態を生みだしてしまう」と述べている (Jefferson 2002a [Jan. 18, 1802] : 1102)。

ジェファソンにとって、「公教育」(public education) はこうした政治腐敗をくいとめる主要な手段だった。一七八五年、ジェファソンは次のように述べている。「この世のすべての統治は、人間の脆弱さすなわち腐敗と堕落の病原菌を少なからずふくんでいる。狡猾な思惑がこの病原菌を発見し、邪悪な思惑がそれを伝搬させ、助長し、増大させる。どのような統治形態であっても、それを民衆の指導者だけに委ねてしまえば、堕落する。たしかに民衆そのものが安心して統治を委ねられる相手である。しかし、民衆の安寧を守るためには、民衆の心 (mind) をかなり改善・改良しなければならない。……そのために私たちは、憲法を修正して、公教育の設立を援助しなければならない」(Jefferson 1955 [1785]=2003 : 267 ; Jefferson 2002b [Quary 14] : 275)。

ジェファソンが公教育によって形成しようとした人間は、「幸福」をめざす自律的個人だった。「この法律のおもな目的は、各人にその年齢、才能、生活条件にふさわしい教育を、さらに彼(女)らの自由と幸福をめざした教育を供与することである。……このような教育の第一段階は各学区の［初等］学校で行われる。そこでは、大多数の人びとが教示を受け、将来の秩序の基礎が築かれる。子どもたちは、旧約・新約聖書を手わたされるかわりに、というのも、彼(女)らの判断力が宗教的なものについて充分に成熟していないので、もっと有益なギリシア、ローマ、ヨーロッパ、アメリカの歴史的事実を与えられる。彼(女)らの心には、道徳性の基本的な要素も組み込まなければならない。それらは、彼(女)らの判断力が発達したときに、どうすれば彼(女)ら自身にとっての最高の幸福が築かれるのかを教えてくれるだろう。彼(女)らに示されることは、最高の幸福は、彼(女)らが置かれた生活条件という偶然によって決定されるものではなく、つねに善い良心(good conscience)*、健康、職業、正しく行使される自由がもたらす結果である、ということである」(Jefferson 2002b [Quary 14] : 273 [傍点は引用者])。

* good conscience を「善い良心」と理解することは同語反復的であるが、この言葉は邦訳の聖書でも用いられている。たとえば、「ペトロの手紙1」第三章二一などを参照 (Bible KJV 1972 [Peter I, 3. 21] : 282 ; Bible 1990 [ペトロ I, 3. 21] : 新約 432)。

一八一九年、最晩年のジェファソンは、ある手紙のなかで幸福、ヴァーチュ、有用性の関係を端的に示している。すなわち「幸福は人生の目的である。ヴァーチュは幸福の基礎である。有用性はヴァーチュの証である」と。人間を快適にするうえで役に立つものがヴァーチュであり、具体的にいえば、賢慮(prudence)、自制(Temperance)、不屈(Fortitude)、正義(Justice)である。そしてこれらがもたらすものが「身体の無痛、心の平安」という幸福である。

「歓びあふれる営み、そしてインドゥレント(Indolent[一般に怠惰を意味するが、ここでは無痛を意味する])。インドゥレントとは無痛であり、真の至福である。だれもが肯定するだろうふるまいで活動することは幸福そのものではないが、幸福を生みだす手段である。

> 至高の善 (Summum bonum) は、身体の痛みのなかにも、心の苦悩のなかにもない。いいかえるなら、それは、身体の無痛、心の平安［のなかにある］。心の平安を生みだすために、私たちは欲望と恐怖を避けなければならない。この二つは心の主要な病いである。人間は自由な行為主体 (free agent) である。ヴァーチュは賢慮、自制、不屈、正義である。これらに対立するものが妄執、欲望、恐怖、詐欺である」(Jefferson 2002a [Oct. 31. 1819]: 1433)。

ジェファソンは〈すべての人間はその努力によって同じように幸福を達成できる〉と論じているように見えるが、そうではなかった。ジェファソンにとっては、民衆の堕落・腐敗の可能性は不均質だったからである。腐敗・堕落しやすい人もいれば、そうではない人もいたからである。そしてジェファソンは、腐敗・堕落しにくくヴァーチュ・才能に恵まれた人が指導者になるべきであると考えていた。一八一三年、彼はアダムズ (Adams, John) に宛てた手紙のなかで次のように述べている。「私もあなたの意見に賛成で、人びとのなかには自然の貴族制 (natural aristocracy) があると思っている。この自然の貴族制をささえているものがヴァーチュと才能である*。……自然の貴族制は教示、信頼、そして社会の統治にとってもっとも重要な、自然からの贈り物だと思う。これまでそれは、社会の状態にふさわしい人間を形成するうえで活用されなかった。……純粋に自然の貴族を選抜し統治者にするような統治形態こそが最高の統治形態であるといえないだろうか」と (WTJ, vol. 6: 343-4; Jefferson 2002a [Oct. 28, 1813]: 1306)**。

*　ジェファソンにとっては、富・血のみならず、体力・武力・美貌・話術・礼節なども「人為的な貴族制」を生みだす規準である。「か

つては、体力が貴族の地位を人に与えていた。しかし、銃が発明されて以来、弱者は強者と同じような射殺する力、物質的な強さで武装するようになった。それとともに、美貌、話術、礼節、その他の功績が、階層性を生みだす規準として追加された」。「ヴァーチュと才能」は、そうした人為的規準から区別される生得的規準である (WTJ, vol. 6 : 343-4 ; Jefferson 2002a [Oct. 28, 1813] : 1306)。

** ラッシュも「自然の階級制」(natural distinctions of rank) を論じているが、ジェファソンの「自然の貴族制」とはいくぶんニュアンスが異なっている。独裁・王権のような「非自然の階級制」とは違い、「自然の階級制は、勤勉と技能つまり経済的行為がたもらした必然的帰結である」。「機会平等の存在は遺産をもたない者への刺激であり、才気煥発な者への報酬である」(Rush 1948 : 62-3)。つまり、ラッシュの「自然」は生得的という意味ではなく、人為的な必然という意味である。

ちなみに、従来のアメリカ革命期の教育思想史研究は、ジェファソンの教育論にリベラルなメリトクラシーを見いだしてきた。ジェファソンの「自然の貴族制」は、その端的な例証と見なされている(市村 1971)。しかし、「ヴァーチュと才能」が「自然からの贈り物」であるかぎり、それは本人の努力によって勝ちえたもの、すなわち後天性とはいえない。それは血統と同じように、本人の努力にかかわらずすでに与えられているもの、すなわち生得性である。その意味では、「自然の貴族制」はメリトクラシーなどではなく「自然の帰属制」である。

そして、ジェファソンは、この生得性としての「ヴァーチュと才能」のばらつきにふさわしい教育を行わなければならないと考えていた。彼は、たしかに「すべての市民は教育を受けるべきである」と考えていたが、その教育は個々人の「生活条件と生活課題にふさわしいもの」でなければならなかった。ジェファソンの提案する教育は、端的に階級別の教育だった。彼は一八一四年九月、甥のカー (Carr, Peter) に宛てた手紙のなかで次のように述べている。「私たちの国のすべての市民は、その生活条件と生活課題にふさわしい教育を受けるべきである。これは私たちの国にとって重要事項であり、公職者が果たすべき責務である。市民というかたまり (mass of citizens) は二つの階級に分けられる。労働階級（the laboring [class]）と教養階級（the learned [class]）である。労働階級には、その仕事と責務を果たすための初等レベルの教育が必要である。教養階級には、さらなる教養の習得［＝リベラル教育］の基礎としての、初等レベルの教育が必要である」と（Jefferson 2002a [Sept. 7, 1814]: 1）。

社会的に拡充される道徳的センス　さて、生得的な「才能」はともかく、生得的な「ヴァーチュ」のばらつきは、ジェファソンにとっては「道徳的センス」の多寡に連動するものだった（「才能」が理性の領域にあると考えていたとするなら、それは「コモンセンス」の多寡に連動するものだったのかもしれない）。

ジェファソンは、ウィザースプーンと同じように、すべての人間に「道徳的センス」が、不均質ながら、内在していると考えていた。一七八五年、ジェファソンは先にふれた『ヴァージニアの状態についての覚書』の「原住民」の章において、「［キリスト教徒であれ、原住民であれ］、唯一の統制とは、彼ら自身の習俗によるものであり、道徳的センスによるものである。それは、味わい・感じるというセンスと同じように、すべての人びとの自然本性の一部である」と述べている（Jefferson 1955 [1785]=2003: 193; Jefferson 2002b [Query 11]: 220）。そして、二年後の一七八七年にも、カーに宛てた手紙のなかで次のように述べている。「道徳的センスないし良心は、人間にとって足ないし手に当たるような重要な部分である。それはすべての人間に、強いものとして、あるいは弱いものとして与えられている」と（Jefferson 2002a [Aug. 10, 1787]: 902-3; Post 1986: 152 [傍点は引用者]）。

ただし、ジェファソンは、スコットランド道徳哲学の主張全体を受け入れていたのではなかった。ジェファソンは、一七六〇年代にウィリアム・アンド・マリー・カレッジのスモール（Small, William 1734-75）のもとで、スコットランドの道徳的センス論を学び、彼を「リベラル・マインド」の持ち主であると高く評価している（Willis 1978: 177-180）。

しかし、彼は、「科学」すなわち超越的真理の探求を強調しすぎる道徳哲学にたいして違和感を抱いていた。日々の暮らしに追われる多くの民衆にとっては、超越的真理は重要な問題ではなかったからである。今とりあげたカーへの手紙のなかで、ジェファソンは「道徳哲学、私はこの種の講義に出ることは時間の無駄だと思っていた」と述べている。道徳哲学によれば、「私たちを創った神は、たしかに慈愛に満ちているが、不器用であるということになる。というのも、[道徳哲学がいうように]神が人間の道徳的悟性(moral conduct)の規範を[超越的真理を探究する]科学の問題として位置づけているとすれば、科学的な人間一人にたいして、数千人はいる非科学的な人間はいったいどうなるのだろうか」と。つまり、彼(女)らは一生不道徳なままなのだろうかと(Jefferson 2002a [Aug. 10, 1787]: 902)。

ジェファソンにとって、道徳的センス(道徳的悟性)は、真理を探究しようとしない「非科学的な人間」には得られないものではなく、だれもが社会的に拡充しうるものだった。「人間は社会に向かうことを運命づけられている。したがって、彼の道徳性(morality)は社会にふさわしいものとして形成されうる。人間に与えられている善悪の感覚[=道徳的センス]は社会を規準にした相対的なものである。この感覚は、聴覚・視覚・感受性と同じような、人間の自然本性の一部である。それは道徳性の真の基礎であるが、[道徳哲学]論者を魅了しているような真理とか、そのたぐいのしろものではない」(Jefferson 2002a [Aug. 10, 1787]: 902 [傍点は引用者])。ここでジェファソンは、道徳的センスを神の領域に位置するものから、社会(人間)の領域に位置するものにずらしている。

したがって、ジェファソンにとって、道徳的センスの不足は人為的に(教育によって)補うことが可能だった。一七八七年に、彼は「……それ[=道徳的センス]は、身体の部分と同じように、使うことで強化されるものである」と述べている(Jefferson 2002a [Aug. 10. 1787]: 902-3; Post 1986: 152)。また、一八一四年にロウ(Law, Thomas 1759-1834)に宛てた手紙のなかで、彼は「ある人びとに視力、聴力、そして手が欠けているように、何人かの人びとにおいては道徳的センスが欠けていたり、それが未完成だったりする。しかし、それらの欠損は、人間という種の一般的な特徴を示しているのではない。そして、この道徳的センスの欠損は、教育によって埋め合わせることができる」と述べている(WTJ, vol. 6 : 348 ; Jefferson 2002a [Jun 13, 1814] : 1338-9)。

こうした、道徳的センスの形成可能論をささえていたのは、コンドルセのとなえた完成可能性論だろう*。一七九九年、ジェファソンはマンフォード(Munford, William Green)に宛てた手紙のなかで、次のように述べている。「私は、人格(human character)についてよく考える者のひとりである。私は人間が社会にふさわしく形成されていると考えているし、自然本性によって社会にふさわしい傾向性を与えられていると考えている。私はまたコンドルセと同じように、人間の心は完成可能(perfectible)であるが、その到達度を把握することは私たちにはできないと信じている。既存の知識を探求している人間にとって、それは不可能である。そうした人間は、すべての学問領域において膨大な未発見の知識があることを知らないからである……」(Jefferson 2002a [June 18, 1799] : 1065)。

* 完成可能性概念については、Passmore 1965, 1970、また田中 1992, 1999a を参照。

ジェファソンは、理性によって達成される「心の完全性」を知ることはできないといいながら、教育によって形成される「道徳的人格の完全性」(perfection of the moral character)については、諸情念の均衡状態という明確なイメージをもっていた。このようなイメージはスコットランド道徳哲学によく見られる考え方である。彼は、一八一六年にアダムズ(Adams, John)に宛てた手紙において次のように述べている。「道徳的人格の完全性とは、ストア哲学がいうようなアパシーではない。また、偽善的に誇示されたり、不誠実に語られたりするそれは、実現不可能なものである。

[道徳的人格の完全性とは]そうしたものではなく、すべての情念が正しく均衡していることである」と(Jefferson 2002a [Apr. 8, 1816]: 1383)。

諸情念の均衡としての完全性　たとえば、有名な「頭と心のダイアローグ」は、この「すべての情念の正しい均衡」を意味している。「頭と心のダイアローグ」は、一七八六年にジェファソンがマリア・コスウェイ(Cosway, Maria)という既婚女性に宛てた手紙に記した自己葛藤の様子である。そこでは、愛情・友情の関係をもつことをためらう「頭」と、愛情・友情に人生の歓びを見いだす「心」とが交互に登場する。一部分を引用しよう。

「[頭は次のようにいう。]苦痛を避け安穏を得るためのもっとも効果的な手段は、自分の内側に引きこもることであり、自分の幸福だけを考えることである。自分自身に依拠することは、賢い人間が求める唯一の快感である。自分自身に依拠していれば、他者によって何かを奪われることもない。これははかり知れない知的な歓びである。友情は、他者の狂気、他者の不幸を呼びよせるもう一つの呪文である。私たちがそれぞれ担っている自分の不幸は、それだけで充分に重い。にもかかわらず、なぜすすんで他者の不幸を引き受けるのか。友人が死んだりいなくなったりすれば、まるで腕を切り落とされたように感じる。彼が病気になれば、彼の側につきそい、その痛みを感じなければならない」(Jefferson 2002a [Oct. 12, 1786]: 872-3)。

「[心は次のようにいう。]神の手がふれた人のために涙を流すことくらい、すばらしいことはない。たとえば、病んでいる人につきそい、その耐えがたく痛々しい時間をともに過ごすこと、自分のパンをパンをもたない不幸な人と分けあうこと。……人生において、私たちはつねに窮状と不運にさらされているが、他者の窮状と不

か」と考えることは他者参照状態である。この思い出のなかでは、自己と他者とは矛盾することなく共存している。より精確にいえば、言及される自己のなかにたえず参照される理想的な他者がくみ込まれている＊。

＊ ジェファソンの語っている模倣対象としての他者は、具体的な文脈のなかで生きている人物である。その存在は、したがってその関係性である。その意味で、まさに人は関係内存在である。ここに、文脈を構築していく物語のほうが文脈から離脱していく命題よりも人を引きつける理由を見いだすことができる。

自己言及しかつ他者参照する人間において核になるものは、やはり自己言及である。いいかえるなら、自尊心である。自尊心を重視するかぎり、子どもをさらなる高みに向けて改善するために必要なことは誉めること・励ますことである。「人間の人格(character)は、正当で有益で効果的である行い(conduct)を評価する他者からの刺激に敏感である。誇り高い人格、はるかな野望、道徳的傾向性は、活発な年齢の子どもに見られる無分別を改善する本来的な契機である。そして、それらの人格、野望、傾向性を習慣的に喚起し、実践的に強化するとき、子どもは[失敗することへの]怯えによって、改善への動機を失うことなく、将来、幸福な人格をもつことができるだろう。子どもの名誉を傷つけたり、体罰を行ったり、ひどく恥をかかせることは、すぐれた人格を形成するうえでよい方法ではない」(Jefferson 1973 [1818] : 334)。

ヴァーチュオスで社会的に有益な人格形成　さて、先にふれたように、ジェファソンのなかでは、「公教育」は二つのタイプに分かれていた。一つは「自然の貴族」(生来の貴族)であるエリートの発見・育成のためのリベラル教育的な公教育であり、もう一つはそれ以外の労働者の道徳化のための人格形成的な公教育である。晩年のジェファソンは、この二つのタイプの教育を行う「公教育システム」をあらためて提案している。

日本におけるアメリカ教育史研究でしばしば注目されてきた「公教育システムの設立法案」(A Bill for Establishing A System of Public Education) は、一八一七年に七二歳のジェファソンが作り、ヴァージニア州に提出した法案であるが、そこで強調されていることは、「人格形成」よりも、「自然の貴族」である子どもを発見し、彼らを指導者として教育することである。同法案は、たしかにすべての子どもに教育を与えることを説いているが、それはあくまで、彼らのなかから「才能とヴァーチュ」のある子どもを見つけだし、その「才能とヴァーチュを共和国のために役立てる」ためである (Jefferson 1931 : 233-43 ; Jefferson and others 2002 [Oct. 24, 1817])。

労働階級の道徳化をはかる公教育が論じられているのは、翌年の一八一八年に発表された「ロックフィッシュ・ギャップ委員会報告書」(*The Rockfish Gap Commission Report*) においてであり、そこでは教育は「ヴァーチュオスで社会的に有益な人格 (character) の形成」と定義されている。「教育とは、勤勉・秩序正しさという習慣と、ヴァーチュへの愛を生みだすことであり、習慣の力によって私たちの道徳的組成にふくまれている生得的な歪みを規制することである」と (Jefferson 1973 [1818] : 325-6)。ジェファソンは、同報告書で、すべての人間の人格 (自然本性) の形成可能性をあらためて強調している。「私たちが離れるべきものは、人間がその自然本性の定めによって所与の場所に固定されているという、気力を萎えさせるような信念であり、また私たちの改善など幻想であるという考え方であり、さらに先行世代よりも賢明になったり幸福になったり善良になったりすることなど妄想であるという考え方である。そのかわりに広めるべき考え方は、野生のままで人為的に養成されていない木は、酸っぱくて苦い果実をつけるだけで、けっして美味しい果実をつけないということである」(Jefferson 1973 [1818] : 326)。

最晩年の一八二〇年にも、ジェファソンは教育論を展開しているが、そこで彼が強調していることは、「自然の貴族」を援助するための「リベラル教育」ではなく、「社会の権力」の暴走を防ぐ手段としての大衆の「人格形成」である。それは政治的自由のための自律性形成である。「人びと自身以外に社会の究極の権力が暴走することを防ぐ手だてはない。人びとがまだ健全な分別（discretion）をもって自分を統治できるほどに充分に啓蒙されていないのなら、その治療薬は、［厳格な法によって］自分を統治する力を人びと自身から奪うことではなく、教育によって彼ら自身の分別の力をその内部に形成することである」（WTJ: vol. 7 [Sept. 28, 1820]: 179）。

ジェファソンは、ウィザースプーン、ラッシュと同じように、人間の自然本性に道徳性を見いだしていたが、すべての人間に同一の道徳性がそなわっているとは考えなかった。教養階級となる少数の人間もいれば、労働階級となる大多数の人間もいると考えていた。しかし、ジェファソンは、フランクリンとはちがって、大多数の人間の自然本性が救いがたく堕落しているとは考えなかった。伝染病の蔓延にたいしてシニカルな見方をしつつも、彼は、フランクリンと違って、すべての子どもを対象にした公教育を提唱したからである。彼の用いた「人格」という言葉は、フランクリンの用いた「ヴァーチュ」という言葉とはちがって、万人の自由へいたる希望の原理を意味していた。ただし、その自由は、国家の管理する公教育によって提供されるものだった。

6　統治論的な人格形成論の後景

人格を形成する教育システム　本章における焦点の一つは、ラッシュ、ジェファソンらの展開した教育システム論が近代的統治論に符合することを確認することだった。端的にいえば、彼らの教育システム論は、予防医学的色彩をもち、「健康」という理念をかかげ、すべての人びと(「人口」)を健康・有用な「共和的市民」に変えることをめざしていた。彼らが提唱した「教育システム」はそうした統治(公共管理)の手段だった。

日本の教育学は、これまでジェファソンの教育システム論を「すべての人民のための無償教育」として高く評価してきた。「ジェファソンの公教育理念は……今後も実現しつづけられるべき公教育制度のアルファでありオメガである」とさえいわれている(市村 1971: 37)。教育を慈善家の「施し」ではなく、万人が享受するべき「権利」として位置づけたことは、教育が善きものとして価値づけられているかぎり、高く評価されるだろう。

しかし、いったん教育の権力作用を批判的にとらえなおすなら、いいかえるなら、教育概念を近代的統治論を視野に入れてとらえなおすなら、ラッシュ、ジェファソンの教育システム論は、全人口の内面に道徳的人格という同質の審級を形成し、自由討議による合意達成よりも潜在規範による合意誘導を生みだそうとする営みだったといえるだろう。このようにとらえる場合、教育システムは、既存の潜在規範を国民に自発的に承認させる権力装置、グラムシの言葉を用いるなら、「ヘゲモニー」の装置である。もちろん、こうした人為な合意誘導の営みは、当時の切実な社会情況を背景に考えだされたものだから、それ自体は非難されるべきものではない。

本章のもう一つの焦点は、ラッシュ、ジェファソンらの教育システム論が〈人格は形成可能である〉という命題を前提にしていたことである。この前提命題は「人を道徳的人格に変化させ、その人を天使にも似たものに変化させられる」というラッシュの言葉に端的に示されている(第4節参照)。この前提命題をささえていた言説は、彼らなりの世俗化(医学化)が施されているにしても、第2章でとりあげたハチソン、ウィザースプーンに代表されるような、スコットランド道徳哲学の道徳的センス論であるといってよいだろう。

ごく簡単にまとめるなら、ラッシュは、スコットランド道徳哲学を背景としつつも、道徳的センス論に精神医学的なアレンジを加えて、適切な刺激によって道徳的人格形成を行う教育システムを提案した。ジェファソンは、スコットランド道徳哲学を背景としつつも、道徳的センスの社会性を強調し、ヴァーチュ・才能にあふれる子どもを発見し「教養階級」として育成し、一般の子どもの道徳的センスの不足を補正し「労働階級」として育成する教育システムを提案した。どちらの教育システム論も、スコットランド道徳哲学を踏まえているが、どちらも、ウィザースプーンよりも、人格（道徳的センス）概念を人間の側に引き寄せている。ラッシュは、道徳的能力（道徳的センス）の生得性を示しながら、それを魂から区別し、その物質性を強調している。ジェファソンは、人格（道徳的センス）を神性的なものから社会的なものにずらしている。こうした人格（道徳的センス）概念のずらしは、のちに確認するように、人格概念を神性指向と成功指向（業績指向）とに二分する最初のきっかけになっていく。

統治論的な人格形成論の後景　ラッシュ、ジェファソンらが道徳的な人格形成を目的とする全称的な教育システムを提唱しなければならなくなった直接的な背景は、当時のアメリカ東部に見られた無秩序な社会情況である。ラッシュもジェファソンも、アメリカ革命直後は、社会秩序形成について、楽観的な見通しをもっていた。彼らは、当初から知識普及の必要性を感じていたが、全国民の人為的道徳化の必要性を感じていなかった。しかし、彼らはすぐに現実に引きもどされた。「けがれた都市住民」「荒れ狂う暴徒」「党派的な熱狂」に直面し、革命のとき、英国批判の根拠だった人民の市民的ヴァーチュは消えかけていると感じるようになった。

ウッドは次のように述べている。「アメリカ人は、人民は支配者に抵抗する同質的な社会構成者であると考えて、革命を始めた。しかし、そうした前提は、アメリカ人が実際にこの時代に経験したことと矛盾していた。独立後、ほんの数年で鋭敏なアメリカ人は、社会のなかの相違があまりにも『多様であり、しかも避けがたいものである』ために、そのまま統治に反映できないと確信した。……人民は、一つの利益関心のもとに、秩序正しく組織的に結合してはいなかった。人民はむしろ、敵意に満ちた個々人の凝集したものであり、彼らはそれぞれの利益のために参集し社会をなしていた」と(Wood 1972: 606-7)。たしかに、一九世紀に入っても、「アメリカは自由の国のままだった。しかし、その自由は、何らかの漠然とした公共善のために勇敢に自己犠牲をはかるような自由ではなく、むしろ各個人が自分自身の利益をもち個人的な自由をもつという意味での自由である」と(Wood 1972: 612)。

一七八〇年代から一八一〇年代にかけてアメリカ東部に広がった、人民への不信感は、「ヴァーチュ」という共和主義的な言葉から求心力を奪っていったのだろう。クロッペンバーグは次のように述べている。「ヴァーチュ[という言葉]は、すくなくとも独立が達成されるまでは[英国の]堕落に敢然とたち向かうための武器だった。しかし、一七八三年から一七八七年にかけて、ヴァーチュは、統治と権威への抵抗を意味する言葉ではなくなった。戦争の張りつめた緊張感は、利益共謀と無秩序に道をゆずり、かなりのアメリカ人が、自分たちに新しい国家を維持する能力があることを疑いはじめていた」と(Kloppenberg 1994: 691)。そして、この市民的ヴァーチュのかわりに説かれたものが近代的統治論の道徳的人格であり、この道徳的人格を形成する営みとしての教育システムである。

一七八〇年代から一八一〇年代にかけて、近代的統治論の一環である人格形成論を後押しした社会情況は、一八二〇年代から五〇年代にかけての市場革命の広がりとともに、ますます悪化していった。次章でのべるように、社会不安の蔓延したその時代にリベラル・プロテスタンティズムにささえられつつ創られたものが、すべての子どもの人格形成をめざすコモンスクールである。そして、このコモンスクールの人格形成論には、さきほどふれた人格概念の神性指向と成功指向（業績指向）という二分化を見いだすことができる。

第4章　コモンスクール論の人格形成概念
——業績と共通性

The Concept of Character Formation in Common School Discourses: Merit and Common Culture

〈要約〉　一七八〇年代から一八一〇年代にかけて提案された公教育（教育システム）論は、一八三〇年代からコモンスクール（システム）として実現されていった。このコモンスクールを設立しようとする運動をささえた主要な思潮は、リベラル・プロテスタンティズム（エヴァンジェリカリズム、ユニテリアニズム）である。リベラル・プロテスタンティズムの目的は、人間の内面の道徳性・可塑性にもとづき、すべての人間の完全性を達成し、それによって新しい社会秩序（千年王国）を形成することである。コモンスクール運動は、このリベラル・プロテスタンティズムの〈改革〉運動の一環であり、とりわけ人格形成によって旧来の位階的秩序の揺らぎがもたらす淫行・暴力・貧困といった社会問題の解決をめざしていた。当時の社会問題は、おもに市場革命がもたらしたものである。コモンスクール運動に見られる資本家・中産階級の成功・道徳をめざす人格形成指向、労働者階級の成功・自立をめざす教育機会平等指向も、市場革命を反映している。しかしコモンスクール運動は、けっして階級利害に還元される現象ではなかった。どちらの階級も、業績指向という市場革命と一体の社会規範を前提にしていた。また、設立されたコモンスクールは、共通性という規範によって、旧来の宗教的・文化的に多様な諸共同体を否定することになった。共同体に根ざした位階的秩序の衰退がもたらした社会問題を人格形成によって解決しようとしたコモンスクールは、皮肉なことにも、逆に業績と共通性によってさらに共同体を衰退させるという事態をもたらした。

1　コモンスクール運動の後景

コモンスクール運動　一般にアメリカの「コモンスクール」といえば、設置範囲が州全体にまで拡大され、また州政府の財政援助と法的規制を受けつつ、すべての子どもにたいして無償で共通の教育内容を提供する初等教育レベルの学校である（ハイスクールを含む場合もある）。組織の側面についていえば、コモンスクールは「学年制」（grade system）を設け、「教科書」（textbook）を使い、有資格の「教師」を雇う学校である。機能の側面についていえば、コモンスクールは個々の家庭にかわって、子どもの認知的かつ道徳的な社会化をになう公共施設である。こうしたコモンスクールは、近代日本の小中学校の原型といってもよいだろう。

　コモンスクールは一つの学校ではなく、複数の学校からなる教育システムである。コモンスクールを構成する学校は、実際の名称には違いがあるものの、「プライマリースクール」「エレメンタリースクール」、そのあとにつづく「グラマースクール」「セカンダリースクール」と呼ばれた学校である（これらは固有名とみなし、カタカナで表記する）。プライマリースクール、エレメンタリースクールは、五、六歳あたりから入学できる学校で、期間はおよそ三、四年間である。そこで教えられたものは読み方・書き方・数え方・聖書購読である。グラマースクール、セカンダリースクールは、八、九歳、また一二、一三歳あたりから入学できる学校で、期間はおよそ三、四年間である。そこで教えられるものはいくらか高度な国語（英語）・数学・地理・歴史・古典語などである。

　アメリカのコモンスクールは、「前南北戦争期」（antebellum およそ一八三〇年代から一八五〇年代）以降に先を争うように法制化され、また実際に設置されはじめたが、それ以前の、いわゆる「国家形成期」(およそ一七八〇年代から一八二〇年代)にも、学校はあった。たとえば「ディストリクトスクール」(district school)と呼ばれた、四、五歳から入学できる個々の地域共同体の学校があった*。ほかにも、貧困層の子どもを対象にした「チャリティスクール」(charity school)、「フリースクール」(free school)と呼ばれた学校が篤志家によって運営されていた。さらに富裕層の子どもを対象にした、かなり高価な教材を使う、「日曜学校」(Sunday school)が各宗派ごとに運営されていた。この時期の学校に、公教育/私教育という近代的なデマーケイションはほとんどなかった。

* 最初にディストリクトスクールを法制化したのはマサチューセッツ州である。一七八九年、同州は五〇戸以上のタウンは年間六ヶ月以上開講されるディストリクトスクールを設置することを法的に規定した。しかしディストリクトスクールへの州政府による財政援助は規定されなかった。ディストリクトスクールの運営は全面的にそのディストリクトに居住する親に委ねられていた(Kaestle 1983: 10, 25, 27)。ディストリクトスクールを終えた子どもの多くは職についたが、中産階級の子どもは、都市部にあったグラマースクール、アカデミーに進学することもあった。Reinier 1996: 105-107, 114-5 参照。

一七八〇年代から一八二〇年代にかけて多くの人びとは、こうした多元的な教育情況にとりたてて不満をもっていなかったように見える。各地域共同体は、それぞれ好みの教材を使い、それぞれに望ましいと思った教師を雇い、彼(女)らに子どもをまかせていたからである。一八〇〇年代から一部の州おいてコモンスクールの設立をめざす運動が始まったのは、こうした多様な学校が併存する、いわば「ポリグロット」(polyglot 多言語)な状態においてであるが、そうした運動の多くは、一八二〇年代までは具体的な成果をあげることができなかった。

しかし、一八三〇年代・四〇年代になると、コモンスクールはアメリカ東部諸州を中心にあいついで設立されはじめ、一八六〇年にはアメリカ全体の三三州において設立されていた。そして、一八九〇年にその範囲は、ほぼアメリカ全体におよんだ(table 4-1参照)。マサチューセッツ州の場合、すでに一七八九年に、各タウンごとにプライマリースクール(ディストリクトスクール)を設立することを定める州法が成立していたが、この学校が州財源によって無償化され、コモンスクールとなったのは一八三四年であり、さらにホレース・マンの作成した「教育委員会設立とコモンスクール設立にかんする法」が成立し、この学校が州教育委員会の監督下におかれたのは、一八三七年以降である。

ニューヨーク州の場合、一七八四年に州教育委員会が設置され、一八一二年に「この国においては人民の決定が政府の決議である。しかし、そうであるためには人民の啓蒙が必要である」という政治的理由で、コモンスクール法が制定され、コモンスクール設立運営資金が準備された(Finegan 1921: 37)。しかし、州法に無償のコモンスクールを設立するように明記されたのは、一八四九年である。もっとも、ニューヨーク市においては、一八〇五年に無償初等教育の提供を目的とした「フリースクール協会」(Free School Society [一八二五年に Public School Society と改称])が資本家・中産階級によって組織され、実質的なコモンスクールであるフリースクールを運営し始めた。同協会が市教育委員会にその役割を引きわたした年は、一八四二年である。

ヴァージニア州の場合、一七七六年にジェファソンが「知識の一般普及法案」を提唱したにもかかわらず、州全体におよぶコモンスクール・システムが法的に義務づけられたのは一八一八年である。しかし、この法律には財政的な裏付けがなかったために、実際にコモンスクールを設立運営できた学区はわずかだった*。一八四四年、情況を憂えた州議会議員ワイズ(Wise, Henry A. 1806-1876)は、議会で「共和国の子どもに分け隔てがあってはならない。学校における彼(女)らは、彼(女)らの親の子どもではない。州政府が「国親」(*parens patrie*)となり、彼(女)らを母なるコモンウエルスの息子、娘と見なさなければならない」と説いている（Binder 1974: 138 から引用）。ヴァージニア州のコモンスクールが財政的な裏付けを得た年は、それから二年後の一八四六年である。

＊ すくなくとも一八二〇年代までのヴァージニアの民衆は、公教育を必要としていなかったように見える。ジェファソンは一八二六年に次のように述べている。「私が私たちの州政府を最高のサーヴィス提供機関にし、公教育を最高のものに作りかえ、次世代のレベルを隣州［ニューヨーク］のレベル（隣州の評判は高かった）にまで引き上げようとしている間、私はずっと不愉快な役割を担っていると感じてきた。それは、薬が必要であると感じていない患者に薬を飲ませる医者の役割である」（Jefferson and Others 2002 [Feb. 7, 1826]; Pangle/Pangle 1993: 144）。

なお、一八二〇年代からは、教育雑誌、教育団体をつうじてコモンスクール論は、広くアメリカに流布されていった。たとえば、一八二五年から一八五〇年の二五年間に、マンの編集した『マサチューセッツ・コモンスクール・ジャーナル』（*Massachusetts Common School Journal*）、バーナードの編集した『コネチカット・コモンスクール・ジャーナル』（*Connecticut Common School Journal*）など、六〇誌以上の教育雑誌が創刊された。また『アメリカン・ライシアム』（American Lyceum. 一八二五年創設）、『西部リテラシー協会と専門的教師のカレッジ』（Western Literary Institute and College of Professional Teachers. 一八二九年創設）、『アメリカ教育協会』（American Institute of Instruction. 一八三〇年創設）という主要な教育団体が各地で組織されていった（Spring 1986: 81）。

＊ 〈table 4-1〉の各地域の構成州は以下のとおり。ニューイングランド諸州＝メイン、ニューハンプシャー、バーモント、マサチューセッツ、ロードアイランド。中東部諸州＝ニューヨーク、ペンシ

〈table 4-1〉 アメリカの各地域における学齢期白人（0～19歳）の学校在籍率＊

	1840年	1850年	1860年
ニューイングランド諸州	**81.8**	**76.2**	**73.8**
中東部（Middle Atlantic）諸州	**49.5**	**61.9**	**61.3**
南東部（South Atlantic）諸州	16.2	29.7	31.5
中央北部（North Central）諸州	29.0	51.9	70.3
中央南部（South Central）諸州	13.4	28.4	40.1

出典：Vinovskis/Bernard 1978：856–69.

ルベニア、ニュージャージー。南東部諸州＝メリーランド、ウェストヴァージニア、ヴァージニア、中央北部諸州＝ミネソタ、ウィスコンシン、ミシガン、オハイオ、インディアナ、イリノイ、アイオワ。中央南部諸州＝テキサス、オクラホマ、ミズーリ、ルイジアナ、ミシシッピ、アラバマ、ジョージア、フロリダ、サウスカロライナ、ノースカロライナ、テネシー、ケンタッキー、アーカンソー。

コモンスクール運動はなぜ起こったのか　さて、アメリカにおけるコモンスクール運動は、一九七〇年代後半あたりから九〇年代初めにいたるまで、アメリカ教育史学界で大きな論争を巻きおこした。それ以前の段階では、コモンスクール運動は、アメリカにおける「歴史的な偉業」の一つに数えられていた。すなわち、アメリカは、激しい抵抗にあいながらも、個人の自由と平等を理念とするリベラリズムの精神にもとづいて——厳密にいえば、プロシアとオランダを除くなら、といわなければならないが、ともかく——世界ではじめて普遍的で無償で義務制の、非宗派的な教育システムを創設し、すべての子どもに社会的上昇移動の機会を保証した、と考えられていた。のちに、「ホイッグ史観」*と呼ばれることになる教育史観にもとづいて描かれたコモンスクール運動史叙述が、それである(Cubberley 1934; Curti 1959 [1935]; Monroe 1971 [1940]; Ravitch 1974)。

*　ホイッグ史観の「ホイッグ」という名称は、一八三〇年代に結成されたホイッグ党からとったものである。ホイッグ党は、ニューイングランド、北東部の産業資本家・知識人、また中西部の自営農民を支持母体とした政党で、党員の多くは、一八五四年に結成された共和党に吸収されていった。これにたいするデモクラッツ(民主党派)は、ジェファソンをささえたリパブリカンズ(共和党派)——今述べた一八五四年に結成された共和党ではない——の後継者である。ホイッグスは、「ヴィクトリア朝的」と呼ばれるようになる道徳、すなわち「自己統治」「自己規律」「自己規制」といった自律的人格を主張していた。とりわけ「理性」「良心」による「情念」「情欲」(passion)の抑制を強調した。これにたいして、デモクラッツは、「レッセフェール的」と呼ばれる自由、すなわち政府の社会経済への介入が最小限である状態で成立する自由を主張していた(Howe 1979: 29-33; 1991)。ちなみに、ホイッグのマンに強硬に反対したブラウンソン

(Brownson, Orestes 1803-1876)は、デモクラッツの一人だった。

このホイッグ史観にたいして、一九七〇年代に、いわゆる「リヴィジョニスト」*と呼ばれた教育史研究者が登場し、多くの州や都市を事例にしつつ、「歴史的偉業」としてのコモンスクール創設というホイッグ的歴史叙述を否定しはじめた(Katz 1968, 1975; Mohl 1971; Schultz 1973; Troen 1975; Bowles/Gintis 1976)。とりわけ階級葛藤論をとるリヴィジョニストは、コモンスクール運動は、資本家・中産階級**が下層階級にたいして抱いた恐怖感によって生みだされたものであり、資本家・中産階級は、コモンスクールによって、低劣で危険な下層階級の一体感を破壊し、産業資本主義的な社会秩序を保全しようとした、と解釈した。階級葛藤論者にとっては、コモンスクールは、社会的上昇移動の機会を保証するための手段ではなく、この時代に生じてきた産業資本主義の要求に対応して、下層階級を労働力として規律化し彼(女)らの不満を隠蔽する社会統制・階級支配の手段だった。

* リヴィジョニストと目された人は、カッツ(Katz, Michael B.)、カリアー(Karier, Clarence)、スプリング(Spring, Joel H.)、グリア(Greer, Colin)、ラザーソン(Lazerson, Mervin)、ボールズ/ギンティス(Bowles, Samuel/Gintis, Herbert)、ファインバーグ(Fineberg, Walter)である。Fineberg 1983: 115-146; Tyack 1986; Hogan 1985: xi-xxv を参照。

** 「中産階級」を意味する言葉が登場するのはほぼ一七世紀の末から一八世紀にかけてである。まず middling sort という言葉が一六九二年に「上層階級と下層階級とのあいだの階級」という意味で登場し、それとほぼ同義の middle class という言葉は一八一二年八月三一日付けのイングランドの新聞『イグザミナー』(*Examiner*)にはじめて登場している。middling sort/middle class と呼ばれた人びとは、職種こそさまざまであるが、おもに都市に住む富裕な商人や生産者である(Barry and Brooks 1994: 2ff; OED 1991: middle class)。

社会史研究者のミンツ、ブルーミンによれば、アメリカの場合、一八〇〇年代から一八二〇年代にかけては、middling classes/middling sorts/middling ranks といった言葉は、さして肯定的な意味をもたなかったが、一八三〇年代から一八四〇年代にかけて、これらの言葉は middle class という言葉に収斂するとともに、肯定的な意味をもつようになった。たとえば、一八五八年にホイットマン

(Whitman, Walter 1819-1892)は、「どんな地域共同体においても、もっとも価値ある階級は中産階級(middle class)である。彼(女)らは自制心にみちた人びとであり、一年間の収入が一〇〇〇ドルないしそのあたりの人びとである」と述べている(Blumin 1989: 1 から引用; Mintz 1983: 205)。数量的な調査は行われていないが、多くの歴史研究の示唆するところによれば、このような中産階級の人びとは、おそくとも一八二〇年代から四〇年代にかけて、すくなくともアメリカ東部諸州の都市部において、かなりの規模で存在していったと考えてよいだろう(Ryan 1981; Mintz 1983; Blumin 1989; Mintz/Kellogg 1988)。

こうした中産階級をどのように理解するべきかという問題は、これまで繰りかえし論じられてきたが、私はここで、中産階級を階級構造・職業内容からというよりも、生活様式から理解したい(cf. Blumin 1989; Mintz 1983)。理念型をつくるなら、ここでいう「中産階級」は、家の外で賃金労働し、家族が生活できるだけの収入を得る夫=父、家に残り家事労働し、夫につかえ子どもを養育する妻=母、そして夫=父、妻=母にしたがい、規範を学ぶ子どもである。このような中産階級の夫=父像、妻=母像は、この時代の中産階級の人びとが求めたジェンダー能力を暗示している。夫=父として男性がもつべき能力は、経済秩序・政治秩序を維持するために必要な能力——私有財産を保全し家族を養う能力、民主制を構成しそれに参加する能力——つまり労働生産の能力・自律の能力である。妻=母として女性がもつべき能力は、家庭秩序を維持するために必要な能力——子どもを生み育てる能力、献身的で家族に配慮する能力——つまり生殖養育の能力であり、愛他の能力である。

階級葛藤論者は、学校改革の結果から学校改革の意図を推論している。たとえば、カッツは、一九六八年に発表した『公立学校改革のアイロニー』において、学校改革者の「博愛主義」(humanitarianism)によって創られたはずのコモンスクールが、アイロニカルにも、一九世紀末期までに「冷徹で、厳格で、不毛の官僚制的」な組織を確立したという事実に注目している。そして「心からの博愛主義的な援助が、社会に広く芽生えていた上昇意欲をたちどころに形式主義と反復訓練の無味乾燥なエートスに変えてしまうという結果をまねくだろうか」といい、学校改革者の博愛主義的な言辞の背後に、資本家・中産階級の階級支配の意図を読みとっている(Katz 1968: 2)。

また、ボールズ／ギンティスは、一九七六年に発表した『資本制アメリカの学校教育』において、教育の機会均等を促進するために創られたはずのコモンスクールが、その教師／子どもの上下関係、厳格な教授形態といった「潜在的カリキュラム」によって、下層階級・貧しい移民の子どもの「人格」を産業資本主義にふさわしいものに作りかえるという機能を果たしてきたことに注目している。彼らにとって、それは、下層階級の不道徳な子どもに「今の自分はこの社会にふさわしくない」という自己イメージを植えつけ、従順性・規則正しさという新しい産業的ハビトゥスを形成することだった。ボールズ／ギンティスは、こうしたコモンスクールの機能から、コモンスクールの背後に資本家・中産階級の階級支配の意図を見いだしている（Bowles/Gintis 1976）。

しかし、ホイッグ史観も階級葛藤論もとらないアメリカの教育史学者もいる（ex. Tyack 1970; Tyack 1974; Cremin 1980; Tyack/Hansot 1982; Kaestle 1983; Katznelson / Weir 1985）。たとえば、タイアック、ケースルらは、階級葛藤論がいうことにもいくらか真実はふくまれているが、彼らが見落としていることもある、という。たしかに、階級葛藤論者が強調しているように、コモンスクールは、「社会統制」といえるようなイデオロギー的機能を果たすために設営されたものである。すなわち、「貧困」という「社会問題」の解決策として、深刻化しはじめた階級対立の融和策として、そして「低劣で危険」な人びとを新しい社会秩序に統合する手段として、設営されたものである。しかし、タイアック、ケースルがコモンスクール運動の背後に見いだすものは、階級支配ではなくリベラリズムをささえた宗教的イデオロギーである。端的にいえば、コモンスクール運動は、資本家・中産階級が支配しようのない農村地帯の地域共同体においても展開された運動だったからである*。

* コモンスクール運動史をめぐる解釈論争については、いささかリヴィジョニストよりではあるが、スプリングがわかりやすく整理

している。Spring 1986: 72-80 を参照。

コモンスクール運動を再解釈するポイント　タイアック、ケースルらの、コモンスクール論は、それなりの説得力をもっている。本当に資本家・中産階級が自分たちの階級利益を守ろうとしたのなら、よほど自分の子どもに自信があるならともかく、コモンスクールのような開放・単線型の教育システムを提案するはずがない。ヨーロッパの教育システムに見られるように、資本家・中産階級が労働者階級の子どもを従順な労働者に仕立て、自分たちの子どもには高い教養を授けたいと思ったのなら、労働者階級用の職業訓練コースと資本家・中産階級用の教養教育コースを別べつに用意した制限・複線型の教育システムを提案するはずだからである。

なるほど、資本家・中産階級はコモンスクールの設立運動に密接にかかわっていたし、そこで労働者階級と対立することもあった。しかし、よく知られているように、コモンスクールをめぐる争点は、開放・単線型の教育システムをつくるか、それともヨーロッパ的な制限・複線型の教育システムをつくるかではなかった*。どちらの階級も、解放・単線型の教育システムを作ることでは一致していた。したがって、コモンスクール運動には、階級支配よりももっと強力な力が作用していたと考えるべきだろう。タイアック、ケースルらの指摘を考えるなら、その力は、おそらく宗教言説までも巻き込んでしまうような構造的な力だったはずである。

*　ちなみに、マサチューセッツのコモンスクール運動を主導したマン（Man, Horace）は、「私立学校」が「もっとも知的な人間を優遇することになる」と批判している。また、ニューヨークのコモンスクール運動のリーダーだったテイラー（Taylor, John Orville 1807-1890）は、私立学校が「共和主義的ではない」と批判し、さらにコネチカットのコモンスクール運動を先導したバーナード（Barnard, Henry）は、私立学校を「社会を根本から階級的に分化させるものである」と批判している（Kaestle 1983: 116）。

以下、コモンスクール設立論をあらためて検討することで、この構造的な力を析出することになるだろう。分析の対象は、コモンスクール設立論が前提にしている人格概念であり、またそうしたコモンスクール設立論を背後でささえていた当時の宗教的言説(リベラル・プロテスタンティズム)が前提にしているいくつかの命題であるが、それらにもこの構造的な力が作用しているはずだからである。

まず、前南北戦争期のコモンスクール運動の背後にあったと考えられるリベラル・プロテスタンティズムの〈改革〉運動について、当時の社会情況をふまえつつ、その概略を確認しておこう(第2・3節)。なお、ここでは当時reformと呼ばれたものを〈改革〉、reformerと呼ばれた人を〈改革〉者と山カッコ付きで表記する。原語のreformが「人格の再形成」「社会の再形成」を意味しているからである(たとえば、この時代に〈改革〉者が各地で創設したリフォーメイトリー([少年]矯正院)は、reformの「人格の再形成」という意味を今に伝えている)。つづいて、ペンシルベニア州のコモンスクール運動を事例としながら、コモンスクール運動において資本家・中産階級、労働者階級が説いた人格概念の方向性を確認しよう(第4節)。そのあとで、同州のコモンスクール運動において、すばらしいものと見なされていたその「共通性」が、民族宗教的な地域共同体にたいして果たした機能を確認しよう(第5節)。これらの検討によって、コモンスクール運動をつうじて、人格概念が超越的内面性から市場的内面性にシフトしていく様子が浮き彫りになるだろう。また、市場経済のもつ構造的な力を示唆できるだろう。

2　リベラル・プロテスタンティズムの特徴

コモンスクール運動とリベラル・プロテスタンティズム　さきほどふれたケースルは、コモンスクール運動にかかわった資本家・中産階級の白人プロテスタントが抱いていたイデオロギー、すなわち彼(女)らが「自分の利益、社会の利益を考えるときに前提にする人間観、社会観」に注目している(Kaestle 1983: 75-76)。

ケースルが「プロテスタント・イデオロギー」と呼ぶそれは、プロテスタンティズム、資本主義*、共和主義という三つの「社会的信念」から構成されている。彼はその中身を次の一〇項目にまとめている。①共和政体を重視する。②社会秩序形成は「人格形成」を要する。③個人の能力を決定するものは個人の勤勉さである。④女性の家庭的役割は高く評価されるが、女性はその役割にとどまるべきである。⑤家庭・社会環境は「人格形成」に大きく影響する。⑥私有財産はきわめて重要である。⑦アメリカには経済的に成功する機会が平等かつ充分にある。⑧プロテスタンティズムは他のどの宗派・宗教よりも優れている。⑨アメリカの偉大さはアメリカの運命である。⑩多文化的状態にあるアメリカの人びとは教育をつうじて統合されなければならない(Kaestle 1983: 76-77)。これらの構成命題は、コモンスクール運動の言説的特徴をよくとらえている。

＊　ケースルのいう「資本主義」は「所有的個人主義」とひとしく、「資本制経済(システム)」のことではない。

コモンスクール論の人格形成概念にもっとも密接にかかわる言説は、資本主義でも共和主義でもなく、プロテスタンティズムである。カッツが一九八七年に再確認しているように、「プロテスタンティズムと初期のコモンスクールの歴史とを切り離すことはできない。初期のコモンスクールは、まぎれもなく狂信的な汎プロテスタント的な特徴を示していた」からである(Katz 1987: 46, cf. 49)。その当時、しばしばコモンスクール運動にかかわった〈改革〉者たちがcommon school revivalist/educational revivalistと呼ばれたのは、彼(女)らが「コモンスクール設立にかかわった信仰復興者」「教育にかかわった信仰復興者」だったからである(念のためにいいそえるなら、彼(女)らが「コモンスクールの復興者」だったからでもないし、「教育の復興者」だったからでもない)。

ただし、この時代のプロテスタンティズムは、一七世紀に「ピューリタニズム」と呼ばれたプロテスタンティズムと同じではない。この時代のプロテスタンティズムはいわゆる「リベラル・プロテスタンティズム」であり、それは「リヴァイヴァリズム」(Revivalism)という宗教運動と重なるエヴァンジェリカリズム(Evangelicalism)*、そしてユニテリアニズム(Uniterianism)の総称である(Smith 1967; Bellah 1975; McLoughin 1978; Berthoff 1982)。

* evangelical の語源はギリシア語の euangelion(エヴァンゲリオン)であり、その原義は「好機」「朗報」である。ここでEvangelicalismを辞書どおり「福音主義」と訳さない理由は、「福音主義」が一六世紀のカトリックにおける信仰刷新運動をさすことが多いからである。アメリカの場合、エヴァンジェリカリズムは、マクルーインのいう「大覚醒運動」(Great Awakening)の一つである。「大覚醒運動」はアメリカ社会全体が価値観、生活形式、制度の再構成を求めて宗教運動を活発に行うことである。彼によれば、大覚醒運動は第一次大覚醒(一七三〇~六〇年)、第二次大覚醒(一七九〇~一八四〇年)、第三次大覚醒(一八九〇~一九二〇年)、第四次大覚醒(一九六〇~現在[一九八〇年])というように周期的に生じている。大覚醒運動は、社会に大きな変動が生じたときに決まったように生じるが、マクルーインによれば、その理由は、大きな社会変動によって「文化的な歪みが生じ、個人的な内圧が空洞化するときに、人びとが教会や国家における規範の正当性、制度の妥当性、指導者の権威といったものを信じなくなる」ためである(McLoughin 1978: 2)。こうした説明の妥当性については Thomas 1989: 84ff. 参照。また Sweet ed. 1984 も参照。

エヴァンジェリカリズム　一九世紀アメリカのエヴァンジェリカリズム*は、モザイク的ながら信仰復活をめざす広範囲で社会的な宗教活動である。もともとそれは、教会の語る教義を字義どおり理解することよりも、神の恩寵すなわち聖霊の到来を情感的に体感することを重視していた。この特徴を端的に示している出来事がある。それは「一八〇〇年の大覚醒」と呼ばれる、一七九九年から一八〇一年にかけて断続的に西部で行われた大規模な集会である。もっとも有名なものは、一八〇一年八月六日から一二日にかけて、当時、西部の最前線だったケンタッキー州ケインリッジに約二万五〇〇〇人——ちなみに、当時のケンタッキーの全人口は約二五万人である——を超える人びとが集まり、泣き、歌い、叫び、踊り、語らい、救済を求めたことである。その野営集会（「キャンプ・ミーティング」）は、またたくまに西部諸州に広がり、翌年にはニューイングランド、北東部にまで広がった。一八一一年のキャンプ・ミーティング参加者は三〇〇万人から四〇〇万人であり、その後、一八六〇年代にいたるまで、こうした野営集会は毎年、各宗派において開かれた（Mintz 1995 : 24; Sweet 1988 : 888ff）。

＊　エヴァンジェリカリズムについては Thomas 1989 : 66-79; Sweet 1988; Howe 1991; Mintz 1995 : 24-8 を参照した。

しかし、一八二〇年代以降、エヴァンジェリカリズムの重心は、キャンプ・ミーティングのように情感的・集団的に救済を体験することから、合理的・組織的に信仰復活をめざすことに移動していった。すなわち、エヴァンジェリカルは、個々人の理性化・道徳化の営みを核としつつも、「聖書詠唱協会」（Bible and Tract Society）、「アメリカ家庭伝道協会」（American Home Mission Society）、「アメリカ日曜学校協会」（American Sunday School Union）、「禁酒協会」（Temperance Society）、「アメリカ女性道徳改革協会」（American Female Moral Reform Society）といった、運動組織を中心とした伝道活動を行うようになった（Mathers 1969; Singleton 1975; Smith-Rosenberg 1971, 1984）。その活動は宗派を越えるものとなり、「エピスコプリアン［聖公会派］とユニテリアンをのぞく、ほとんどすべてのプロテスタントはエヴァンジェリカルだった」といわれるくらいである（Queen/Prothero/Shattuck 1996 : 227）。その意味では、エヴァンジェリカリズムは「エキュメニシズム」（ecumenicism 世界教会主義）だったといえるだろう。

トーマスにしたがえば、一八二〇年代以降のエヴァンジェリカニズムを特徴づけているものは「自由意志、合理的方法、完全性主義、ポストミレニアリズム」の四つである(Thomas 1989 : 68)。第一の「自由意志」は、エヴァンジェリカリズムの中心概念であり、典型的なエヴァンジェリカルといわれた会衆派牧師(オバーリン大学学長)フィンニー(Finney, Charles G. 1792-1875)によれば、それは「強制も必然性もない場合に、道徳的主体が選択し決定する能力(faculty)ないし力(power)」を意味している(Finney 1999 : Free-will)。「道徳的主体は自由(freedom)をふくんでいる。自由は心にも、心にのしかかるどのような動機(motive)にも抵抗する力をもっている」(Finney 1999 [1840b] Lecture 5 : 5)。自由意志は、機能として見れば、道徳哲学のいう道徳的センスに近い。フィンニーは、個人の自由意志を讃えて、回心は神の御技ではなく、人間が自分で成しとげる仕事であるとまで述べている。「回心ないし再生は人間のすることである。……神はあなたに『新しい心(new heart)を創れ』と命じている。あなた以外に誰もそれを成し遂げることはできない。あなたがもしもすでに回心ないし再生をとげているなら、それはあなた自身が成し遂げたことにちがいない」と(Finney 1960 [1835] : 197 ; 1999 [1868] Lecture XVII : 8-9)。

エヴァンジェリカリズムの自由意志概念をささえていた一つの前提命題は、〈人間の自然本性は無垢である〉ことである。フィンニーにとっては、人間の自然本性は、いわば潜在的な意味で道徳的なものだった*。「もしも子どもの自然本性が罪深くないのなら、どうして子どもたちがおしなべて自己中心の原理を受け入れるのか、と問われるかもしれない。こう答えよう。なるほど、彼(女)らは自己充足ないし自己中心の原理を受け入れる。彼(女)らが自然本性を所有しているからである。……しかし、彼(女)らの自然本性そのものが罪深いからではない。彼(女)らが罪人になる原因は、彼(女)らの自然本性を罪深くしているもの、誘惑に満ちた環境に囲まれていることに、見いだされるべきである。そこで彼(女)らが罪人の世界にさらされているからである」(Finney 1999 [1836] : 8)。なるほど、人間の自由意志は、かならず道徳的決定を下すわけではない。しかし「罪は、私たちの肉体的・精神的な構成要素ではない。罪は［人間の］自然本性の一部でもなければ、その原理でもない。それはみずから選んだ心の状態である。つまり、罪は心の一つの動きないし選択であり、私たちが自分自身の利害関心を――それがまさに私たち自身ものだから――他の人の利害関心や、より高度な利害関心に優先させることである」(Finney 1980 [1839] : 117)。

＊　ちなみに、ブッシュネル (Bushnell, Horace 1802-76) はフィンニーの「自由意志」論に批判的であるが、フィンニーに似て、〈人間の自然本性は道徳的である〉と考えていた (Bushnell 1966 [1847] ; Howe 1997 : 176-7)。

エヴァンジェリカリズムの自由意志概念をささえていたもう一つの前提命題は〈信じることによって生きること(living by faith)〉である。フィンニーは、他者・神を信じることは世界を救う愛を生みだすと考えていた。

> 「すべての知的生命は何かを信じることで生きている。幼い子どもも信じることで生きている。印象的なことは、彼(女)らが信じているものが彼(女)らにとっての真実であることである。自分自身をふり返らない人間は、これが普遍的な原理であること、そうであるにちがいないこと、さらに社会的であり情感的な存在にとって必要であることが、どうしてもわからない。幼い子どもですら、筋肉を使って活動しているときに、信じることを学んでいるにちがいない。さもなければ、彼(女)らは、自分の足で立っている自分自身という存在すら信じられないだろう。また、まともな人間は、［他者を］信じていなければ、毎日、食事をすることもできないだろう。彼は料理人を信じ、彼女が食事に毒を入れていないと信じているはずである」(Finney 1999 [1854] : 1)。
>
> 「キリストの恩寵を信じることは、キリストの恩寵を信じる者の魂のなかにキリストの恩寵を現実に存在さ

せることである。そして、この［＝魂のなかのキリストという］愛の存在がもたらす影響は、キリストを信じる者の心にキリストへの、他者への、そしてすべての被造物への愛を生みださずにはおかない。こうして、信じる者は情愛的・情感的な愛を自覚するようになる。……信じることは、魂と神との合一ないし調和をもたらし、そのとき、愛と臣従が人間の第二の自然本性となるのである」(Finney 1999 [1854] : 3)。

人は他人を信じていいのか、信じてはいけないのか、と思い迷うが、自律的個人の場合、これにさらに、他者を信じることで自分の自律性を失いたくないという心理的機制がはたらく。しかし、フィンニーにとっては、他者・キリストを信じるなら、愛が世界に広がり、信じなければ、愛は喪われ世界は救われないのである。

第二の「合理的方法」は、信仰復活運動の組織であるさまざまな協会の活動形態に端的に見いだせる。先にふれたように、エヴァンジェリカルたちは、貧困者の保護活動、禁酒活動、黒人奴隷解放運動、市民への伝導活動などのために、さまざまな協会をつくり、目的合理的に活動していた(Ryan 1981)。フィンニーは、一八三五年の「信仰復活者についての講義」で、こうした協会活動における「諸力の正しい活用」つまり目的合理性の重要性を述べている。「宗教のなかに自然の通常の諸力を超えるものはふくまれていない。宗教を構成しているものはどれも、自然の諸力の正しい活用(*right exercise*)である。……［信仰復興］は奇跡ではない。奇跡に頼るものではない。いかなる意味においてもである。それは諸手段を正しく用いたまさに科学的な結果(philosphical result)である。それは道具を用いて生みだされる効果と同じである。……［心配しなくても］神意を体現するもの(His own agency)がかかわっていないような自然な事象(*natural* event)は存在しない」(Finney 1960 [1835] : 13, 21 ; 1999 [1868], Lecture I : 3, 8 ; Thomas 1989 : 71［傍点は原文イタリック］)。

つまり、自然な諸力を活用することは、神意を体現することである、と。

フィンニーの考えによれば、自然の諸力はなんらかの「メカニズム」にしたがっている。人間の心も例外ではない。人間の「自由意志」に大きな作用を及ぼすものは、「心のメカニズム」すなわち「興奮」（excitement）の法則である。人が何かを自発的に始めるときは、その何かにたいしてすくなからず「興奮」しているからである。しかし、人の「興奮」は、多くの場合、合理的でも道徳的でもない。したがって「興奮」は、合理性に支配された「宗教的な興奮」に変わらなければならない。「大規模な政治的な興奮、またその他の世俗的な興奮がキリスト教界を煽りたてている。［しかし］そのすべては宗教とは無縁であり、魂が抱いている関心から心をそらせるものである。今、こうした興奮にただ一つ対抗できるものは、宗教的な興奮（*religious* excitement）である」。「私たちに潜在する道徳的能力を呼びさますような幸福がまちがいなく存在している。それは堕落と罪過への流れを押しとどめるはずである」(Finney 1960 [1835]: 11-12; 1999 [1868], Lecture I: 2; Thomas 1989: 71. ［傍点は原文イタリック］)。

教会の仕事は、こうした心のメカニズムを踏まえながら、「潜在的な道徳的能力」を呼びさますような「宗教的興奮」を人為的につくりだし、回心者の数を増やすことである。教会が信仰復活運動にどのくらい貢献したかは、具体的にどれくらいの数の回心者を生みだしたかによって測定できる。重要なことは「目的に最適な手段を巧妙に採用する」(skillfully adapt means to the end) ことである。「牧師が人びとの魂をどのくらい勝利に導くことができたかは（他の条件が同じなら）＊どんな場合でも、彼の用いた知恵の総量がどのくらいであるかによって、決定される。……そして、牧師の知恵の総量は、『他の条件が同じなら』、彼がどのくらいの数の魂を回心させたかによって、決定される」(Finney 1960 [1835]: 183; 1999 [1868], Lecture XI: 7; Thomas 1989: 71 ［傍点は引用者］)。フィンニーにとっては、エヴァンジェリカル運動の質を決定するものは同一の条件下における業績だった。

＊　フィンニーが多用する「他の条件が同じなら」(other things being equal) という言葉は、ラテン語の ceteris paribus (ケテリス・パリバス) の英訳である。これは精確な因果関係を規定するための前提命題として古くから指摘されてきたが、デカルト、ベーコン以降、実証科学の規範と見なされるようになった。第5章でふれるように、これはまた「業績制」(メリトクラシー) という配分原理の前提条件である。

第三の「完全性主義」(Perfectionism) は、人間の完全性の達成である。完全性主義には、さまざまなヴァージョンがあるが＊、基本的にそれは、人間の内面に隠されている「聖性」(holiness) としての「完全性」が、各人の日常的で自発的な宗教実践によって実現されることである。「[人びとが] 信じているものが完全なものなら、社会の状態も情動的存在の幸福も完全なものになるにちがいない。[天上の存在が] 信じているものが完全なものではなければ、天上の社会であっても完全なものではないだろう」(Finney 1999 [1854]: 6)。フィンニー、ウェイランドたちは、その営みを「聖性習慣形成」(formation of holy habits)、「道徳的人格形成」(formation of moral character)、「自己規律」(self-discpline) と呼んでいる (Finney 1999 [1838], Lecture XXII; Wayland 1835; McLoughlin 1975)。

＊　厳密にいえば、フィンニー自身は「完全性主義」と「道徳的完全性」とを区別している。彼によれば「完全性主義」は「神の恩寵がなくても神の意志にしたがい聖性を維持できるし、罪を犯すこともない」という考え方であり、「道徳的完全性」は人が自分の「道徳的能力」と調和している状態である。フィンニーは「道徳的完全性」をめざしたが、「完全性主義」はしりぞけた (Finney 1999: perfectionism)。

人間に聖性としての完全性をもたらすものは、「聖霊」(holy spirit) であるが、実際に聖性としての完全性を具現するものは、潜在的な道徳的能力を出発点とした聖性習慣形成、道徳的人格形成である。エヴァンジェリカルは、みずから決断し、自分の肉体に染みついている低位の欲望、すなわち決闘・淫行・不倫・暴力・虐待・涜神・泥酔などをしりぞけることによって、「堕落」を免れることができる、と考えていた。フィンニーは次のように述べている。「聖霊による洗礼がキリスト教徒的な人格を維持する秘訣である。……しかし［聖霊による洗礼によって］回心をとげた者は、聖霊が讃えるものに、その本質に、そしてどうすればその本質を手に入れることができるかということに、いつも注目しなければならない」(Finney 1980 [1839]: 262)。

子どもの育成 (training up) ももちろん、聖性習慣形成、道徳的人格形成の一環である。フィンニーにとっては、それは親の役割であり、その極意はフランクリンを思わせるような「習慣形成」だった。「神は子どもの運命をその親の手にゆだねた。だからこそ、親は他のどんな人よりも自分の子どもを愛する」。「神は、子どものために、親の情愛という法を確立した」。それは「人間が習慣を形成すること」である。そして「神は、子どもの育成を確実なものにする基盤を、まさに人間の自然本性のなかにくみ込んだ」。それは「人間が習慣を形成すること」である。習慣形成は人間の自然本性である。そして「聖書に書かれているように、長い間つづけられ慣れ親しんだ習慣は、自然本性そのものに匹敵する力強さと安定性を示すようになる」。「子どもが将来、確実に正しいことをする保証」は、「神が授ける恩寵だけでなく、彼の内面の深いところにある基盤にささえられた習慣の法」でもある (Finney 1999 [1840a], No.7: 1)。

ただし、フィンニーにとって、子どもを正しく育成することは、子どもに言葉で正しいことを教えることではなく、親がみずから正しい模範を示すことだった。それは、親自身が、正直であること、秩序正しいこと、冷静でいること、貨幣を愛さないこと、流行を愛さないことなど、神の定めた道徳的義務を実践することである。フィンニーは、ウィザースプーンと同じように、「［親］の体現している実例は［親］のどんな言葉よりも強力に子どもに作用する」と指摘している。「私は、自分で煙草を吸いながら、自分の子どもに煙草を吸わないように諭した親を何人も知っているが、どの子どもも煙草を吸うようになった。……この事実が示していることは、[親]が示す実例がもっとも影響力があり印象深い教示行為であるということである」(Finney 1999 [1840a], No.1 : 2)。

もう一つ、子どもの育成についてフィンニーが強調していることは、「他者との協働」であり「自然な情愛の養成」である。「子どもには社会が必要である。彼(女)らには他者の心との交流が必要である。彼(女)らは他者と充分に協働し、共同の利益を守り、他者の人格の発達を確認し、自分自身の人格を発達させなければならない」。家庭においては、さらに濃密な信頼関係が必要である。フィンニーは次のように述べている。「あなたの子どもを、あなたの信頼できる友人にしなさい。いいかえるなら、あなたは、あなたの子どもの信頼できる友人になり、仲間になりなさい」(Finney 1999 [1840a], No.4 : 2, 3)。その信頼関係によってつちかわれるものは「自然な情愛」である。「子どもにとって、自分を愛する人を愛することは自然なことである。……親は、どんなに骨を折っても[子どもを愛し]、子どものなかに自分自身への愛だけではなく、相互の愛をつちかわなければならない」と(Finney 1999 [1840a], No.5 : 1)。

最後に、エヴァンジェリカリズムのミレニアリズムは、ミレニアム(キリストが再臨し統治する千年)は人びとの道徳的能力、聖性が外面に現れることで達成されるという考え方である。フィンニーは一八三五年三月に「もしも教会が[合理的伝道活動、完全性達成といった]その義務を果たすなら、三年以内にこの国にミレニアムが到来するだろう」と述べている(Finney 1999 [1868] : Lecture XV : II-9)。エヴァンジェリカリズムの唱えるミレニアリズムは、いわゆる「ポストミレニアリズム」(postmillennialism)である。それは、世界はキリストが再臨するまで堕落しつづけ、キリストの再臨によって新しい千年が始まるという考え方ではなく、世界は宗教的勝利に向かって進歩しつづけ、キリストが再臨するのは新しい千年が確立されてからであるという考え方である。その意味では、トーマスのいうように、「リヴァイヴァリズム〔＝エヴァンジェリカリズム〕は、ミレニアムをもたらす責任を、歴史を支配する超越的な神から、個人そして人民全体にシフトさせた」といえるだろう(Thomas 1989: 76)。

こうしたエヴァンジェリカルの道徳的進歩をめざす活動は、彼(女)らを自律的個人を理想としつつ社会改革を指向するホイッグスと結びつけた。一八四〇年に〈ホイッグ／デモクラッティック〉すなわちのちの〈共和党／民主党〉という政党対立図式が成立するまでの間に、「エヴァンジェリカルは解放的で活動的なホイッグ党員としてその名をつらねるようになり、彼(女)らに反対する人びとはデモクラッツの側に与すようになった」。デモクラッツに与した人びとは、回心の指標として信仰告白を求める「信仰告白主義者」(confessionalist)であり、かならずしも宗派に還元できないが、しいてあげれば、ローマ・カトリック、オールドスクール・プレスビタリアン、ダッチ・トゥルー・カルヴィニスト、アンチミッション・バプティストなどである(Howe 1991: 1226)。

ユニテリアニズム　さて、もう一つのユニテリアニズムは、ボストンの会衆派牧師チャニング(Channing, William Ellery 1780-1842)＊を中心に展開された宗教思想である。彼は、イングランドのユニテリアンであり「道徳的センス」論を信じていたプライス(Price, Richard)、またリードに強く影響されていた。一八一五年に、ニューイングランドの会衆派教会を二分する論争、いわゆる「ユニテリアン論争」がおこり、万人の予定説、人間の原罪性、聖書の無謬性を強調する保守派と、万人の自由意志、人間の潜在的道徳性、聖書の解釈可能性を強調するリベラル派とが激しく争うなか、チャニングは、リベラル派を代表する論客となった。

＊　チャニングについては、山口 1986/7; 北野 1999b: 165-90; Howe 1997 を参照した。

この「ユニテリアン論争」のあと、チャニングは自分の立場を広く社会に広めるために、「アメリカ・ユニテリアン協会」(American Unitarian Association)を設立した。一八二五年のことである。彼がそこで打ちだした「信条ではなく実行を！」(Deeds not Creeds!)——理屈をこねるかわりに、実際に人を助けなさい——というスローガンは、ニューイングランドの多くの人びとを魅了していった。それを象徴する出来事が、一八〇五年にカルヴァン派神学の牙城だったハーヴァード大学神学部の学部長にユニテリアニズムをとなえるウェア(Ware, Henry 1764-1845)が指名されたことである。序章でふれたウェイランドがマサチューセッツのアンドーヴァ神学校で学びはじめた一八一六年には、ユニテリアニズムはすでにニューイングランドの有力な神学思想になっていた(Kuklick 1985: 83, 86)。

このユニテリアニズムを特徴づける概念は、人間の自然本性としての理性、達成可能性としての完全性、キリスト教的人格形成、すべての人間の尊厳である。それぞれ確認しよう。ユニテリアニズムは、第一に、人間の「原罪」を否定するとともに、人間の「神性」(divinity)としての「理性」を人間の自然本性として位置づけ、道徳性・信仰心を強めるものと見なしている。したがって、実証科学は、科学と宗教との合一を主張したラッシュの場合と似ていて、宗教に対立するものではなく、信仰を補完するものと見なされた。また目的合理的行動も、信仰を補完するものと見なされた。ユニテリアンが『聖書』を一つの書物と見なし、その内容を文字どおり受けとるのではなく、それを一人ひとりが解釈することの重要性を強調した理由も、彼(女)らが人間の「理性」を信頼していたからである。

ユニテリアニズムにおける神は、一人ひとりの内面に「神性の形象」として顕現する存在だった。チャニングは一八二八年に「キリスト教の偉大な目的」という説教において、「キリスト教はキリスト教を受け入れる人を罪・諸情念の支配から救う。キリスト教は人がもっている最高の能力を充分かつ自在に使うことを可能にする。キリスト教は人に神性の形象(divinity image)をもたらし、それを輝かせる。人間はこの神性の形象によってつくられた。したがって、[死後]人の昇天が約束されるだけでなく、実際に天国が[この世で]始まると述べている。そして彼は、この神性＝理性は「人間自身の精神的な自然本性である。この宇宙で最高位の存在は心(mind)である。なぜなら神は心だからである」と述べ、「唯一の真実、不断の豊穣は、心に属している。魂が狭量で脆弱なら、地上最後の日までそれを大事にしていても、貧しく惨めである。私たちは、内面の健全さを経由してはじめて、外の物事を愉しむことができる」と結んでいる(Channing 1893 [1828a]: 246, 247)。

チャニングの親友でありボストン、ニューヨーク、オルバニーなどのユニテリアン派教会で牧師をつとめたデューイ(Dewey, Orville 1794-1882)は、一八四六年に「人間の自然本性に訴える宗教の作用」(The Appeal of Religion to Human Nature)という説教を行い、チャニングと同じように、神が語る内容は人間の自然本性のなかにあると論じている。「宗教の声は、したがって善の声にひとしいはずである」。神は善である。さもなければ、私たちは神を信じないだろう。「神聖なもの、美的なものが私たちに語りかけるもの、なんらかの媒体によって私たちに伝えられるものは宗教の声である。いいかえるなら、すべての卓越性は宗教である」と(Dewey 1868, vol.1: 73-4)。

そこでデューイが語っている「宗教」も、超越的実在としての神を前提にした宗教ではなく、人間の内面における「神性の形象」を前提にした宗教である。

「あなたの良心が示すどんなものも、あなたがよそおうどんな道徳的な美しさも、あなたにとって正しいものである。それはあなたにとっての宗教[＝信仰対象]である。合理的に考えるなら、それ以外の宗教はありえない。したがって、あなたにとっての宗教を愛しなさい。それを求めようとするべきだし、すべてのヴァーチュ、すべての善の概念をたえず向上させるべきであり、純化するべきである。さらにいえば、もしも私が、卓越性の理念を抱いている人を知ったなら、その理念が低位なものでも、その人にこういわなければならない。その理念を信じなさい。その理念はあなたが信じられるすべてであると。……あなたが信じられるすべてが、あなたが理解できるもっとも完全な卓越性である。したがって、それがあなたが信じるべきものである。低位であっても不完全であっても、あなたにとってはそれが神性の形象である」(Dewey 1868, vol.1 : 78-9)。

人間は、内面から聞こえてくる声が本当に神の声なのか、それとも神の声に思えるだけのものなのか、を確かめられない。いいかえるなら、人間には、本当に自分が神とつながっているのか、たんにつながっていると思いこんでいるだけなのか、がわからない。しかし、デューイにとっては、これらの違いはどうでもいいことだった。人間にできることをすることが、人間の道徳的義務だったからである。

ユニテリアニズムは、第二に、ピューリタンの回心が体現しているような「神秘的な接触」を否定するとともに、神・聖霊・イエスの三位一体説をしりぞけ、神・聖霊と人間との宇宙論的な位置をはっきりと区別し、イエスを人間の側に位置づけている。ただし、ユリテリアンにとって、イエスは神の属性である「完全性」に到達した人間だった。なるほど、チャニングが『完全な生』で述べているように、これまでに「卓越性[完全性]への望みが人間性によって実際に達成されたことはなかった。しかし、チャニングにとっては、「完全性への渇望」こそが「宗教の根本的な原理」であり「人類の進歩を生みだしてきた根源」だった(Channing 1893 [1872] : 931 ; Howe 1997 : 199)。人間は自分の潜在的な完全性(卓越性)を発達させればさせるほど、神に近づくことができる存在だった。チャニングにとっては、イエスこそが、その事実を身をもって証明した人間だった。イエスが人間であることこそが、すべての人間が完全性に到達する可能性をもっていることの証拠だったのである。

ユニテリアニズムは、第三に、人間が自分の潜在的な卓越性を実際に発達させること、つまりイエス的人格、神性的人格を形成することを求めている。ユニテリアンは、そうした営みを「キリスト教的人格養成」(cultivation of Christian character)、「キリスト教的人格形成」(formation of Christian character)と呼び、人生でもっとも重要な営みと位置づけていた(Ware 1831: 3)。チャニングは一八二八年に「神への類似性」で次のように述べている。「神の理念、崇高であり荘厳であるそれは、私たち自身の精神的な自然本性が無限に純化され拡充されたものである。私たち自身のなかには、神性の要素が存在している」。この「私たち自身の精神的な自然本性」を純化し拡充することは、私たちのなかにある高位の能力を養成することであり、それは低位の能力を高位の能力に臣従させることである。「私たちが良心を活性化し、『低位』の情念に対抗するなら、……すなわち私たちが志を高くし、神を崇敬するなら、すなわち私たちが習慣や欲望と闘い、私たちの高位の原理にたいする脅威を弱めるなら、……神性が私たちの内部で成長し、私たちは創造主に近づいていく」。つまり、「神が私たちにとって現実的なものなるときは、神の本質が私たちの内部で開示されるときである」。そして「神に類似するものに成長していく人間においてこそ、信念は現実へと変わっていく」と(Channing 1893 [1828b]: 291-301; Howe 1997: 200)。

ユニテリアンのこのような「キリスト教的人格の形成(養成)」は、自分で自分を道徳化するという意味で、「自己養成」(self-culture)、「自己改善」(self-improvement)である*。チャニングによれば、その第一は、「理性・良心・道徳的センス・道徳的能力」と呼ばれるものの「養成」である(Channing 1893 [1838]: 15)。それがめざすところは、人間が「無私」

(disinterestedness)という自己利益・他者利益の均衡状態に達することである。チャニングにとって、「無私」は、マディソンが考えていたような、一部の人間がもっている生得的な「能力」などではなく、充分に理性・良心・道徳的センスを形成(養成)することですべての人間に生みだされる状態であり、神学用語でいうところの「シネ・カ・ノン」(sine qua non［なくてはならないもの］)だった。

＊ 思想史研究者のハウによれば、self-culture は一八三八年にチャニングが講義の表題としてはじめて用いた言葉である。culture も cultivate も、もともと農業用語であり、チャニング自身も「何かを cultivate することは、植物であれ、動物であれ、心であれ それを育てあげることである」と述べている(Howe 1997: 132-3 から引用)。

自己養成の第二は、家族愛、隣人愛、友愛、愛国心などの「情愛」(affection)の養成である。チャニングによれば、この「情愛」を養成することによって、「私たちの営みをささえるものが、動物的本能から宗教的原理に転換し、自然な愛着から精神的な愛着へ転換」し、「私たちに合理的で道徳的で神性な人格が与えられる」はずだった。彼は「たとえば、私たちの子どもにたいする愛情は、最初のうち本能的であり、そのままなら、それは獣が若い獣にいだく愛着とあまりかわらない」が、「親がその自然な愛情に道徳的で精神的な原理を吹き込むなら、親は子どもを英知的で精神的で永遠な存在と見なすようになる。そして彼にたいして敬意を払い、なによりもまず、彼を無私で高貴で英知に満ちた神の子へと導く」ようになると述べている(Channing 1893 [1838]: 17-18)。

自己養成の第三は、「実践的な力」(practical)の養成である。チャニングにとって「実践的な力」は、社会的に有用な問題解決能力にほかならなかった。彼は、「実践的な力」の養成とは、「私たちをさまざまな行動になじませること、どんなことであれ、私たちがしていることに私たち自身を効率的に役立たせること、そして私たちを訓練し、私たちの協働生活の目的を守り、私たちの資源を増やすこと」であると述べている。それも「とりわけ、緊急の場合、つまり困難で危険で試練の場合においてそうすることである」と(Channing 1893 [1838]: 18)。

さて、ユニテリアニズムは、第四に、大人であっても、子どもであっても、すべての人間の尊厳を承認することを主張している。チャニングにとって、すべての人間の自然本性は崇高なまでに道徳的だからである。一八三二年、チャニングは、「すべての人間に与えられるべき栄誉」という評論において、「[私のなかから]すべての科学と神学にかんする謎が消え去ったのは、たった一つの崇高な義務を知ったときである。それは、幼い子どもの心になかですでに輝きはじめている[道徳的]義務である。このセンスが彼を神の道徳的な王国に導くのである」と述べている(Channing 1893 [1832]: 69; Slater 1970: 146)。

「私はただこういおう。『すべての人間を讃えよ』と*。この世での人生の始まりから終わりにいたるまで[どんな段階にあっても]すべての人間を讃えよ。子どもを讃えよ。幼い子どもを歓待せよ。子どものなかにある超越的な崇高性[=潜在的な完全性ないし神性]を感受しながら。不滅の存在が生まれたことを感得しながら。その不滅の精神は燃えつづけ、その炎はけっして消すことができない。子どもを讃えよ。すべてのよい教育は、この原理にささえられている」(Channing 1893 [1832]: 72)。

* 「すべての人間を讃えよ」という文言は、『聖書』の「ペテロの手紙一」の第2章からの引用である。「自由な人として生活しなさい。しかし、その自由を悪事を隠す手段にせず、神の僕として行動しなさい。すべての人間を讃えよ、兄弟を愛せ、神を畏れよ、皇帝を敬え」(Bible KJV 1972 [Peter I, 2, 16]: 281)。

ハウによれば、ユニテリアニズムのこうした教育原則が前提にしているのは、外的自然の美しさ・秩序正しさと同じものが人間の自然本性すなわち「心」にも見いだされるという考え方である。この、外的自然と内的自然との同型論にもとづいて、ユニテリアンは、外的自然に多様な種が存在するように、人間の心のなかにも多様な「能力」があると考えると同時に、外的自然の種が神意を体現する最上位の「聖霊」から最下位の「動物」にいたるまで位階的に位置づけられているように、内的自然の「能力」も、神意を体現する最上位の「良心」「理性」から最下位の「動物的情念」にいたるまで位階的に位置づけられていると考えていた。繰りかえしておくと、この最上位の「良心」「理性」が下位の情念を完全に臣従させることが、「キリスト教的人格形成」「自己養成」である*。

* 一九世紀半ばにアメリカで刊行されたキリスト教的な人格形成にかんする書物は数多い。一八二〇年から六〇年にかけて出版された書物で、表題に「人格形成」をかかげたものをいくつかあげておきたい。Althens, Margaret Magdalen (1752-1789) 1820 *The Christian Character Exemplified*, Philadelphia. / Merwin, Samuel (1777-1839) 1822 *Christian Character Exemplified in the life of Adeline Marble*, New Haven. / Hawes, Joel (1789-1867) 1828 *Lectures to Young Men on the Formation of Character &c.*, Hartford. / Ware, Henry, Jr. (1794-1843) 1831 *Formation of the Christian Character*, Boston. / Burnap, George Washington (1802-1859) 1840 *Lectures to Young Men on the Cultivation of the Mind, the Formation of Character, and the Conduct of Life*, Baltimore / Philadelphia. / Abbott, Jacob (1803-1879) 1845 *The Way to Do Good: or, The Christian Character Mature*, Cooperstown. / Newcomb, Harvey (1803-1863) 1847 *How to Be a Lady: A Book for Girls, Containing Useful Hints on the Formation of Character*, Boston. / Williams, William R. (1804-1885) 1850 *Religious Progress: Discourses on the Development of the Christian Character*, Boston. / Clark, Thomas M. (1812-190[illegible]) 1852 *Lectures on the Formation of Character*, Hartford. / Nott, Eliphalet (1773-1866) 1856 *Counsels to Young Men on the Formation of Character*, New York. / Todd, John (1800-1873) 1859 *The Student's Manual: Designed by Specific Directions, to Aid in Forming and Strengthening the Intellectual and Moral Character and Habits.* Northampton.

さて、こうしてみると、エヴァンジェリカリズムとユニテリアニズムとの間には、多くの共通性を見いだすことができる。二つの言説の間には、人間の自然本性についても、宗教の目的についても、めざすべき人間像についても、機能的に等価な主張を見いだせる。端的にいえば、人間の自然本性は潜在的に道徳的で可塑的であり、宗教の目的は人間の道徳的能力の開花であり、めざすべき人間像は他者を愛する自律的個人である。

とりわけ注目したいことのひとつは、エヴァンジェリカリズムもユニテリアニズムも人間に自律性（ルーマンふうにいえば自己創出性）を見いだしていることである。「聖性習慣形成」も「キリスト教的人格形成」も、神意を踏まえながらも、自分で自分を新しく創出する試みである。また、子どもの教育論において、親が模範であるべきことが強調されることも、すべての子どもを歓待するべきことが強調されることも、その例証である。

しかし、エヴァンジェリカリズム、ユニテリアニズムが人間の自律性を強調していたからといって、これらの信仰復活運動が「社会統制」ではなかったということにはならない。「聖性習慣形成」「キリスト教的人格形成」が意図的にないしは知らないうちに他者から強要される場合も少なくなかったと考えられるからである。その場合、「聖性習慣形成」「キリスト教的人格形成」は、自己創出的という意味ではたしかに解放的であるが、解放を強要されるという意味では統制的である。いいかえるなら、ある人が自発的に自己創出を自分に課したなら、それは「自由意志」の現れであるが、他者が意図的にその人に自己創出を課したなら、それは「社会統制」である。思想史研究者のハウは、エヴァンジェリカリズムについて「解放と統制は、その同一の救済の営みの二つの側面である」と述べているが（Howe 1991: 1220）、同じことがユニテリアニズムにもいえるだろう。

もうひとつ注目したいことは、エヴァンジェリカリズムもユニテリアニズムも、回心のメディアとしての「聖霊」

を宗教的実践から遠ざけ、かわりに問題解決策としての「合理性」を引き寄せたことである。回心がうまくいかなくても、それは「聖霊」が訪れなかったためであるとは考えられなくなり、うまくコントロールできない諸条件がからみあったためであると考えられるようになったことである。トーマスは「リヴァイヴァリズム［エヴァンジェリカリズム］は、完全に神の御技を否定する思想と考えることはできないが、それは、新しい合理的方法の要求に端的に現れているように、根本的に行為の位相を神の支配圏から自律的個人の支配圏にシフトさせた」と述べている（Thomas 1989: 74）。同じことがユニテリアニズムについてもいえるだろう*。

＊ こうしたエヴァンジェリカリズム、ユニテリアニズムが市場経済、共和主義とどのように結びついていたのか、容易にその関係を語ることはできないが、トーマスを参考にして、そこに「構造的イソモルフィズム」（structural isomorphism）が生じたということはできそうである（Thomas 1989: 7-8）。構造的イソモルフィズムとは、これら三つのイデオロギーが相互に相手を写し合い、そこに自律的個人という共通の収束点が形成されていったという考え方である。理論的にいえば、「構造的イソモルフィズム」は、ことなる複数の事象の構造が同型写像されること、たとえば宗教、政治、経済といった異なる領域の思考形態が似かよったものになることである。それは、トーマスが属するマイヤー派（制度学派）の基礎概念である「制度化」を可能にする基本的なメカニズムであるが、それはまた、ルーマンが自己創出的社会システム理論において展開している「相互浸透」概念とほぼ重なる概念である。

3　市場革命と人格再形成

市場革命（市場能力化・競争状態化）　さて、近年の経済社会史研究が明らかにしているように、一八〇〇年代から一八三〇年代にかけてアメリカで生じたもっとも大きな社会変容は、「市場革命」である。この時期から商品生産の増大、商品流通機構の整備によって、さまざまな商品が社会全体に出まわりはじめた。それまで家のなか、共同体のなかで作られていた食品・衣服・家具といった生活用品の多くが、都市部の工場で作られる商品に変わっていった。それは都市部に工場がたてられ、住民が増大し、それとともに商店が増加していくことであり、万人に開かれた抽象空間としての市場が出現することである(ex. Haltunen 1982: 187ff; Thomas 1989: 43ff; Sellers 1991)。

この市場革命にともなって、これまで一般的だった家内制生産形態が衰退し、労働形態(労働者像)も変わっていった。家内制生産においては、労働者(徒弟・職人)たちは雇用者(親方)の家やすぐ近くにあった納屋に住んでいたが、彼らはしだいに雇用者の家を出て、労働者たちが住んでいる地域の宿に住むようになった。それとともに、これまでの労働者についての一般的な考え方、すなわち徒弟・職人はそれぞれ自分の親方に付き従い、親方は徒弟・職人の面倒を見るという考え方も、廃れていった。新しく生まれた考え方は、労働者は商品であるという考え方、すなわち労働者は需要・供給の法則にしたがって雇用されたり解雇されたりするモノであるという考え方である。こうした労働形態(労働者像)の変化は、雇用者と労働者との対立を生みだしやすい状態をつくりだしていった(Mintz/Kellogg 1988: 22; Blumin 1976: 168ff; Ryan 1981: 155ff; Blumin 1989: 66ff; Katz et al. 1982: 368)*。

この時代に広まった、労働者を商品と見なすという考え方は、新しい社会関係、価値観を生みだしていった。旧

* いわゆる「プロレタリア化」(賃金労働者化 proletarianization)が生じるのは、したがって市場革命が生じるときである。アメリカ革命のときに、アメリカの労働力の約八〇パーセントは自己雇用者、つまり独立農民だったが、一九一〇年のアメリカの労働者の約七二パーセントは被雇用者だった(Hogan 1996: 247)。とりわけ、一八〇〇年から一八四〇年の間に、アメリカの労働者のうち、農場以外のところで働く被雇用者の比率は、一七パーセントから三七パーセントに増加している(Coontz 1988: 164)。またRussell 1981: 150ff 参照。

来の社会関係は、顔見知りという対面関係を媒介にした「協同関係」(communal association)が中心だったが、新しく、どこで育ったのかも誰と親しいのかもわからない他人同士の、評判・貨幣を媒介にした「信用取引(だまし合い)」(confidence game)という関係が広まっていった。また、こうした社会関係の変化とともに、交換不可能なものを社会的に排除することが自明視されていった(Haltrunen 1982: 51ff)。現代の社会学用語を使っていえば、アメリカ社会は、この時代にはじめて、人間を労働力商品に見立てることによって、人間を「市場能力」(marketable ability)すなわち市場において交換可能な能力に還元し、還元できないものを軽視するようになった*。

* 多くの社会学研究が指摘してきたように、近現代社会は社会移動を活性化しているが、それとともに既存の階級構造を世代間にわたって再生産している(Bourdieu/Passeron 1970＝1991; Bowles / Gintis 1976)。すなわち、近現代社会は、たしかに前近代社会に見られた身分再生産のかわりに階級移動の機会を用意したが、同時にあらたに階級再生産も生みだした。ギデンズの言葉を用いるなら、この階級再生産のメカニズムの要となるものが、たとえば、「学歴」「資格」「容貌」「人脈」「技能」などの「市場能力」である(Giddens 1981)。ルーマンふうにいいかえるなら、それは、経済領域のメディアである貨幣と交換可能でありまた所有可能である「能力」として実体化されている、一人ひとりの広義の社会的機能の指標である(Luhmann/Schorr 1988＝近刊)。

「自由」(Liberty)というこの時代のキーワードは、市場能力さえあれば「成功」への道が開かれるという、新しい生き方を示していた。そして「自由」と「成功」とが一体であるかのように語られるなかで、都市はあたかも沸騰しているかのような活況(騒擾)を呈するようになった。すでに一七九八年の段階でも、スミス(Smith, Samuel H.)は次のように述べている。「私たちが今生きている時代は、充分な集中力が要求される時代である。心は今、活力と精力がわきあがるのを感じ、それを体現している。野心は燃えあがり、競争(emulation)は激化し、他者に優越したい、自分を差異化したいという欲望が生まれている」と(Smith 1965 (1798): 207)。

一八三〇年代になると、事態はさらに進行し、野心・欲望といった情念が奴隷状態としての「自由」を生みだすのではないか、と懸念されるようになった。たとえば、チャニングを信奉し教育に強い関心をもっていたユニテリアン派の牧師マッゼイ(Muzzey, Artemas Bowers 1802-1892)は、一八三八年、『若い男性の友』という若者向けの教訓本を著し、次のような警告を発している。「共和国をささえているのは、私たち一人ひとりが所有している人格(character)である。私たちの人格そのものを脅かし、国民を讃えるような自由の制度には、なんの魅力もない。個々人が隣人の意見の奴隷になること、場合によっては、さらに悪いことであるが、自分自身の情念と欲望の奴隷になるような自由は、たんなる騒音にすぎない」と(Muzzey 1838: 116 [Haltune 1982: 9 から引用])。

ようするに、一八一〇年代から一八四〇年代のアメリカ東部に生じた市場革命がもたらしたものは、労働力を商品とみなすという考え方、人間を市場能力に還元するという考え方である。そして、こうした市場能力の考え方が広めていったものが、成功への「野心」がうずまく競争状態だった。

位階的秩序の揺らぎ　さて、市場革命がもたらした副次効果は、こうした市場能力化、競争状態化にともなう旧来の位階的秩序の揺らぎである。それは、家父長を頂点とする家族、牧師・名士を指導者とする地域共同体を構造化していた血縁・地縁・伝統の権威が失なわれていったということである。たとえば、古い家系の人びとがその家系の古さゆえに権威をもつことを、人びとは声高に否定するようになった。裁判官が、州知事によって任命されるかわりに、州民による選挙で選ばれるようになったのも、この時代である(Mintz 1995: 9)。

こうした位階的秩序の揺らぎを端的に示している現象は、家父長的な親子関係の緩みである。およそ一八一〇年代あたりから、息子は、職業を選ぶときにも、結婚相手を選ぶときにも、しだいに父親の命令をきかなくなりはじめた。息子たちの多くは、一〇代のうちから家を遠く離れ、一人で暮らすようになった。それと同時に、彼らは誰といつ結婚するのか、ますます自由に決めるようになり、親は、彼らの性愛行動を規制できなくなった。結婚するときにすでに相手の女性が妊娠している比率は、この時代に「四割を超えるようになった」。こうした風潮のなかで、妊娠しているとわかったから結婚するという結婚の形態が広がっていった。その結果、多くの州で、結婚するためには父親の同意が必要である、という法律条項が削除されていった(Mintz 1995: 8-9; Mintz/Kellogg 1988: 51ff)。

親と息子との関係だけでなく親と娘との関係も緩んでいった。およそ一八一〇年代あたりから、娘たちも、家を離れて学校にいく機会、仕事につく機会を得るようになった。結婚まで家にとどまる娘も多かったが、少なくない未婚女性が市街地に移住し、女中・針子・工員・教師といった職を見つけるようになった。ニューイングランドに紡績機が導入され「紡ぎ手」(spinster)となる女性が必要になったのが一七八九年、力職機が導入され織物工となる女性が必要になったのが一八一四年である(Cott 1977: 36)。女性の自立的な生活の広まりとともに、彼女たちが性的に堕落することを恐れる声が高まった。多くの牧師・医師たちが、彼女たちが売春・乱交・不倫に走る可能性を指摘し、また強姦・輪姦・誘拐の危険にさらされていると訴えはじめた(Cott 1977; Ryan 1981: 118)。

一八一〇年代から一八四〇年代にかけて、若い女性の性行動がそれ以前の時代からどのくらい悪化したのかはわからないが、ミンツによれば、たとえば、一八一七年のボストンには二〇〇〇人の売春婦がいたとされる。それは当時のボストンの二〇歳から四五歳の女性の七パーセントにあたる。また、一八三〇年代から五〇年代にかけて、主要な都市に住んでいた女性の五パーセントから一〇パーセントは、すくなくとも売春の経験者だったとされる(Mintz 1995: 67)。明らかなことは、この時代の女中・針子・工員の給料があまりにも安く、生活を維持できないほどであり、その職の数そのものも少なかったということである(Cott 1977: 34ff; Katz 1986: 7)。

暴力の広がり　位階的秩序の揺らぎを示すもう一つの現象は、都市部における暴力事件の広がりである。一八一〇年代から三〇年代にかけて、都市部において対面的な人間関係が弱まっていくとともに、地域・職場などの共同体から疎外された貧困者、労働者はひどく荒みはじめ、また一〇代・二〇代のギャングが破壊、窃盗、強盗、傷害を繰りかえすようになった。暴動の発生件数も増加し、破壊度も増大し、さらに階級対立の色合いを濃くしていった。数百人、数千人がかかわったと思われる大きな暴動だけをとっても、一八一〇年代に七件、一八二〇年代に二〇件、そして一八三〇年代には一一五件、発生している(Mintz 1995: 4)。

たとえば、フィラデルフィアにおいては、ジャクソニアン時代の暴動の典型例といわれる二つの暴動が起きている。一つは、一八三四年八月に奴隷制をめぐって勃発した暴動で、数千人の白人暴徒が市内の四五軒の黒人家屋を破壊した。もう一つは、一八四四年五月に学校での聖書講読をめぐって勃発した暴動で、プロテスタントとアイルランド系カトリックとが抗争し、数千人から数万人が暴徒と化してフィラデルフィア市内を破壊してまわり、二九軒以上のアイルランド系家屋、二つの教会が焼き討ちにあい、五人が殺された(Runcie 1972; Feldberg 1973)。ある社会史研究者が論じているように、「どのような尺度から見ても、一八三五年から一八五〇年は、フィラデルフィアの歴史のなかでもっとも凶暴な時代だった」(Feldberg 1973: 56)。ちなみに、当時、イリノイ州スプリングフィールドに住んでいた若きリンカーン(Lincoln, Aabraham 1809-65)、のちの第一六代大統領は、「この時代に毎日のようにニュースになったものは、暴徒たちの歯止めのない怒りだった」と書き残している(Mintz 1995: 6 から引用)。

殺人事件についていえば、一八二〇年代から六〇年にいたるまで、その発生件数は上昇しつづけた。フィラデルフィアの場合、一八三九年から四五年の七年間に、六七件の殺人事件が起こり、一八四六年から五二年の七年間では、その数は七五件になり、一八五三年から五九年の七年間では、その数は一二六件にふえている（Mintz 995: 10）。また、広い意味での「詐欺師」(confidence man)が、田舎から出てきた若者を言葉巧みに誘い、アルコール、女、そしてカードゲームのような賭事に溺れさせ、ついにはその人格を破壊したり、場合によっては殺害したりした。ちなみに、一八一〇年に一一万一二〇〇人だったフィラデルフィア（市・郡）の人口は、一八三〇年に一八万八九〇〇人に、一八四〇年に二五万八〇〇〇人に、一八五〇年に四〇万八七〇〇人に、そして一八六〇年には八四万七一〇〇人にまで、増大している（Lindstrom 1978: 25; Cutler / Gillette 1980: 15）。

こうした暴力の広がりにたいして、旧来の治安維持の方法は役に立たなくなっていった。一八三〇年代以前の北東部で都市の治安を維持していたのは「保安官」(sheriff)、「治安官」(constable)、「夜警官」(nightwatchman)だったが、彼らは現在の保安官、警察官と違い無給の素人であり、制服も着ていなければ、武器も持っていなかった。ニューイングランドでは少し違って、「課税官」(tithingman)が警備を行っていた。彼らは、現在の警棒に似た黒い棒をもっていたが、やはり無給の素人であり、制服も着ていなかった。犯罪被害者が自分が巻き込まれた事件を捜査してもらおうと思えば、彼らに報酬を支払わなければならなかった。こうした素人警察が有効だったのは、スラムがなく、凶悪犯罪が少なく、秩序が対面的な関係によって守られていたからだろう（Mintz 1995: 9-10）。

貧困の広がり　さて、「貧困（者）」(poor / pauper)は、こうした市場革命の時代にいわば新しい現象として発見された。貧困者を生みだした直接的な原因は、イングランドからの工業製品の流入による経済状態の悪化、ヨーロッパからの移民の増大、労働者自身の「怠惰・飲酒・病気」による失業だった。たとえば、一八一〇年代から二〇年代にかけて、フィラデルティアに居住する一〇万人のうち、五〇〇〇人以上が失業状態に追い込まれていた。彼(女)らを保護するために、市は、一八一六年から二七年にかけて、約一〇〇万ドルを費やさなければならなかった(Zachary 197: 293)。一八一七年、フィラデルフィアのあるエヴァンジェリカルの団体、「ペンシルベニア公共経済促進協会」は、市内の貧困者の実態についての調査報告書を作成し、「有色人[黒人]、アイルランド系の移民のうちの下層民、自制心に欠ける日雇い労働者は、一般にもっとも貧窮している」と論じている(PSPPS 1817: 39; cf. Schultz 1985: 368-9)。

一八一〇年に、ニューヨーク市の人口はフィラデルフィア市を超え、アメリカ最大の都市となったが、人口の増加にともなって、貧困者の数も増加していった。一八一九年にニューヨーク市の人口は一二万人だったが、そのうちの八〇〇〇人は生活保護を要する貧困者だった(Mintz 1995: 82-83)。ニューヨークのマンハッタン南部、五つの通りが交差する通称「ファイブ・ポイント」地区は、ボストンの「アン・ストリート」とともに、一九世紀初期から中期にかけてもっとも有名なスラムだった。当時、ファイブ・ポイントには、一〇〇〇人以上の貧困者が住みつき、毎晩のように殺人事件が起きていた。この地区に住んでいた幼いある女の子が暮らしていたのは二五人の貧窮者が出入りしていた地下室であり、物乞いをしながら生きていた彼女はついに、飢えて死んだ。彼女の亡骸は五日間、弔われることもなく街角に放置されていた。一八四二年にここを訪れたイングランドの小説家ディケンズ(Dickens, Charles 1812-1870)は、その体験記『アメリカ覚書』(*American Notes*. 1842)に、「すべての不快なもの、衰退するもの、そして退廃したものが、ここにある」と記している(Mintz 1995: 79 から引用)。

都市の労働者をおそったこうした貧困も、市場革命が生みだした副次効果といえるだろう。というのも、彼(女)らが労働力商品と見なされていたからこそ、経済状態の悪化によって、移民の増大によって、そして彼(女)ら自身の怠惰・飲酒・病気によって、いとも簡単に彼(女)らは解雇されたと考えられるからである。

このように、貧困者が増えていく都市部においては、子どもをとりまく家庭環境も悪化していった。酒におぼれて、子育てを放棄した家庭もめだちはじめた。一八三三年から三四年にかけて、アメリカの大都市を調査旅行したイングランド人、アブディ(Abdy, Edward Strutt. 1791-1846)は、フィラデルティアにあるアルムスハウス(almshouse 救貧院)*を訪れたときの体験を次のように述べている。「親が自制心を欠き酒に溺れている場合、そのほとんどにおいて、子どもたちも、親と同じようにヴァイスに染まると同時に自制心を欠き、酒に溺れていく。ある五歳くらいの女の子は、二、三年前にこのアサイラムに連れてこられたが、完全なアルコール中毒だった。彼女は六週間にわたって酩酊状態だった。彼女はその間、ずっとこういって泣いていた。『ウィスキーをちょうだい、ウィスキーをちょうだい』と」(Abdy 2003 [1835], Chap.28: 9)。

* アブディが訪れた施設は、ペンシルベニア州の中央部に位置するシュイルキル(Schuylkill)郡ブロックレイ(Blockley)、現在の「ウェスト・フィラデルフィア」にあった「フィラデルティア・アルムスハウス」(Philadelphia Almshouse)と思われる。同ハウスは、もともとフィラデルティア市内にあったが、一八三三・四年に同市が同地に一八七エーカーという広大な土地を取得し移設した(同アルムスハウスは、一九二〇年に一八〇〇床を擁する「フィラデルフィア一般病院」に改組されたが、同病院も一九七〇年代に閉鎖された[www.phila.gov/health/history])。同ハウスは三〇〇〇人を収容できたが、平均収容者数は一四〇〇人くらいだった。アブディは、同ハウスに収容された貧窮者の多くがアイルランド系移民であり、彼(女)らが貧窮する基本的な原因が飲酒習慣にあったと述べている。「このアルムスハウスに一八二八年五月から二年半のあいだに収容された女性貧窮者二三九六人のうち、外国人は五五四人であり、そのうちアイルランド人は四五〇人、イングランド人は七五人、スコットランド人は一六人である。彼(女)らにとってウィスキーはローストビーフであり、ファルスタッフのワインはパンである」。彼(女)らが「極貧する主要な原因は飲酒習慣である。収容者の七五パーセントはそれだけが原因で収容されている」と(Abdy 2003 [1835], chap. 28: 4-5)

一八四〇年一一月に、エヴァンジェリカルのフィンニーは、「近隣にたいする責任感を欠き」「子どもの育成を放棄している親」の存在を問題にしている。「[現代の]もう一つの問題は、親に近隣との相互関係にたいする責任感が欠如していることである。まともではない家族は、近隣との相互関係にたかる最悪の厄介者である」。とりわけ、そうした家族は子どもの保護育成の義務を放棄している。「自分の子どもの適切な育成を放棄する権利はだれにもないし、育成を放棄された子どもは社会にとってのペストになってしまう」。「子どもの育成を放棄(neglect)するような家族の影響力は、厳格にかつ宗教的に封じられるべきであり、そうすることは、私たちが悪魔の影響力から身を守ることと同じことである」と(Finney 1999 [1840a], No.6: 3)。

内面としての人格、外見としての人格　このような市場革命下の社会情況のなかで、さきほどふれたエヴァンジェリカル、ユニテリアンの聖職者・教育者は、若者を都市に広がる暴力・詐欺から守るために、人格についての「教訓本」(advice book)を執筆するようになった。たとえば、オルコット(Alcott, William A. 1798-1859)が一八三三年に出版した『若い男性のための案内』は、一八五七年までに二一回、版を重ねている。またエディ(Eddy, Daniel C. 1823-1896)が一八五九年に出版した『若い男性の友』は、初版の販売部数だけで一万部に達している(Alcott 1833; Eddy 1859; Haltunen 1982: 1; Kett 1977: 95)。これらの教訓本が想定していた読者は、農村から都市へ移住してきた「うぶな若者」(inexperienced youth)だった。彼らは「それまで夢にも思わなかったような人びとに眼をつけられ、狙われる」ことが多かったからである(Todd 1850 : 122 [Haltune 1982: 2 から引用])。

確認しておきたいことは、そうした教訓本が若者の人格の形成可能性を前提にしていたことである。若者の人格は、熱されて柔らかくなっている蝋のような状態で、神の与えた良心をふくみながらも、悪しき他者・悪しき環境に容易に影響されると考えられていた。善の影響は若者の道徳性を高めるが、都市に蔓延しているのは悪である。プレスビタリアン派の牧師マギー(Magie, David 1795-1865)は、一八五三年に『人生の春』という教訓本を著し、次のように述べている。「若者に見られるように、悪とかかわれば、それから逃れることは不可能である。大都市の通りを歩き、ホールのフロアにいれば、そこで見るもの、聴くもの、そして影響するものすべてがしだいに・少しずつ、しかし確実に・持続的に彼らの心をゆがめていく」と(Magie 1853: 42 [Haltunen 1982: 5から引用])。

興味ぶかいことに、教訓本の著者たちは、習慣・経験によって人間の内面に刻まれた「人格」*は、そのままその顔にも刻まれて可視化すると考えていた。ユニテリアン派の牧師のクラーク(Clark, Rufus W. 1813-1886)は、一八五三年に character という言葉の文字どおりの意味は「刻まれたり彫られたりした徴であり」、この内面に刻まれたヴァーチュとヴァイスという徴がその外面にもその内実を刻んでいく、と述べている。また教育者のグッドリッチ(Goodrich, Samuel G. 1793-1860)は、一八四四年に「魂の習慣は顔の表情に書き込まれる。……もしも心が悪に染まっていれば、悪しき表情がその顔に刻まれる。顔の表情は習慣的な感性の世界つまり心の character に科せられたものの記録である」と述べている(Clark 1853: 28; Goodrich 1844: 28 [Haltunen 1982: 40-1から引用])。

＊ 一八五〇年に牧師のトッド(Todd, John)は、有名な若者教育論のなかで、次のように述べている。「character という言葉の第一の意味は、木・石・鉄といった何らかの素材に刻まれたり彫られたりした徴である。それを人間にあてはめていえば、心に作られた徴ないし印を意味している」と(Todd 1850: 122 [Haltunen 1982: 4から引用])。

内在性としての人格がそのまま外に表れるかぎり、他者からの「評判」(reputation)こそが人格の道徳性を証すものである。教訓本の著者たちも、勤勉に見えること、誠実に見えること、質素に見えること、つまりフランクリンのように、冷徹に計算しヴァーチュオスをよそおうことが、職につくためにも成功するためにも必要である、と認めていた。クラークは、成功している人間は、計算高く自己利益を追求しているが、道徳的であることをよそおうことでその成功を手に入れたのだ、と考えていた。「自己利益を追求できるかぎり、顧客を確保できるかぎり、自分の評判を高められるかぎり、人間は正直者である。［ただし］そうした人間の基本的な生き方は、冷徹な計算の遂行、そして純粋な自己利益の追求である」(Clark 1853: 226 [Haltunen 1982: 47 から引用])。

道徳的であることを装うことは自己詐称であるが、道徳的であろうとすることは自己改善である。この二つを分けるものは作為の有無である。社会史研究者のハルトネンは、「内在的な人格がそのまま表出するかぎり、外見は重要であるが、そうであることは、外見を操作することによって他者に自分の内在的な人格を伝えることではない」と述べている(Haltunen 1982: 43)。勤勉そうにふるまうこと、上品そうにふるまうこと、温厚そうにふるまうことは、本当の人格の道徳性を表現していない。むしろ、それらのふるまいは人格の堕落を暗示している。

教訓本の著者たちが説いたことは、他者から高く評価されるように演技せざるをえない事情を認めながらも、あくまで内面性としての人格を道徳化することだった。都市で生きていくためには道徳的であると見せなければならないが、神はつねに私たちの心のなかを見透している。神の眼を欺くことはできない。グッドリッチは、一八四四年に次のように強調している。「神によって創られたすべての［人間の］心は人格をもっている。私たちはその奥底を見とおすことができない。しかし神にはできる。心のすべてが神にはまるみえである。私たちが他人の表情を見るように、神は私たちの心を見ている。神にとっては、すべての心が私たちにとっての人間の表情のように、はっきりと識別されるものなのだ」と(Goodrich 1844: 25 [Haltunen 1982: 49 から引用])。

そして、先にふれたように、フィンニーは、自己詐称が広がるなかにあっても、どこまでも他者を信じるべきであると唱えた。彼にとっては、他者を信じ神を信じることが世界を道徳化する方法だった。一八五四年七月、フィンニーは次のように論じている。「[家庭、学校など、さまざまな場所で]人びとが実際に[他者・神を]信じるなら、すべての物事は正しく進むだろう。すべてはとどこおりなく進行するだろう。しかし、信じることが失われるなら、すべては悪くなるだろう。必然的にそして永続的にそうなるだろう」と(Finney 1999 [1854]: 2)。

施設の誕生　また、エヴァンジェリカル、ユニテリアンはしばしばホイッグと結び、堕落しかけている子ども、堕落してしまった人びと、疾病・貧困にあえぐ人びとを救済するために、さまざまな協会をつうじた〈改革〉運動(reform movement)を開始した。それはおもに医療・矯正・救貧・教育にかかわる援助活動だった。有名な人物としては、フィラデルティアのヴォークス(Vaux, Roberts 1786-1836)、ニューヨークのクリントン(Clinton, De Witt 1769-1828)、ボストンのマン、そしてニューイングランド全域で精神病院の設立に力をつくしたディクス(Dix, Dorothea 1802-1887)、さらにアサイラムの設立に力をつくしたハウ(Howe, Samuel Gridley 1801-1876)などの名前をあげることができるだろう(Smith-Rosenberg 1971; Heales 1976; Ryan 1981; Mintz 1995: xix)。

カッツが要約しているように、こうした〈改革〉者は、「犯罪と貧困は、都市の下層階級の家庭が子どもたちに誠実さと自制心をきちんと植えつけないために生じた道徳的問題である」と見なしていた。「放縦、気まま、無恥というなかで育った下層階級の子どもたちは、生まれたときから犯罪性を植えつけられ、まともな仕事につくための準備をすることができなかった」と(Katz 1987: 17; cf. Boyer 1978: 150-3)。そのころ、criminal のシニフィエと pauper のシニフィエは重なりあい、どちらも生育歴がもたらす「個々人の道徳的欠損から生じる状態」と考えられていた。

エヴァンジェリカル、ユニテリアンの〈改革〉者は、人格形成にかんする教訓本を書いた聖職者・教育者たちと同じように、貧困者・犯罪者などは潜在的に善くなりうる可能性をもっていると考えていた。従来の慈善家とは違い、〈改革〉者は、犯罪者・貧困者も、そして病者・障害者・子どもも、矯正可能性・治療可能性・教育可能性をもっていると考えていた。とりわけ、精神医学・道徳哲学のような科学的な方法を用いて援助するなら、犯罪者・貧困者・精神病患者・堕落するだろう子どもの人格を道徳的なものに「再形成」(reform) することができるし、そうすることによって社会全体が道徳的に「再形成」(reform) されると確信していた。

こうした前提認識のもとに〈改革〉者は、問題をかかえた者の人格を「再形成」するためのさまざまな「施設」(institution) を設営した。それは、貧困者を収容し技能を教えるワークハウス、犯罪者に懲罰をくわえ更正をはかる監獄、孤児・精神異常者・発達遅滞者・盲人・難聴者・聾唖者などを収容し治療するアサイラム、病人・老衰者を収容し治療する病院、非行少年・売春少女を収容し矯正するリフォーメイトリー、そして子どもを教育する日曜学校などである。各施設では、それぞれのかかえる問題にふさわしい治療的な働きかけが考案されていった。このように機能的に分化した再形成施設は一八世紀には存在しなかった (Katz 1986: 10-11; Mintz 1995: 80ff)。

ペンシルベニア州の場合、一八一五年に、第二プレスヴィタリアン教会の女性教会員が中心となって、「無知で怠惰で悪辣で貧困で誰にも守られていない悲惨な子どもを助ける」ことを目的とし、「フィラデルフィア孤児協会」(Orphan Society of Philadelphia) を結成した。同協会が設営した「フィラデルフィア孤児アサイラム」(Philadelphia Orphan Asylum) の目標は、「孤児たちを共同体の有益な構成員にする」ために必要な「援助と教示 (instruction)」を提供することだった。同協会は、一五年間のうちに、二三二人の「貧困な孤児」を「収容し養育し教示し」、そのうちの一〇五人が

「奉公（indenture）を終え」ている（Macauley 1972: 761 から引用）。また、同協会の設営したアサイラムは、一八五〇年にいたるまでに九カ所に増えている。

また、一八一七年に、ペンシルベニア州で子どもの教育に強い関心をもっていた〈改革〉者たちは、クエーカー派エヴァンジェリカルであるヴォークス*を中心に「ペンシルベニア公共経済促進協会」（The Pennsylvania Society for the Promotion of Public Economy）を設立した。同協会は、都市化・産業化のなかで増大しつづけている淫行・暴力・貧困を防ぐもっとも優れた処方箋は「人格を向上させる」営みとしての「教育」である、と考えていた。ヴォークスは、一八一七年に同協会の報告書のなかで次のように述べている。「貧しい者・愚かな者を教育することは、その人格を向上させることであり、貧困とヴァイスの根を断ち切ることであり、さらにこの地に住む人びとを……物質的に満たし、さらに洗練し、幸福にすることである」と（Macauley 1972: 754 から引用）。

＊ ペンシルベニアの名家に生まれたロバーツ・ヴォークスは、若いころから事業家として成功を収めたが、三〇歳くらいから事実上、事業から引退し、慈善活動に没頭した。彼は熱心なクエーカーで「フレンド協会」（Society of Friends）の会員だった。クエーカーの基本的な教義は、内省的体験によって「内なる光」と呼ばれる内在神を感受することに救済を見いだすことである。ヴォークスは、フィラデルティア（ペンシルベニア）のコモンスクール設立、刑務所改革、病院改革、禁酒運動に積極的にかかわり、一八一八年に初代のフィラデルティア教育委員会（Board of School Controllers of the First School District of Pennsylvania [=Philadelphia]）の委員長に就任している。フィラデルティア州外、海外においても評価が高く、ジャクソン大統領が連邦銀行の取締役に就任するように求めたこともあったが、ヴォークスはこれを退けている。五〇歳を迎える直前の一八三六年一月にフィラデルティアで死去。博愛主義者として有名なリチャード・ヴォークスは、彼の息子である（McCadden 1937: 114, 122, 192; DAB 1936, vol.19: 239-240）。

一八二八年、同協会の活動に自信をもったヴォークスは、国家の基礎としての個々人の「人格」の重要性について、次のように述べている。「ヴァーチュオスな教育こそが、すべての国家の力強さと美しさを形成し、善い政策を基礎づけるような唯一の基盤を形成する。したがって、統治という営みは、幸福なことにも私たちに見られるように、人びとの意志のなかにあり、その市民としての人格(Character)を反映するものでなければならない。統治を成功させ存続させるためにもっとも重要なことは、すべての個人が自律していることであり、もっとも良質な心がすべての階級の人びとにたえず形成されることである」と(Zachary 1975: 296; Wickersham 1969 [1886]: 312)。

その一八二八年、リフォーメイトリーに相当する「教護院」(House of Refuge)*が、男性の場合二一歳未満、女性の場合一八歳未満の年少犯罪者をそれ以上の成人犯罪者から区別して収容するために、フィラデルティアにも設立された(www.phila.gov/prisons/history)。副院長にラルストン、ヴォークスの名前があることからもわかるように、この施設にも公共経済促進協会の〈改革〉者が密接にかかわっていた。同教護院の院長は同年、若者の矯正可能性について次のように述べている。「若者はとりわけ再形成(reform)しやすい。……それは、彼(女)らが長期にわたる継続的な抑圧を受けていないからである。そうした抑圧は[人間の]自然な成長を歪める。……つまり[若者には]治療を妨げるほど深く根を張っている習慣がない」と(Rothman 1990: 213から引用)。同教護院は、一八三五年までの八年間に八クラス一一八名の男子と、七クラス五四名の女子を収容し再形成を行っている(Macauley 1972: 762)。

* アメリカ最初のリフォーメイトリーないし教護院は、一八二五年に『少年非行者の再形成協会』(The Society of the Reformation of Juvenile Delinquents)によって「ニューヨーク教護院」(The New York House of Refuge)として創設された。同協会の構成員の多くはエヴァンジェリカルであり、のちにニューヨークに公教育を展開する「ニューヨーク・フリースクール協会」の構成員とほぼ重なっていた(Bender 1975: 134-5)。

一九世紀をつうじて、アメリカ全土に日曜学校*を普及させる役割を果たしたのは、一八二四年にフィラデルフィアにおいて、ラルストンを中心に設立された「アメリカ日曜学校連合」(American Sunday School Union 通称ASSU)だろう。チャリティスクール、フリースクールは、労働者階級の子どもに読み書き算とキリスト教を教える教会立学校だったが、ASSUの日曜学校は、エヴァンジェリカリズムを背景にして、資本家・中産階級の教会員の子どもに回心の準備をさせる学校だった。彼(女)らの人格が固定化するまえになるべく早く規律化し、自律させようとしたのである(Boylan 1988 : 11, 30-31 ; Mintz 1995 : 59)。子どもたちはそこで、聖書の言葉を暗唱したり、聖歌を合唱したり、「再生にはどんな意味があるのか」という問題を考えたりした。ASSUの初代会長だった会衆派牧師トッド(Todd, John 1800-1873)は、「サバススクール[日曜学校]は、多くの家庭に見られる道徳的な奇形児を人間化すること、つまり美しく形成しなおすことができるだろう」と述べている(Boyer 1978 : 34, 40から引用)。

* アメリカに最初の日曜学校が創られたのは一七九一年で、場所はフィラデルフィアである。設立したのは、ラッシュをふくむ資本家・中産階級の六名がつくった「日曜協会」(First Day Society)である。しかし、この協会のつくった日曜学校はしだいに廃れていき、一八一九年に閉鎖された。その目的が聖書を使いながらも読み書き算にとどまっていたため、ディストリクトスクールに子どもを奪われたからである。

象徴的な出来事は、一八二五年、ASSUに属しているフィラデルティアのプレスビタリアン教会が、日曜学校で「ロンドン日曜学校連合」(London Sunday School Union)のロイド(Lloyd, W.F.)が作成した『教師指導書』(*Teacher's Manual*)を使用することを決定したことである。同書は「子どもの可塑性」(malleability)を強調した本として有名な本だった。ロイドは同書のなかで次のように述べている。「若いころは感受性豊かな時期である。その心は柔らかく、その情操は生き生きと輝いている。その蝋［＝内面］は、若さ特有の熱によって温かく柔らかく、私たちが固定しようと望むものが刻み込まれることを待っている」と（Reinier 1996: 94から引用）。

心が蝋のうちに

〈改革〉者は、子どもの心の再形成は法的規制よりも有効な社会改革につながると考えていた。一八三七年六月、マサチューセッツ州教育長に就任したマンは、友人に次のように書き送っている。「私は法的管理という方法を捨てて、それよりもはるかに広大な心と道徳の領域にとり組むことにした。現在の大人世代は可塑性のほとんどない心をもっていることがわかったので、私は次の世代に力を注ぐことにした。大人は鉄の鋳型であるが、子どもたちは蝋である」と（Mann 1937: 83; Glenn 1987: 79）。一二年後の一八四九年にも、「もしも共同体のなかの四歳から一六歳までの子ども全員をリフォーメイトリーに連れて行き、善い規律の影響を充分に与えるなら、彼（女）らにとり憑いている私的なヴァイスや公的な犯罪の闇、すなわち現在、家のなかの平穏をかき乱し、この時代の文明を汚している闇の一〇〇件のうち九九件は消えるはずである」と述べている（Mann 1849: 96）。

人格形成は、心が「鉄の鋳型」になるまえに、つまり「蝋」のうちに、行われなければならなかった。一八四九年、マンは「ヴァイスの防止」「人間の進歩」に「究極的な成功」をもたらす「公式」は、「子どものうちにその子どもがすすむべき道に育ててあげる」ことだと述べている。そうすれば、「彼が大人になったときに、その道からそれることはないからである」と。マンによれば、この「公式」にもとづく教育は、これまで「まったく試みられたことがなかった」。これまでの「教育は、子どもの自然本性のもつ潜在力（potential）の一〇〇分の一も発現させてこなかったし、大人の人格（character）のもつ潜在力の一〇〇分の一も発現させてこなかった」（Mann 1849: 94）＊。

＊　マンのかかげたこの「公式」は、旧約聖書の「箴言」（Proverb）の二二章六節の言葉と一致している。「若者を歩むべき道の初めから教育

せよ。［そうすれば］年老いてもそこからそれることがないであろう」(Train up a child in the way he should go; and when he is old, he will not depart from it.)。訳文は『聖書 新共同訳』(Bible 1990) による。ちなみに、フィンニーも同じ言葉を『両親への手紙』で引用している (Finney 1999 [1840a], No.1: 1)。

マンにとって、子どもに人格が形成可能であるのは、人間のなかに「良心」「道徳的能力」「道徳的センス」のような道徳性がはじめからふくまれているからである。マンは一八三八年に刊行した『コモンスクール・ジャーナル』の創刊号(第一巻第一号)のなかで、「生まれたときから、子どもたちの自然本性のなかには道徳性の胚種が植えつけられているにちがいない。……したがって、もしも私たちが人間を改善したいと思うなら、私たちはまず子どもの教育の仕方を改善しなければならない。つまり、教育者は、なによりもまず、子どもの内面性にたいして敬意を払わなければならない」と述べている(Glenn 1987: 80 から引用)。一八四七年、ボストン近郊のユニテリアンの牧師ブルックス(Brooks, Charles)も、同じことをスコットランド道徳哲学、ラッシュの精神医学の用語を用いながら述べている。「私たちの学校が道徳的諸能力(moral faculties)の育成によって援助するのは、人間の自然本性全体の発達である。……人間は道徳的な内部構造(constitution)と、身体的な内部構造をもっている。道徳的な内部構造は移植された神性(divinity)である。……この神性にささえられた心によって濾されていないものを私たちの頭のなかに入れないように心がけよう」と(Glenn 1987: 147 から引用)*。

* ロスマンの言葉を借りていえば、〈改革〉者たちをささえていたのは、「毎日の厳格で確実な規律化の繰りかえしが生得的に見える人格を変容させるという信念」だった(Rothman 1990 [1971]: 213)。しかし、現実はそう甘くはなかった。たとえば、一八三〇年代にアサイラムの運営にかかわった実践者は、幼児期に規律化されていなかった子どもを一〇代になって規律化しようとしてもほとんど不可能である、という実感を抱いていた。実践者は、うまくいったように見えても、時間がたっと元に戻ってしまうという経験を何度もした。

ある実践者が次のように述べている。「正常と逸脱異常とを分ける壁はとても低い。……今日、一方の側にいた者が明日、他方の側にいないという保証はどこにもない」と(Rothman 1990 [1971]: 122から引用)。一八四八年から五二年にかけてニューヨークのリフォーメイトリー、アサイラムを訪問調査したブルースは、一八五三年に「アサイラムに長くいればいるほど、外に出てより善い行いをするようになるのではない」と述べている(Bender 1975: 134から引用)。

アメリカでコモンスクール運動が始まるのは一八二〇年代であるが、その運動は、リベラル・プロテスタントないしホイッグの人格(再)形成をめざす〈改革〉運動の一環だった(Smith 1980; Katz 1986: 10-11; 1987: 51; Mintz 1995: 80ff)。市場革命によって噴出した社会問題がこの〈改革〉運動を激しく喚起し、すべての子どもの人格形成機関としてのコモンスクールの実現を加速していった。以下、具体的な経緯をたどっておこう。

4　コモンスクールに賛成する理由

一八一〇年代・二〇年代　ペンシルベニアの場合、すでに一八一〇年に、二五歳の若き州議会議員のビッドル(Biddle, Nicholas 1786-1844 のちにホイッグ党の指導者となり、また第二連邦銀行の頭取となる政治家)が、エヴァンジェリカリズムにささえられて、「州全域にわたる永続的な教育システムの設立のための法律」案("An Act to Establish a Permanent System of Education throughout This Commonwealth")を州議会に提出している。ビッドルはその草案のなかで次のように「富」つまり「成功」をめざす人格形成論を展開している。

「[この計画は]普遍的で共和的な教育システムをつうじて、人間の自然本性の尊厳、また自由(Freedom)をめざす心の力を擁護することであり、……宗教的・政治的な自由(Liberty)の偉大な源泉を確保することである。……しかし、教育の恩恵は、もはや政体の保全にとどまらず、勤勉の慣習を固定し、勤勉の道徳を純化し、共同体を構成するすべての人びとの財産を増大させることである。つまり、市民に教育を与えるということは、実際には市民に富を与えるということである。なぜなら教育は、富を手に入れる方法を提供し、また富を楽しむ方法を教えてくれるからである」(HRCP 1810: 110; Macauley 1972: 819-820)。

しかし、このビッドルの教育システム法案も、そしてその後、毎年のように、さまざまな議員が州議会に提出した教育システム法案も、一八三三年にいたるまでは、ことごとく葬られた。その理由はほぼ次の三つにまとめられる。①州政府が州全域にわたる公共学校を維持するだけの財源をもっていなかったこと。②すでにあったそれぞれの地域共同体の設立した学校(ディストリクトスクール)、各宗派がそれぞれつくった日曜学校、そしてチャリティスクール、フリースクールによって子どもの教育は充分に果たされていると考えられていたこと。③淫行・暴力・貧困などがそれほど重大な問題になっていなかったこと。この三つである(Macauley 1972: 819-845)。

しかし、一八二〇年代後半になると、こうした教育システム(コモンスクール)の設立を妨げてきた理由は、しだいに薄れていった。産業資本主義の発展によって州政府の財源が増加し、多様な宗教的・文化的な背景をもつ移民の増大によって*共同活動が困難になりはじめたからであり、さらに、市場革命が進行することによってさまざまな社会問題が爆発的に増大し、社会不安が広がっていったからである。とりわけ、淫行・暴力・貧困の増大は、ペンシルベニアの〈改革〉者（エヴァンジェリカル）たちの危機感を急速に高めていった。

＊　一八〇〇年代から一八二〇年代にかけては、アメリカへの移民の数は毎年五〇〇〇人程度だったが、一八三〇年代にその数は六〇万人に増加し、一八四〇年代には一七〇万人に増加し、一八五〇年代には二六〇万人に増加した。しかもその多くは、ドイツ、アイルランド、スカンジナビアなどからの移民だった（Mintz 1995: 7）。

ヴォークス（学校促進協会）の人格形成論　先にふれたように、一八三〇年代のペンシルベニアの〈改革〉者たちは「ペンシルベニア公共経済促進協会」、「フィラデルフィア貧困者境遇改善協会」など、いくつもの運動組織を編成していった（McCadden 1937: 235-70）。なかでももっとも強力な運動を展開していった組織は、公共経済促進協会のあとを受けて一八二七年に結成された「ペンシルベニア公共学校促進協会」（Pennsylvania Society for the Promotion of Public Schools 以下、学校促進協会）である＊。同協会の目的は「共和国のそれぞれの郡で初等教育を教える公共学校の設立を促進し、ペンシルベニア州全域に教育の普及をはかること」だった（PSPPS 1828: 3）。

＊　学校促進協会の会員は、政治的にも、宗派的にも、そして民族文化的にも、じつに多様だったが、その職業は、商業・金融にたずさわる実業家、医師、法律家といった専門職者、そして製造業者、独立職人などだった。同協会で中心的に活動していた人物として、会長のヴォークス（Vaux, Roberts）、事務局長で資本家・ホイッグ派政治家のサージェント（Sergeant, John）、資本家・アイルランド系カトリックのケアリー（Carey, Mathew）、資本家・フィラデルフィア市長のリチャーズ（Richards, Benjamin Wood）、資本家・博愛主義者のG・ラルストン（Ralston, Gerard）、同じく資本家・博愛主義者のR・ラルストン（Ralston, Robert）、資本家・博愛主義者のT・イアープ（Earp, Tohmas）、R・イアープ（Earp, Robert）などの名前をあげることができる。創設当時の会員数は九三名である（McCadden 1937: 236-9）。

　ニューヨークにも似たような状況があった。ニューヨークのコモンスクール運動を主導した篤志家の組織「公共学校協会」（Public School Society）もまた、政治的にも宗教的にも民族文化的にも多様だったが、学校促進協会と同じで、彼らのほとんどが資本家・中産階級だった。彼(女)らのうち、五六パーセント(四〇〇人中の二三四人)が商業・金融にたずさわる実業家で、医師、法律家が一六パーセント、製造業者、独立職人が一二パーセントである。カトラーにいわせれば、「富こそが、この協会の構成員に共通する特徴」であった(Cutler 1972: 71, 74-5)。初代会長は州知事のクリントン(Clinton, De Witt)である。ちなみに、第5章で紹介する「ニューイングランド・ペダゴジー」の提唱者のうち、ドワイト(Dwight, Timothy)、コッブ(Cobb, Lyman)は、この協会の構成員である。

学校促進協会は、州議会にたいして大きな影響力をおよぼした。というのも、第一に、この協会の会員は、多くの州議会議員と親戚だったり友人だったからである。第二に、州内にかぎらず、当時の教育状況の分析は この協会の作成した報告書によらざるをえなかったからである。たとえば、州知事ヴォルフ(Wolf, George)も、学校促進協会が作成した報告書によりながら「年頭教書」をつくるありさまで、実質的にこの協会は、「教育改革の準公式組織として権威づけられていた」(McCadden 1937: 250-4)。

学校促進協会の主張をささえていたものは、「共和政体の基礎が人びとの心のなかにある」というラッシュ、ジェファソン流の道徳哲学的人格形成論、そして「無知からの解放が成功をもたらす」というフランクリン的な成功指向である。先にも引用したように、学校促進協会の会長だったヴォークスは、一八二八年に「統治を成功させ存続させるためにもっとも重要なことは、すべての個人が自律していることであり、もっとも良質な心がすべての階級の人びとにたえず形成されつづけることである」と述べている。また、同じく学校促進協会の主要なメンバーだったブリック(Breck, Samuel 1771-1862)は、一八三〇年代に「普遍的な教育機関として設立されたコモンスクールは、それなくしては永久に無知である者に、成功の、それもおそらく輝かしい成功の契機を与えるはずである」と述べている(Zachary 1975: 296; Wickersham 1969: 312)*。

＊ マンもまた、『第一二次教育長年報』のなかで「普遍教育」によって成功の可能性が生みだされる、と論じている。「たしかに今、普遍教育以外のどんな制度も、資本家の支配と労働者の隷属という傾向を抑制することはできない。……もし教育が人びとのあいだに平等に普及するなら、教育は最強の力で可能なかぎりの財を人びとにもたらすだろう。なぜなら、知的で経験豊かな人間がずっと貧乏であるということはこれまでなかったし、これからもないからである」と（Mann 1849: 59）。

学校促進協会にとっては、コモンスクールの第一の機能は、子ども・若者に生産性を高める道徳性を形成することによって、端的にいえば、資本家に雇ってもらえるような道徳的人格を形成することによって、不就労をなくし、貧困・悲惨・犯罪を予防することだった。ヴォークスは、一八一七年の公共経済協会の報告書で次のように述べている。「怠惰、短気、病弱が、もっともしばしば見られる[不就労すなわち]貧困・悲惨の現実的な原因である」。「国民が裕福になり幸福になるために必要なものは、国民自身の勤勉さ（industry）であり、管理（economy）であり、道徳性（morals）である」。つまり、コモンスクールに求められることは「労働者の生産力を発達させることである」と（PSPPE 1817: 12, 39 [Zachary 1975: 294 から引用]; Macauley 1972: 750 も参照）。

ヴォークスはまた、一八二九年九月四日付けの日刊紙において、「公教育」がもたらす「知識の獲得」が「ヴァーチュオスな人格形成」をもたらすと述べている。「[知識の獲得は]大人の生活を基礎づけるものであり、ヴァーチュオスで自立的な人格（virtuous independence of character）を身につけることにつうじる。ヴァーチュオスで自立的な人格は、人びとが野心的な密通の策謀に荷担することを抑制し、無慈悲な強欲をむき出しにしたり権力をふるったりという抑圧・悪行を抑止してくれる」と。ヴォークスは、一八二二年の『ペンシルベニア第一学区委員会年報』においても、同じように、学校をつうじた知識の普及と正しい習慣形成は「個人としての知性、責任感、安心感を生みだすうえでもっとも確実な方法である」と述べている(McCadden 1937 : 209 から引用)。

ヴォークスないし学校促進協会は、子ども・大人の内面性に可塑性を見いだしていた。それは、しばしば子ども・大人の影響されやすさとして語られた。先にふれたビッドルが一八三三年に「子どもは、犯罪と健康とを分けている狭いうえに滑りやすい境界線上を歩いている」と述べているように、堕落した都市を生きる子どもは、学校という道徳的領域によって保護されるべき存在と考えられていた。ヴォークスが監獄改革において、共同房ではなく個人房を求めた理由も、軽度な犯罪者に凶悪な犯罪者の思考・行動が伝染することを防ぐためだった。彼は一八二七年に出版した『ペンシルベニアの刑罰システムについての書簡』(*Letters on the Penitentiary System of Pennsylvania*)において、「個人房における厳格な管理労働」によって「罪を犯した私たちの仲間をヴァーチュオスにすることができるし、社会をより安全にするとともに幸福にすることができる」と述べている(Zachary 1975 : 296-7)。

ヴォークスないし学校促進協会が前提にしていたことは、子どもの内面の形成可能性だけではなく、社会の業績指向でもある。一八三〇年一〇月一六日に、ヴァーチュは州知事ヴォルフに宛てた手紙のなかで、次のように述べている。「私たちは、幸福なことにも、社会のなかに明確な階級区別があるとは思っていない。そして私たちは、だれひとりとして、その才能とヴァーチュにふさわしい地位から追われたりしない、ということを知っている」と。ジェファソンと同じように、ヴォークスも自然の貴族制(いいかえるなら、帰属性)を信じていた。したがって、彼にとって統治者の義務は「教育システムを設立することであ」り、「それも社会環境が許すかぎり、リベラルで開放的な教育システムを確立すること」だった(Zachary 1972 : 295 から引用. cf. McCadden 1937 : 211)。

「階級利益」はコモンスクールに反映されたのか　さて、学校促進協会が資本家・中産階級によって構成されていたという事実は、彼らの求める「普遍教育」――開放・単線型の教育システム――が、じつは階級葛藤論のいうところの「階級利益」を反映させたものだったのではないか、いいかえるなら、「普遍教育」は、資本家・中産階級が労働者の子弟を「教育」という名において馴化し、労働者として徴用し、労働組合*の力をそぐための、そして自分たちの階級的な利益を守るための手段だったのではないか、という疑問を残したままである。

＊　労働組合は、一八三六年までにフィラデルフィアに五三組織、ニューヨークに五二組織、ボストンに一六組織がつくられた。労働党はフィラデルフィアで一八二八年に、ニューヨークで一八二九年に結成されている（Cremin 1951 : 9）。

この疑問を「フィラデルフィア労働党」（Philadelphia Working Party 以下、労働党）――同党の政治的な影響力は学校促進協会のそれにはおよばなかったが、小さくなかった――の教育論がうち消してくれる。というのも、労働党の発行していた新聞『メカニックス・フリープレス』は、一八二九年から三〇年にかけてフィラデルフィアで開かれた労働組合の会合が「普遍的かつ平等な」教育を支持している、と報告しているからである（*Mechanic's Free Press*, Oct. 2. 1830）。また、同紙は、一八三〇年にフィラデルフィア出身の州議会議員候補シンプソン（Simpson, Stephen. 1789-1854）を、「広範なわが州の市民に平等を与えるはずの普遍的な教育システムの不屈の擁護者であり、［私たちの］同志である」と評し、支持しているからである（McCadden 1937 : 104-107 ; cf. Jackson 1942）。

労働党が求めていたのは、成功の可能性をもたらす教育の機会平等だった。一八二八年、労働党は二〇年後のマンの主張を先取りするかのように*、次のように主張している。「人びとの間には自然的な不平等がいつも存在する」が、政府の責任は「法によって確立されてきた抑圧的な独占」による「人工的な差別と不平等」をできるかぎり弱めることである。最大の独占は「貴族的な教育制度」であり、「無償の普遍教育は……［今は］貧窮者や困窮者用の趣味の悪い慈善というかたちをとっているが、それは私たちにとっての権利にするべき」である。なぜなら、無償の「普遍教育」は社会の「自然な不平等」を低減し、「人びとをひとしく幸福と富へとみちびく」機能を果たすからである(*Mechanic's Free Press*, Sep. 20, 1828; Oct. 2, 1830)。こうした〈成功への平等な機会を教育によって確保する〉ことを権利として要求することは、階級意識にもとづき資本主義自体を批判することではない。

＊ マンは一八四九年に『第一二次教育長年報』において同じようなことを述べている。「……、教育は、他のどのような人為的な装置にもまして、人びとの状態を平等化するという偉大な働きをする。教育は社会的機械(social machinary)の平衡輪である。……私がこの言葉で意味しているのは、教育は人間一人ひとりに自立性(independence)を与え、他者の利己性を退ける手段を与えるということである。教育は富者にたいする貧者の敵意をゆるめる以上のことをする。教育は貧困そのものを抑止するのである」(Mann 1849: 59)。しかし、スコットランド道徳哲学に親しんでいたオウエン(Owen, Robert 1771-1858)の息子、ロバート・デイル・オウエン(Owen, Robert Dale 1801-77)は、一八三〇年代のフィラデルティア、ニューヨークの労働運動に深くかかわっていながら、教育機会の平等化によって階級問題を解決するという考え方を否定していた。Cremin 1951: 39-41 を参照。

教育によって成功の可能性、自律の可能性を得るという議論は、『メカニックス・フリープレス』とともに、当時の労働組合運動をリードしていたニューヨークの雑誌『ワーキングマンズ・アドヴォケイト』(*Working Man's Advocate*)にも、繰りかえし登場している。たとえば、同誌の編集にたずさわっていたエヴァンス(Evans, George Henry. 1805-1856)は、一八三〇年に次のように述べている。「すべての人間が生まれながらにして自由で平等であるということは、……すべての人間が自己統治の権利をもっているということである。自己統治の権利は、自己統治の権利を遂行するうえで不可欠な知識にいたる権利をふくんでいる。したがって、第一の権利[自己統治の権利]をすべての人間がもっているのなら、すべての人間は第二の権利ももっているはずである。したがって、すべての人間は平等な教育を受けるべきである」と(Russell 1981: 252, 294; cf. Spring 1986: 92)*。

* 自律的個人への賛美は、この時代よく語られていた。とりわけジャクソン(Jackson, Andrew 1767-1845)が第七代大統領に就任する前後に(在任期間は一八二八〜三八年)アメリカ社会では、個々人の自律性という規範が逆らいがたい力をもちはじめていた。歴史家のあいだで議論のあるところだが、おそらくジャクソン大統領とは無関係に、一八二〇年代から四〇年代には「民主制」とりわけ反権威主義的・反父権主義的な言動・政策が人びとを魅了していった(Ryan 1997)。「労働組合運動」もこの時代に生じたものであり、名望家の多くが属していたフリーメーソンを閉鎖的な秘密結社と見なし激しく批判する「反フリーメーソン運動」もこの時代に生じている。そして、白人男性の普通選挙制度が各州で次々に成立したのもこの時代である。

こうしてみると、コモンスクールという開放・単線型の教育システムは、学校促進協会と労働党との間に橋をかけるものだったといえよう。市場経済を前提にし、成功・道徳指向の人格形成を求めた資本家・中産階級にとっては、開放・単線型の教育システムは社会秩序を実現するものに見えただろうし、同じく市場経済を前提にし、成功・自律の可能性を求めていた労働者階級にとっては、それは平等な教育機会を確立するものに見えただろう。コモンスクールは、資本家・中産階級にとっても労働者階級にとっても——それぞれの理由は社会秩序の実現、平等な機会の確保というように違うものの——望ましいものに見えたのだろう。こうしたコモンスクールのヤヌス性は、ペンシルベニアだけでなく他州のコモンスクール運動についても指摘されている(Katznelson / Weir 1985: 50-51)。

念のためにいえば、資本家・中産階級と労働者階級とが政治的に連帯したわけではなかった。ペンシルベニアの場合、ヴォークスが率いる学校促進協会と労働党とは、コモンスクール法を成立させるために共闘したわけではなかった。「普遍教育」を要請する学校促進協会の主張と労働党のそれとのあいだには、埋めがたいズレもあったからである。たとえば、一八三〇年一〇月にヴォークスは、州知事ヴォルフにあてた「覚書」のなかで労働党を次のように批判している。「労働者と呼ばれる階級の人びとが教育についていだく考えは、危険で非建設的でしかも非民主的である」と(McCadden 1937: 263)。学校促進協会と労働党との対立は、おもに〈改革〉の具体的な方法にかかわるものだった。学校促進協会は予想される摩擦を最小限にとどめ、漸進的にコモンスクールの具体化をはかろうとしていたが、労働党は彼らのおかれた切実な経済的な情況に後押しされて、そして子どもの経済的な成功をはかろうとして、「すべての子どもをいったん親から引き離し、平等に教育する」といった、かなり性急で過激なコモンスクールを具体化しようとしていた(McCadden 1937: 211, 222-4)。

市場化の予感　しかし、学校促進協会と労働党とのあいだに、ヨーロッパの資本家と労働者とのあいだに見られるような激しい敵対関係はなかったし、彼(女)らが階級利益そのものをコモンスクールに反映させたということもできない。学校促進協会は、労働者階級の利益を否定するという、資本家・中産階級としての利益をコモンスクール法案に反映させようとはしていないし、労働党も、資本家・中産階級の利益を否定するという、労働者階級としての利益をコモンスクール法案にそのまま反映させようとはしていないからである*。

＊　もしも資本家・中産階級が自分たちの階級利益を守ろうとするなら、コモンスクールではなく、エリートコース／マスコースというふうに、階級ごとに教育レベルが決まっている制限・複線型の教育システムをつくればよいだろう。ルビンソンが論じているように、制限・複線型の教育システムにおいて重視されるのは、どのくらい長く教育を受けるか、だからである(Rubinson 1986)。そこでは、いわゆる「教育膨張」(educational expansion)は発生しないし、したがって教育資格がインフレを起こしてその価値を低下させてしまうという事態も発生しない。事実、アメリカにくらべるなら、制限・複線型の教育システムを採用しているヨーロッパの多くの国の就学人口は少ない。就学人口を抑制しようと思えば、教育システムを制限・複線型にすればよいのである。時代がくだるが、たとえば、一八七〇〜一九一〇年の五〜一四歳の子どもの初等学校在籍比率は、アメリカの九

一パーセント、ドイツの七四パーセント、イギリスの六二パーセントであり、一九五〇～七〇年のそれは、アメリカの八六パーセント、ドイツの六九パーセント、イギリスの六五パーセントである (Rubinson 1986: 522)。

学校促進協会と労働党がともに抱いていたのは、これから社会が徹底的に市場化されていくだろうという予感である。それは、多くの州民が市場能力を獲得するなら州全体が豊かになるだろうという期待であり、また市場能力こそが生きていくうえで欠かせなくなるという認識である。だからこそ、両者はコモンスクールをつうじて成功への平等な機会をすべての子どもに与えようとしたのである。ルビンソンの言葉を引いて教訓めいたことをいえば、「『階級』とくくることのできる人びとが何らかの政策決定に密接にかかわっていても、そのこと自体がその政策決定への階級利益の反映を意味するわけではない」(Rubinson 1986: 543)。

ペンシルベニア州議会は、要求自体は一致していた学校促進協会、労働党の働きかけに加えて、「フィラデルフィア教師協会」(The Philadelphia Association of Teachers) のような教師団体、その他のエヴァンジェリカル運動を推進していた市民団体の院内活動に応えて、「コモンスクール法案」を作成しはじめたが (Macauley 1972: 856-76)、ここでその過程を追う必要はないだろう。ここでは、一八二九年に州知事に就任したヴォルフの強固な信念にもとづくリーダーシップが同法案の成立をみちびいたと述べるにとどめよう。彼は、一方で「自律的個人の人格形成をめざす」という言葉を巧みに使い、学校促進協会を立てながらも、他方で無償の「普遍教育のみが富裕な者と貧困な者とのあいだのすべての差別を縮めるはずである」と論じ、労働党も立てた ("Paper of the Governors" 1900-02: 129)。もともと大差のなかった両者の主張は、落ち着くところに落ち着いたのである。

業績指向　さて、コモンスクール法案が成立したあとで、資本家・中産階級の主張と労働者階級の主張とを収束させる概念が広まっていった。「業績」(merit)である。たとえば、ハイスクールを存続させたのはこの概念である。ペンシルベニア州では、一八三六年のコモンスクール法改正によって、ハイスクールの設置が義務づけられたが、一八八〇年代にいたるまで、州内にハイスクールは一八三八年にフィラデルフィアに開かれた「セントラル・ハイスクール」だけだった。同校は開設早々、労働組合から「中産階級のためだけの学校にすぎない」と批判され、一時、廃校の危機に立たされたが、業績重視という原則を明示することによって、その危機をのりこえた。入学者の選抜、進級の決定、卒業の認定において業績だけを原理としたことによって、実際には資本家・中産階級の子弟ばかりが入学していた同校は「貴族的である」という労働者階級からの批判をかわすことができた(田中 1988)。

一八三九年に、セントラル・ハイスクールの初代校長ベイチー(Bache, Alexander Dallas 1806-1867)――彼はフランクリンの孫である――は、セントラル・ハイスクールをコモンスクールの頂点に位置づけるとともに次のように述べている。「私には[フィラデルフィアの]公教育は、東方の大ピラミッドの一つのように思われる。それは、底辺において広く、頂点に向かってしだいに小さくなり、その石の数は、公教育が受け入れる子どもの数と同じように、上にいくにしたがって減少していく。それは、魚が大海から広い湾に入り、大きな川をのぼり、さらに急流をのぼり、流れの源にいたることである」と(Labaree 1983: 278; 田中 1988: 106)。

また一八四一年に、フィラデルフィア市の教育委員長リーチ(Leech, Henry)は、自分たちのコモンスクール(プライマリースクール、セカンダリースクール、グラマースクール)においては「子どもたちを区別するものは業績以外に何もない。これによって、教育は、幼児用のもっとも低いグレードから若い市民のためのもっとも高いグレードまで、誰にでも手の届くものになった」と述べている(PBCPS 1841: 14 [なお、ここでいう「グレード」は学校段階を意味する言葉であり、個々の子どもの達成度を意味する言葉ではない」）。

それから一〇年後、一八五一年に、同市の教育委員長ダンラップ（Dunlap, Thomas）は、セントラル・ハイスクールに入学するために必要なものは家柄・財産ではなく個々人の「業績」であると強調している。彼にとっては「業績」こそが内面の「人格」をもっともよく表現するものだった。「［セントラル・ハイスクール］はまさに共和国の学校であり……その恩恵や栄誉を獲得するために特別な免状を必要としないが、その学校の人びとはすべての息子たちに個人の自己自身の業績（INDIVIDUAL, PERSONAL MERIT）を要求し、また永久に要求しつづけるだろう」と（Labaree 1983: 279-280; 1988: 26; 田中 1988: 106［傍点は原文の大文字］）。

精確なところはわからないが、セントラル・ハイスクールの業績指向は、下位の学校（プライマリースクール、セカンダリースクール、グラマースクール）の教育方法・教育方針にも影響を与えたはずである。次章でふれるように、またラバリー、ホーガンが指摘しているように、ハイスクール卒業という学歴のもつ社会的効能が明らかになるとともに、セントラル・ハイスクールに卒業生を入学させるために下位の学校でも業績形成に重点がおかれるようになったと考えられるからである（Labaree 1983, 1988; Hogan 1992）。

一九七〇年、カッツは、のちにリヴィジョニズム論争を呼びおこす著作の一つ『初期学校改革のアイロニー』において、一九世紀前半の〈改革〉運動を先導した「〈改革〉者たちは、教育の領域だけで、つまり社会システムの改革ではなく人間の自然本性の改革（再形成）だけで、社会問題を抜本的に解決しようとし、その方策を［民衆に］強制したり表明したりした」と論じている（Katz 1968: 210）。そこで用いられている「強制」（coercion）という言葉は「要求」に変えるべきであるにしても、これは〈改革〉の本態をみすえた論評である。ただし、追加しなければならないのは、〈改革〉を喚起したものが市場革命であり、〈改革〉の方策を用意したものがリベラル・プロテスタンティズムであり、それを実現させたものが成功指向（業績指向）だったということである。

5　コモンスクールを拒否する理由

コモンスクールを拒否する理由　さて、一八三四年にコモンスクール法が成立し、「業績」が登場しても、ペンシルベニア州におけるコモンスクールをめぐるポリティクスは終結しなかった。コモンスクール法にもとづいて各学区がコモンスクールを設立しはじめると同時に、コモンスクールに反対する声が高まっていったからである。一八三七—八年度にペンシルベニア州議会は、州憲法作成の議論をつづけていたが、コモンスクール運動反対者の強固な主張にたじろいだ州議会は、最終草案から「州政府は普遍的な無償学校を設置しなければならない」という条項を削除した。事実、一八六六年になっても、州内の二三学区はコモンスクールを設置していなかった（もっとも、これは、全九八七学区のうちの二・三パーセントにすぎない）(Binder 1974: 90)。

一八三〇年代から五〇年代に出てきたコモンスクール導入反対論の多くは、州政府が教育に介入すること自体を問題にしたものではなく、州政府の教育介入がもたらす派生効果を問題にしていた。さまざまな問題があるが、主要な問題は、二つに分類することができる (Klein/Hogenboom 1980: 97)。

その一つは税金問題である。コモンスクール法が規定している公共学校税は、すでに自分たちの子どものために学校を営んでいるクエーカー派、ドイツルター派、改革派の人びとから見れば、「二重課税」に見えた。コモンスクール法の規定する公共学校税の徴収は、固定資産税の徴収というかたちで行われることになっていたが、それは、彼らの子どもが通う教区学校を運営するための課税ではなく、他の宗派の子どもが通うコモンスクールを運営するための課税だったからである。彼らは、自分たちの子どもが通う教区学校のためにもお金を払い、さらに他の宗派の子どもが通うコモンスクールのためにも税金を払わなければならなかった。しかし、こうした反対論も、まだ穏やかなほうだった (Wickersham 1969: 319-320)。

もう一つは文化問題である。コモンスクールが規定しているカリキュラムが、個々の共同体の民族宗教的文化の維持存続、世代間での伝達を困難にするという問題である。とりわけ、カトリックを信仰していたアイリッシュ系の人びと、ドイツ語を日常的に使っていたドイツルター派の人びとから見れば、コモンスクールは、あまりにもアングロ・プロテスタントの民族宗教的文化に傾斜したカリキュラムを設定しているように見えた。こうした文化問題は、税金問題以上に重大であり、州議会でもたびたび言及された。

一八三八年、ある州議会議員が次のように論じている。重要なことは「できるかぎりすみやかに、人びとに欠けているものを与えるだけでなく希望を与えるような教育システムを創ること」であるが、「その教育システムがどれほど計画どおりに利益を生んでも、その教育システムが共同体の利益にならないものであったり、その共同体に外から強要されたものであったりしてはならない」と。同年、別の議員もこの議員と同じことを論じている。「この教育システム[＝コモンスクール]を人びとの感覚のなかに根づかせようと思うなら、私たちはそれを完全に自発的に選択できるものにしなければならない。もしも、この教育システムを人びとに無理強いするなら、それは恩着せがましいものと見なされるだろうし、たとえそれが利用されることがあっても、それはためらいを生みながら、疑いを生みながら、利用されることになるだろう」と(Katz 1987 : 35 ; PDCCP 1837-9 : 354-355, 245)。

使用する言語の問題　まず言語についていえば、当時のペンシルベニア州の南部・南東部には、多くのドイツ系市民が住んでいた。一八二四年に成立した「学校拡大法」においては、ドイツ系市民による文化的・言語的な伝統維持の要求をいれて、学校においては「英語とドイツ語を併用すること」と明記されていたが、一八三四年の「コモンスクール法」においては、とくに規定はなく、事実上、コモンスクールにおいて使用される言葉は英語のみになっていた。このため、一八三四年、三五年に同法によって雇用されるすべての教員にドイツ語教授資格を要求する法案が提出され、また一八三八年に「公費による教育は英語あるいはドイツ語によるものとする」という修正法案がドイツ系議員から州議会に提出されたが、いずれも否決された(Wickersham 1969 : 322)。

また一八三四年の秋、州内の主要な学区がコモンスクールの導入に関する調査を行ったさい、九〇七学区のうち五〇二学区(全体の五〇・九%)がコモンスクールの導入を拒否するという態度を表明しているが、そこからドイツ系の学区をのぞけば、導入を拒否する学区の比率は、一三・八%にすぎなかった。州南部・南東部の「ドイツ系居住区」(German Belt)の諸郡の場合、その六六・八%がコモンスクールを拒否しており、その数は、その他の郡の五倍にのぼった(HRCP 1834-1835, vol.2 : 896)。さらに一八三四―五年度の州議会の会期中に、コモンスクール法の廃案を求める嘆願書が三万二〇〇〇人以上の署名とともに議会に寄せられたが、これらの嘆願書を検討した下院特別委員会によると、そのうちドイツ系住民による署名は一万七〇〇〇人におよび、「嘆願書の署名のうち英語で書かれていたものは、一〇〇人のうち五人にも満たなかった」(HRCP 1934-1835, vol.2 : 650-3 ; Levine 1982 : 307-8)。

こうしたコモンスクールを拒否しようとする動きは、英語という共通性に抗して伝統的に受け継がれてきた民族宗教的な共同体の遺産を次世代に伝達しようとする、いわば「多文化主義」的な精神にささえられていた。しかし、言語の問題は、もう一つの宗教の問題にくらべるなら、それほど重大な事件を生みださなかった。ペンシルベニアのみならずアメリカを震撼させた問題は、コモンスクールの宗教問題である。それは、コモンスクールにおける「聖書講読」(Bible Reading) の時間に使用する聖書の問題である。

使用する聖書の問題　この時代にコモンスクールにおける聖書講読がどのくらい広がっていたのか、充分な調査は行われていないが、タイアック、マイケルセンによれば、一九世紀のコモンスクール論者が繰りかえし要求したことは、聖書講読が子どもの「道徳性」を高め「人格を形成する」うえできわめて重要であるということである。タイアックは「プロテスタンティズムを一般化するために聖書講読を教育の中心に位置づけることは、各コモンスクールに共通する知恵だった」と述べている (Tyack 1970: 212; Michaelsen 1970; Moore 2000: 1582)。コモンスクール運動がリベラル・プロテスタンティズムにささえられていたことを考えるなら、それも当然だろう。

しかし、だれもがリベラル・プロテスタンティズムに心酔していたわけではなかった。それを端的に示す事件が、さきほどもふれた、フィラデルフィアで勃発した「一八四四年暴動」(Riot of 1844) である。この暴動は、コモンスクールにおける聖書講読をめぐる対立を背景にしたもので、一八四四年五月三日から五日の三日間に、数千人から数万人の暴徒がフィラデルフィア市内を破壊してまわり、その間に五人が殺され、五〇人以上が重傷を負った。ちなみに、まだこの時代のフィラデルフィアに「警察」はなかった。現在の「フィラデルフィア市警察」(Philadelphia Police Department) は、この暴動をきっかけに一八五四年に創られたものである (Feldberg 1980: 9-32, 27, 115)。

この暴動をもたらした聖書講読をめぐる対立は、すでに「コモンスクール法」成立直後からくすぶりだしていた。

それは、二つの民族宗教的な共同体――すなわちアングロ・プロテスタントとアイリッシュ・カトリックとの対立・反目に発したものだった*。この時代のアングロ・プロテスタントは、多数派の民族宗教的な社会集団を構成するとともに、一八三〇年代・四〇年代に大量に流入してきたアイリッシュ・カトリックに強い嫌悪感を抱いていた。アングロ・プロテスタントには、カトリシズムが位階的で反民主的に見えた。彼(女)らから見れば、カトリックの教皇・司祭は、信者を自分の思いどおりにあやつり、「アメリカ的な生活様式」(ケースルのいうプロテスタント・イデオロギー)を否定しようとしているように見えたのである(Feldberg 1980: 10)。

＊ 同じような葛藤は、一八四二年にニューヨーク市でも起きている。Cutler 1972; Kaestle 1983 を参照。

フィラデルフィアのアングロ・プロテスタントたちは、コモンスクールは優勢な社会集団であり先住者である自分たちの価値規範を体現するべきである、と考えていた。だからこそ、彼(女)らは、フィラデルフィアのコモンスクールにおいてプロテスタントの聖書、すなわち『キング・ジェームス版聖書』(King James Bible / King James Version)*を使用することを繰りかえし求めた。たとえば、このアングロ・プロテスタントを支持する立場にあった雑誌、『ノース・アメリカン』は、一八四三年に、「プロテスタントによって計画され、プロテスタントによって指揮され、ほとんどプロテスタントによって財政的に維持されている……学校の運営に、カトリックが介入できる根拠は、何一つ存在しない」と述べている(*North American*, Jan, 14. 1843: 3; Levine 1982: 362-3)。

＊ 『キング・ジェームス版聖書』は、イングランド王にしてスコットランド王のジェームズ一世が有識者に作成させたもので、『欽定訳聖書』(AV [Authorized Version]) とも呼ばれる。同書の初版は一六一一年に出版されたが、一八世紀に誤植の訂正、綴字の統一などの修正が加えられ、一七六九年に、一九世紀以降の英語圏で広く使われるようになる「オックスフォード標準版」が出版された(永嶋 1988:

114-120)。カトリックの教会員たちは、この聖書を読むことを禁じられていた。同聖書が四〇五年に訳された「ヴルガータ聖書」(The Vulgate) すなわちラテン語聖書からの翻訳ではないためである。一九世紀前半のアメリカにおいて、しばしばカトリックの教会員は、この『キング・ジェームス版聖書』を衆人環視のもとに焼き捨てている (Fogarty 1982: 165)。

反プロテスタント=反イングリッシュの意識の強かったアイリッシュ・カトリックは、コモンスクールにおいてカトリックの『ドゥエイ聖書』(Douay [Doway] Bible)*を使用することを求め、プロテスタントのヘゲモニーを拒否する運動を起こし、ついには自らの文化的なアイデンティティを保持するために、コモンスクールそのものを拒否したのである。この『キング・ジェームス版聖書』拒否運動の指導者であったケンリック司教 (Kenrick, Francis Patrick. 1797-1863) は、一八四四年に「アメリカン・プロテスタント協会は、プロテスタントの聖書をカトリックの子どもに強要し……国家的なプロテスタント教育によって、私たちに唯一の国家宗教を強要しようとしている」と論じている (Diethorn 1966: 165; Levine 1982: 369; cf. Feldberg 1975: 89-91)。

* 『ドゥエイ聖書』の「旧約」部分は一六〇九/一〇年にドゥエイで、「新約」部分は一五八二年にリームズで出版されたために、『リームズ=ドゥエイ聖書』(『ドゥエイ=ラーンス聖書』)とも呼ばれる (Bible DRV 1990 [1582], 1990 [1609-10])。「新約」には「読者への序文」が付いており、そこでプロテスタンティズム批判が行われている。頁数は付けられていないが、八ページめに次のような記述がある。「プロテスタント、そして聖パウロが『偽りのなかを歩く者』(ambulantes in astutia) と呼ぶ者は、この国の人びと、そして世界の人びとを欺いている。[欺かれているのは] 知性に劣る者だけではない。彼らのつくった偽りの翻訳によって、彼らは神の法と契約の名の下に、そしてキリストの記した意志と言葉のかわりに、彼ら自身がつくった邪悪な文章と幻想を人びとに与えている……」(Bible DRV 1990 [1582], "The Preface to the Reder": [p.8])。翻訳については、永嶋 1988: 101-2 を参考にした。なお、アメリカで『ドゥエイ聖書』を最初に印刷出版したのはケアリーであり、一七九〇年のことである。

そして、この対立に拍車をかけた勢力は、戦闘的なうえに結束力も強かったアイリッシュ・カトリックの聖書使用の要求に不安を感じた民主党員たち、そしてホイッグ党員の一部があらたに結成した「アメリカ共和党」(American Republic Party)である。すでに一八四〇年代の初めまでに、ペンシルベニア州のさまざまな政党、とくに民主党は、民族的・宗教的な区分によって寸断されていたが、先住者のプロテスタント共同体の利害を代表する人びとは、一八四三年一二月に「アメリカ共和党」を結成し、移民よりも「先住者＝アングロ・プロテスタント」を優先する原則(「ネイティヴィズム」)にもとづく綱領をかかげた(Diethorn 1966 : 165)。そして同党は、聖書問題にたいして、プロテスタントの聖書を使うことを正当化し、カトリックの聖書を使うことを否定するとともに、カトリックの子どもがプロテスタントの聖書を用いた「聖書講読」の時間に出席しない自由も否定する、という徹底的な一元化の立場を打ちだした。つまり、カトリックの子どもは、『キング・ジェームス版聖書』を講読することで、カトリックの教皇の命令や司祭の押しつける信念を忘れてしまうべきだ、と主張したのである。

こうした緊迫した情況のなかで、ある女性教師の小さな訴えをきっかけに、「一八四四年暴動」は始まった。同年二月末に、アングロ・プロテスタントの教師ルイーザ・ベッドフォード(Bedford, Louisa)は、ケンジントンにあったコモンスクールで、労働者の子どもたちに読み書きを教えていた。ちょうどそのとき、フィラデルフィア市教育委員長とともにカトリックの司教であり教育委員だったクラーク(Clark, Hugh)が、規則にもとづいて、市内のコモンスクールを巡回していた。ベッドフォードは、自分の学校に彼らが来たとき、クラークに、聖書講読の時間にカトリックの子どもたちを教室の外に追い出さなければならないのはとても不幸な状態です、と告げた。彼(女)らが騒いだり、邪魔したりして、授業にならないのです、と。クラークは彼女に同情し、一つの提案をした。「あなたは、教育委員長がもっといい方法を考えだすまで、すべての聖書を使わないという方法をとってもいいのです」と。

ベッドフォードは、自分で考えて、クラークの提案にしたがった。彼女は、自分のクラスの子どもたちにたいして聖書講読をすることをしばらく中止した。しかし、このクラークの言葉は、彼が「学校から聖書を叩き出せ」と命じたとねじ曲げられて、たちまち市中に広がった。五月に始まる「一八四四年暴動」の直接的な引き金となったのは、この噂だった (Feldberg 1980: 10-11; 1975: 93-5)。

共通性の権力　ここでは、ペンシルベニア州における教育改革史をいろどる民族・宗教的な対立抗争の歴史をこれ以上追わない。この対立抗争の歴史は二〇世紀にまでおよぶが、勝利を収めたものは、アイリッシュ・カトリックではなく、ケースルのいうプロテスタント・イデオロギーである。それは、移民の増大するなかで分断されてゆく各家庭の宗教的な背景をこえて、また市場革命の浸透するなかで増大していく階級間の経済的な格差をこえて、子どもたちに教示される「共通性」(common culture) を構成していった。

のちにあらためてふれるが、ホレース・マンは、まさにプロテスタント・イデオロギーという「共通性」を希求した典型的な人物である。マンにとっては、コモンスクールは宗派対立や階級対立を解消するために「われわれにとっての共通の基盤 (common basis) である政治的な信念」をつくりだす「社会的機械」だった (Mann 1957: 97, 87)。彼は、コモンスクールの教育がもっとも道徳的な教育であり、コモンスクールの教育を受けないかぎり、どこの共同体に属する子どもであっても、どの階級に属する子どもであっても、どの宗派に属する子どもであっても、「結局、不道徳な影響を受ける」と述べているほどである (Mann 1848: 135)。

こうしたコモンスクールの共通性は、多元的文化(ポリグロットな状態)にたいする侵害ととらえることもできる。事実、ペンシルベニアのドイツ系住民や、アイリッシュ・カトリックにとっては、コモンスクールは共通性を強要する装置だった。それは、それぞれの共同体の民族宗教的な固有性に親しみ、それを守ってきた人びとの伝統を軽んじるものだった*。もちろん〈改革〉者たちがコモンスクール運動を始めたのは、多様な共同体の民族宗教的な固有性を否定するためではなかった。コモンスクール運動は、あくまでも「社会問題」を解決するために始められた。しかし同時に、〈改革〉者たちは、コモンスクールによる共通性の確立を絶対視していった。その結果として、多様な民族宗教的な共同体の価値が看過されることになったことも、また事実である。

* 充分な地理空間的な余裕があったことも関係しているのだろうが、植民地時代のアメリカにおいては、それぞれのタウンの自律性、民族宗教的な規範が尊重されていた。ベンダーは「植民地時代のアメリカは、同質的でそれぞれ独立した諸共同体という単位によって構成された異種混交の文化圏だった」と述べている（Bender 1978 : 69）。

6　道徳・成功指向の人格形成論の後景

道徳・成功指向の人格形成　これまで論じてきたように、コモンスクール運動は、リベラル・プロテスタントないしはホイッグによって開始された〈改革〉運動の一環であり、その主要な契機は、市場革命がもたらした淫行・暴力・貧困といった社会問題である。リベラル・プロテスタントの基本信条は、すべての人間の潜在的な道徳性を信じ、合理的な問題解決法を求め、「聖性習慣形成」「自己養成」によって道徳的人格を日常的に形成することであり、それは前章で確認したスコットランド道徳哲学の人間論・教育論と大きく重なっている。コモンスクール運動の教育概念を思想的にささえていたものは、こうしたリベラル・プロテスタントの信条である。

しかし、実際のコモンスクール運動において〈改革〉者が求めたものは、道徳的人格だけではなく、世俗的成功でもあった。ここでとりあげたヴォークス（ペンシルベニア）の場合と、よく知られているマン（マサチューセッツ）の場合とでは、温度差のようなものが感じられるが、大差ないだろう。クエーカー・エヴァンジェリカルのヴォークスの場合、「内なる光」という内在的な神性を前提としつつも、ためらいもなく生産性を高める道徳性を論じていた。ヴォークスにつづくフィラデルフィアの教育関係者が用いていたように、道徳・成功をもたらす人格形成を端的に示す言葉は「業績」だった。ユニテリアンのマンの場合、内在的な神性の完全性を求めながら、政治的支持を得るためにやむをえず成功に結びつく道徳性を論じていた。マンの施策を支持したマサチューセッツ州の教育関係者が論じた教育目的はおもに「情念の制御」だったが、この「情念の制御は、……社会的［上昇］移動の必要性とリンクしていた」。それは「未来に向けて［何かを］計画する能力であり」、「この能力を端的に表すキーワードが「制御」（control）、「自己規律」（self-discipline）、「自制」（restraint）」だった（Katz 1968: 121）。

こうしてみると、コモンスクールは、たしかに市場革命がもたらした淫行・貧困・暴力といった社会問題を解決する手段として具現化されていったが、皮肉にも、市場革命を加速する装置として機能する可能性を宿していたといえるだろう。繰りかえし確認するなら、コモンスクールが「秩序形成」「機会平等」の名のもとに、道徳・成功を指向する人格形成を正当化していったからである。潜在的に道徳的で可塑的な内面性という概念を可能にしてきたものは、たしかにスコットランド道徳哲学的な神性であるが、次章で再確認するように、業績（市場能力）指向の広まりとともに、この神性は人格概念からしだいに喪われていった。いいかえるなら、潜在的に道徳的で形成可能な人格の外皮はそのまま残ったが、そのなかにあるはずの神的な存在は後退していった。

道徳・成功指向の人格形成論の後景　さて、こうしたコモンスクール運動は、かつてリヴィジョニストが論じたような、資本家・中産階級の階級利害を反映したものではなく、市場革命という社会的文脈の構造的な力を反映したものである。コモンスクールの設立プロセスに、たしかに資本家・中産階級はさまざまな協会をつうじて密接にかかわっていたが、彼(女)らは、その政治的なプロセスにおいて、自分たちの階級利害を反映させるかわりに、業績(市場能力)指向の生き方を反映させていたからであり、そうした指向に労働者階級も賛同していたからである。

こうしたコモンスクール運動の背後に見えてくる現実の一つは、カッツネルソン、ルビンソンが指摘しているように、一九世紀のアメリカの労働者が、ヨーロッパの労働者とは異なり、強固な階級意識を醸成しにくかったという現実だろう (Kaznelson 1981, Katznelson/Wier 1985: 52; Rubinson 1986: 534)*。コモンスクールのような開放・単線型の教育システムと緩やかな階級意識との間には、アイロニカルな連関性を見いだすことができる。それは「資本家階級が自分たちの階級利益を労働者階級に強要しえなかったために生みだされた学校教育形態が、予想に反して、労働者階級の形成を制限するという結果を招いた」ことである。「ヨーロッパの学校教育形態は、資本家階級が自分たちの利益関心を労働者階級に強要する力があったために生まれたが、それは意図に反して、労働者階級の形成を強化するという結果を招いた。結論としていえることは、総体として、階級支配がうまくいったときに形成された制度は、なくしたいと思っていた階級葛藤を再生産し、階級利益の強要がうまくいかなかったときに形成された制度は、階級葛藤を思った以上にうまく抑制していった」ということである (Rubinson 1986: 545)。

* ルビンソンは次のようにも述べている。アメリカにおいては「資本家階級の権力と労働者階級の権力は、相殺的な関係にあるのではなく、相乗的な関係にあると考えるべきである。もしも労働者が階級として自分たちを組織するなら、資本家はこれに対抗して自分

たちを階級として組織するだろう。しかし、もしも労働者階級の形成が制限され分断されたままなら、資本家階級もまた同じようになるだろう」と(Rubinson 1986: 532)。

コモンスクール運動の背後に見えるもう一つの現実は、位階的分化から機能的分化へという社会的分化形態の重心移動だろう。それは、当時の社会情況が示しているように、旧来の地域共同体の上下関係が浸食されることであり、人びとが帰属性(出自)ではなく有用性(業績[市場能力])によって価値づけられることである。この重心移動によって、学校の社会的機能はしだいに変化していったと考えられる。図式的にいえば、位階的分化中心の社会においては、おもにカレッジ、大学が、少数の希少な能力(ヴァーチュ)をもつ若者を政治的・宗教的な指導者として養成するという機能をになうが、機能的分化中心の社会においては、おもに初等段階から高等段階にいたる教育システム全体が、すべての子どもにその努力・能力の多寡によって社会的地位を配分するという機能をになう。

コモンスクールがこのような機能システムの一つとなり、すべての子どもが経由しなければならない共通施設になる過程は、いくつかの文化的葛藤をともなっていた。その一つが使用する言語(英語とドイツ語)、使用する聖書(プロテスタントの『キング・ジェームス版聖書』とカトリックの『ドゥエイ聖書』)をめぐる民族宗教的な葛藤である。コモンスクールによって教えられる内容は、政治的・社会的な共通性と位置づけられていたが、実質的なそれは、優勢な民族宗教的な文化(「プロテスタント・イデオロギー」)だったからである。

この時代にコモンスクールの設立に反対した人びとは、コモンスクールそのものを否定したのではなく、コモンスクールのメタ機能(無意図的な機能)としてのプロテスタント・イデオロギーの絶対化を否定したのである。彼(女)らが守ろうとしたものは、民族宗教的な文化に枠づけられた地域共同体である。グレンは次のように述べている。「［ホレース・］マンや彼に追随する改革者の犯した間違いは……イエスの神への忠誠や自己犠牲にこだわりつづけて、また子どもに支配的な構造を伝えようとして、さらに人びとが現実に生きている［プロテスタント的な］世界観に固執しつづけることで、［異文化への］寛容の精神を失ったことである」と（Glenn 1987 : xi）。

グレンは述べていないが、マン、ヴォークスのようなコモンスクール論者が「寛容の精神」を失った理由は、彼（女）らがかたくなだったからというよりも、彼（女）らが機能性指向の社会を生きはじめていたからといえるだろう。いいかえるなら、言語・聖書をめぐる対立葛藤についてここで確認すべきことは、コモンスクールにおいて優勢な民族宗教的な文化（英語・プロテスタンティズム）が体制化したことではなく、コモンスクールという施設が対全体社会的な成員再生産機能を果たす機能システムとして確立されたことである。それは、これまで「義務教育化」＊と呼ばれてきた事態に重なるが、フーコー的な権力論からとらえるなら、コモンスクールが「権力装置化」することである。実質的にだれもこのコモンスクールの営みから逃れることができないからであり、またそこで教示される共通性を批判することが困難になるからである。

＊ 義務教育法の制定についていえば、マサチューセッツ州はもっとも早くて一八五二年、ニューヨーク州はつづく一八五三年である。しかしペンシルベニア州はおそくて一八九五年である。Richardson 1984: 476 を参照。

第5章　業績にとり込まれる人格概念

——喪われる神性

Character Included into Merit: The Lost Divinity

〈要約〉　一八五〇年代のアメリカ東部のコモンスクールの多くでは、均質な生徒集団としてのクラス、均質な学校知としての教科書にもとづいて、試験が行われるようになった。それは、同一の目的に向かって同一の条件のもとで(ケテリス・パリバス)競い争うという意味での「競争」(competition)指向の教育が広まったことを意味している。競争指向の教育は、基本的に市場革命を前提にした営みであるが、良心形成を指向する人格形成論者自身によって用意されたものとも考えられる。たとえば、マンは、競争を嫌悪し良心形成を指向する人格形成論者だったが、そのマンも、皮肉なことにも、競争指向の教育を存立可能にする台座を用意することに貢献したといえる。マンが競争の土俵となる学校的均質性を準備したからである。あくまでも仮説としてであるが、こうした学校的均質性にささえられた競争指向の教育、業績指向の考え方は、じっさいの教育現場において情愛を指向し良心形成を指向する教育を凌駕していったと考えられる。その意味では、コモンスクールは、その物質的装置によって、教育の現場から、ウィザースプーン、ラッシュ、ジェファソン以来の、そしてマン自身が信奉していた道徳哲学的な人格概念を変容させていったといえるだろう。

1　競争指向の教育への態度

教育における競争の否定／肯定　一九世紀半ばにおけるアメリカの教育論議の一つは、教育における「競争」(emulation/competition) を認めるかどうかだった。競争に暴力・妬み・虚栄といった否定的な情念を見いだす人にとっては、競争は教育から排除されるべきものだったが、競争に活力・進歩・栄誉といった肯定的な情念を見いだす人にとっては、競争は教育に組み込まれるべきものだった。このような、教育における「競争」の是非をめぐる議論の起源は、ラッシュ、アダムズをこえて (第3章第5節)、一八世紀初期にまでさかのぼることができる。

たとえば、イングランドの思想家ロウ (Law, William 1686-1761) は、一七二九年に『厳粛な呼びかけ』(*A Serious Call*, 1729) において、「近代教育」(modern education) について次のように述べている。「私たちは、子どもを煽動し、子どもが闘争・野心の原理、誇り・妬み・卓越の欲望にもとづいて行為すること、つまり他人に勝ち、世間の注目を集めることを求めている。……また私たちは、子どもが他人に負けることをいやがり、相手の罠をかいくぐり、つねに称賛されたいと思い、最高の卓越性以外のものでは満足しなくなることに満足しているし、こうした卓越性指向の若者によってこの世界が善くなるという希望を抱きはじめている」と (Law 2000 [1729]: Chap. XVII)。

ロウにとって、こうした「近代教育」に蔓延していた「競争」(emulation) は悪しきものだった。彼にとって「いわゆる競争というものは……礼儀正しい妬みか、暗く忌まわしい情念のうちでもっともましなもの以外の何ものでもな」かった。そして「妬みというものは、けっして人間の根源的な性向ではなく、競争したいないし称賛されたいという欲望から生じる必然的で不可避の結果」だった。したがって競争は、ほかならない人間自身が人間を反社会的な人間におとしめる契機であり、つまるところ、人間の「神にたいする最悪の背信行為」の一つだったのである (Law 2000 [1729]: Chap. XVIII; Lovejoy 1961=1998: 273-4)。

ロウの競争批判を背後からささえていたものは、『聖書』の言葉である。新約聖書のなかの「ガラテアの信徒への手紙」は、競争を「聖霊」(Spirit) の営みではなく「肉」(flesh) の営みと位置づけ、「肉」の営みをする者は「神の王国を受けつぐことはできない」と断言している。「肉の業はあきらかである。それは姦淫、猥褻、不潔、好色、偶像崇拝、魔術信仰、敵意 (hatred)、敵対 (variance)、競争 (emulation)、怒り (wrath)、利己心、不和、反目、妬み、殺人、泥酔、酒宴などである」。これにたいして「聖霊」のなせる業は「愛、歓喜、平和、寛容、優しさ、善意、誠実、柔和、節制である」。「聖霊」とともに生きたいのなら、「虚しい栄光を求めたり、たがいに挑みあったり、妬みあったりすることはやめるべきである」と (Bible KJV 1972 [Galatians 5: 19-26]: 233 [傍点は引用者])。

ロウの批判から三〇年後、一七五九年に、アダム・スミスは『道徳感情論』(*The Theory of Moral Sentiments.* 1759) において「競争」を仲間からの承認・称賛・尊敬を獲得するための契機ととらえている。「すべての身分において人びとが行っている競争 (emulation) は、どこから生じるのだろうか。そして、私たちが「自分たちの状態の改善」と呼んでいる人生の大目的のために、競争によって得ようとする利益は何だろうか。それは、人から観察されること、注目されること、それも明らかな共感、また好意・承認とともに注目されることである。安楽や歓喜ではなく栄誉[虚栄]が、私たちが競争に引きつけられる理由である」と (Smith 1976 [1759]: 62-3)。

アダム・スミスにとって、「競争」は、「共感」と分かちがたい善い行為だった。人間は、成功者の偉業をよく「理解」すること、つまり成功者に「共感」することによってはじめて、自分自身を改善し進歩しようと動機づけられるからであり、また実際に進歩をめざして「競争」し始めるからである。アダム・スミスにとっては、「共感」は社会的結合を促進するものであり、「競争」は社会的進歩を強化するものだった。

マンとデモクラット　一九世紀半ばのアメリカにおいて、教育における競争の是非をめぐるもっとも有名な議論は、マサチューセッツのコモンスクール運動の立役者マンとマサチューセッツ州議会のデモクラットたちとの論争だろう。この論争にも、一八世紀に見られたような、競争に暴力・妬み・虚栄といった否定的な情念を見いだす態度と競争に活力・進歩・栄誉といった肯定的な情念を見いだす態度との確執を見いだすことができる。

マンは、有用な労働者を生みだすという意味で「教育は市場価値をもっている」が(Mann 1937 [1865]: 151)、学校のなかに見られる「競争」は社会にあふれる「暴力」に由来するものであり、その「暴力を増長させるもの」だと考えていた。「子どもの教育の場を一瞥するだけでも、戦争という大きな悲劇の準備段階とでもいうべき格闘技、兵隊ごっこに夢中になっている子どもたちの姿が見えるだろう。それらは、やる者とみる者の両方にあらゆる種類の反社会的感情を生みだし、精神力をすべて破壊的なものにつなげていく道を用意する」と(Mann 1840: 58)*。

* マンについての教育思想史的な研究は少なくない。アメリカにおいては、教育の生産性を論じたVinovskis 1970、マンの生育史と公教育論との関係を論じたFinkelstein 1990などがある。日本においては、渡辺 1981、久保 2004がある。

業績にもとづく競争を高く評価したデモクラットにとって、マンのように競争を否定しすべての子どもを均質的に道徳化しようとする態度は、「集権的」で「独裁的」な態度に見えた。一八四〇年にデモクラット中心に構成された、マサチューセッツ州議会の「教育立法委員会」(House Committee on Education)は、マン(ホイッグ)に支配されていた州教育委員会とノーマルスクールの廃止を提言する報告書を州議会に提出している。同報告書は、州教育委員会はやがて「教育を統制する権力」に変質していくだろうと警告している。教育立法委員会にとっては、州教育委員会がプロシア的な体制をめざし競争を否定することは、「非効率的」で「集権的」で「独裁的」な教育体制をつくることだった。同報告書は「単一のモデルにもとづいてすべての学校を形成しすべての教師を養成しようとするどのような試みも、すべての競争(competition)、すべての競合(emulation)＊、さらに進歩の精神そのものも破壊してしまうだろう」と述べている(MHCE 1840: 2-7 [Katz 1987: 33 から引用])。

＊　ここではやむなく competition を「競争」、emulation を「競合」と訳し分けたが、この時代、この二つのほぼ同じ意味で使われていた。もっとも、エティモロジカルにいえば、この二つの言葉はかなり異質である。competition の語源はラテン語の competere であり、すくなくとも古代・中世における competere は「同時・平行・一致・合意」などを意味し、競争を意味していなかった。「他者が得ようと努力しているものを得ようと努力する行為」を意味する competition は一六〇八年にはじめて用いられ、competitive という形容詞は一八二九年にはじめて用いられた。そして「同一の商品をもつ人びとが買い手を得るために争う(はりあう)」を意味する competition は、一七九三年にベンサムによってはじめて用いられた。しかし、日本語の「競争心」「負けん気」に相当する言葉は、ふつう spirit of competition ではなく spirit of emulation である。この emulation の語源はラテン語の aemulus (emulous) であり、それは「負けまいとする」「熱心にまねする」を意味していた。emulation は一五五二年にはじめて用いられ、それは当時「なんらかの業績・性質においてある者と同等ないしそれ以上になる努力」を意味していた。また、emulation の動詞形 emulate は一五八九年にはじめて用いられ、それは「ある者に追いつく」「ある人をみならう」を意味していた(Agnew 1986: 38=1995: 64; OED 1991: competition, emulation)。

しかし、マンにとっては、教育立法委員会の過半数を構成するデモクラットこそが闘争・競争にあけくれる「党派的な人間」(party-man)であり、低位の情念にとらわれていた人間だったのである。マンは、議会にむらがるような「党派的な人間こそ人類の敵にほかならない！　自分の船を難破させることが彼らの唯一の目的であり、彼らは、すべて誰が溺れようと知らん顔をしているのだ」と激しい口調で告発している(Mann 1937: 123-4)。マンにとっては、すべての競争は、より優れたものをより早く生みだす合理的な方法などではなく、権益のためだけに糾合する党派的な人間、自分(たち)のことしか考えられない自己中心的な人間を生みだす悪弊でしかなかった。

学校的均質性とその効果　しかし、このように競争をめぐって対立したマンとデモクラットがともに予想していなかったことがある。それは「同一の条件のもとで」競うという意味での競争概念の物質的な存立条件である。一方のデモクラットは、単一のモデルにもとづいてすべての学校を形成しすべての教師を養成しようとすることが均質な学校空間を構成することであり、彼らの望む競争を生みだすうえで不可欠であることを理解していなかったように見える。他方のマンは、自分が教科書を統制してカリキュラムを一本化することが均質な学校空間を構成することであり、結果的に競争を生みだしてしまうことを理解していなかったように見える。つまり、デモクラットにもマンにも見えなかっただろうことは、コモンスクールが同一の教科書、均質なクラス、公正な試験*によって均質空間となるときに、私たちのよく知っている教育上の競争が一般化することである。

＊ 日本におけるクラス、教科書についてのモノグラフとして、北野 2003; 藤本 1991, 2002 がある。北野の研究は算術の教科書についての詳細な分析をふくんでいる。藤本はおもにケースル、フィンケルスタインの研究(Kaestle 1983; Finkelstein 1989)に依拠し、一九世紀前期における教室、教科書、授業の変遷、グレード制の登場を指摘している。なお、試験の歴史研究の端緒をつくったフーコーによれば、試験は一八世紀初めのヨーロッパにはじめて登場した。それは、教育領域に個人を定位させる装置——個人にかんする記述、個人と個人との比較、個人の歴史(履歴)、個別のファイル(表簿)——を登場させた。なるほど、試験の起源は、一二世紀の中世大学(Paris/Bologna)の inquisitio(探求)にまでさかのぼることができると指摘されているが(Saenger 1982)、この inquisitio は、オラルな問答形式であるうえに、他の者と比較可能な数量的な評価方法ではなく、教授と学生とのあいだでの一回性の質的な評価方法である。ただし、フーコーがいう記述式で数量的で相対的な評価方法の試験は、ホスキンスによれば、フーコーの主張とは異なり、一八〇〇年ご

ろに出現している(Hoskins 1979; Hoskins/Macve 1986)。

また、こうした学校の均質空間化によって加速されたと考えられる学校内部での競争は、コモンスクール誕生期の人格形成概念に組み込まれた成功指向、業績指向をいっそう強化するだけでなく、人格概念を変質させていったと考えられる。学校内部での競争においては、自分が他者に優ること、すなわち完全に自分から分けへだてられた神の存在よりも、同じ土俵にいる他者と自分との関係が主題化されるからである。結論を先取りしていえば、新しく登場する人格概念は、ウイザースプーン、ラッシュ、ジェファソン、マンがとなえた道徳哲学的な人格概念ではなく、私たちのよく知っている対他機能的な人格概念である。残念ながら、本章において、そのプロセスを具体的に明らかにすることはできないが、こうした仮説をささえる歴史的事象について、いくつか確認したい。

まず、コモンスクールと比較するために、ディストリクトスクールの教育実践について概観したあとで、コモンスクールにおけるクラスの登場、教科書の広がりについて確認し、これらを前提にして試験が可能になったことを示そう(第2節)。つづいて競争を批判した人格形成論としてニューイングランド・ペダゴジー(情愛指向の教育論)についてふれるとともに(第3節)、競争指向によって人格概念が変質したことについて確認しよう(第4節)。そして最後に、教育における競争指向を後押ししたものについてふれたい(第5節)。

2　クラス、教科書、試験

ディストリクトスクールの時代

一九世紀後半のアメリカ東部の都市部におけるコモンスクールの一般的な授業形

態は、現在の日本の多くの学校と同じように、「グレード」*と一体である「クラス」における「一斉口述」(simultanious recitation) である。精確とはいえないが、とおりのいい表現をするなら、それは「一斉教授」である。この場合の「グレード」は、一定の到達段階ないし年齢段階であり、のちの「学年」(age-grade) の原型である。また「クラス」は、グレードによって均質に種別化された学習者の集団である。

* ちなみに、現代のアメリカの学校教育において、gradeという言葉はすくなくとも三つの意味で使われている。graded schoolといった場合、gradeは階層化された「学年」をさし、first grade、second gradeといった場合、それは初等学校、中等学校という「学校段階」をさし、grade A、grade B、grade Cといった場合、それは個人の「成績」をさす。

グレードとしてのクラスは、一八二〇年代までアメリカ東部の都市部で設営されていたディストリクトスクール (district school)*には存在しなかった。第一にディストリクトスクールに在籍した子どもの生活経験・年齢段階が多様だったからであり、第二に標準化された教科書 (textbook) が使われていなかったからである。ディストリクトスクールの建物は一つの部屋である「教場」(schoolroom) であり、のちの都市部のコモンスクールのように、複数の「教室」(classroom) から構成されていなかった (Finkelstein 1989; Spring 1990: ch.6)。

* district schoolは、直訳するなら「地区学校」となるが、ここでは歴史的固有名詞と考えて、カタカナで表記する。

確認しておくなら、ディストリクトスクールの場合、まず、就学年齢の法的規定がなかったために、子どもの年齢はばらばらであり、また出席日数の法的規定もなかったために、登校日時も不規則だった (Angus, et al 1988: 212-8)。たとえば、敬虔なカルヴィニストの家庭に育ったホレース・マンですら、一五歳になるまでは、ディストリクトスクールに年間一〇週以上通ったことがなく、グラマースクールにはまったく通っていなかった(しかし、彼はほとんど独学で古典語を学んで、ブラウン大学の入学試験に合格した[Mann 1937 (1865): 12]。

また、ディストリクトスクールの教材は、基本的に生徒が個別に持参してくる多様な本だった。こうした本は「学校本」(schoolbook)と呼ばれていた。学校本とは、文字どおり学校で使われた本すべてであり、たとえば、平易に書きかえられたシェイクスピアの戯曲、さまざまな教理問答集(カテキズム)、自分で学べるように作られた文法の本などである*。教師は、同じ学校本をもってくる生徒を集めて一つの「クラス」にすることもあったが、読本のさいに使う聖書をのぞけば、同じ本をもってくる生徒は二、三名であり、生徒の数が増えても、本の種類が増えるだけだった。したがって、おもな授業形態はそれぞれの子どもに課題をやらせる個別学習だった。たとえば、ニューヨーク州の農村地帯カユーガ郡では、一八四四年になっても、郡内二一〇の学校において一〇〇種類以上の学校本が使われ、クラスの平均生徒数は二名弱だった(NYSSCS 1844: 157 [Hamilton 1989=1998: 140 から引用])。

* 『オックスフォード英語辞典』(OED)によれば、schoolbookという言葉が登場するのは一七五〇年代であり、この言葉が一般的に使用されるようになる時期は一七七〇年代である(OED 1991: school book)。それは、学校の授業だけでなく、「兵士、水夫、徒弟、田舎の若い農夫」の「自己修養」(self-tuition)にも使えるものとして作られたものである。一八〇五年に設立され一八五〇年までニューヨークのコモンスクールを実質的に設営してきたニューヨーク公共学校協会は、学校で使う本をtextbookといわずに、bookないしschoolbookと呼んでいた(Bourne 1870)。レーマン・ハウプトによれば、アメリカにおける印刷本総数のうちの学校本は、一八二〇年には二五〇〇万冊のうちの七五万冊であり、占有率は三・〇%、一八三〇年には三五〇〇万冊のうちの一一〇万冊であり、占有率は三・一%、一八四〇年には五五〇〇万冊のうちの二六〇万冊であり、占有率は四・七%、そして一八五〇年には一億二五〇〇万冊のうちの五五〇万冊であり、占有率は四・四%である(Lehmann-Haupt, et al. 1951)。

グレードとしてのクラスの登場　すでに一七九〇年の段階で、ウェブスターは、学校のなかに一定程度の能力をもつ生徒集団としての「クラス」を設けることを提案しているが(Webster 1965 [1790])、実際にグレードとしてのクラス(以下、たんに「クラス」)がアメリカ東部のコモンスクールに登場しはじめた時期は、一八五〇年前後である。マサチューセッツ州では、一八四四年に「年齢と到達度によるクラス化」と「一人の教師が一つのクラスを担当すること」の教育的有用性を説いたマンの「プロシア教育視察報告」(Mann 1844)を受けて、一八四八年にフィルブリック(Philbrick, John D. 1818-1886)が、クインシー・グラマースクールにクラスをはじめて導入した。これによって、同スクールには、クラスルームごとの教師が配置され、生徒ごとの机・椅子が用意され、六ヶ月ごとの進級方法が採用されることになった(Tyack 1974: 44-5; cf. Angus, et al. 1988)。一八五二年には、ペンシルベニア州のコモンスクールにも、クラスが導入され、同様の事態が生じた(Burrows ed. 1855: 15)。タイアックは「一八六〇年までに[アメリカの]ほとんどの都市、大きなタウンの学校はグレード化されていった」と述べている(Tyack 1974: 45)。

当時、クラスは、教授活動を省力化するとともに、生徒の知識獲得を充実させるものと考えられていた(Katz 1975=1989: 91)。一八四四年にニューヨーク州教育委員会は、次のように述べている。「学校の生徒たちをクラス化する主要な利点の一つは、それによって教師の時間が大いに節約されることである。……教師は、生徒たちの年齢や能力などを考慮して、彼らをほぼ均質である二つのクラスに分けることで、その教科に必要な時間の九割を節約できるだろう。そして、これによって生徒たちは、クラス化がまったく行われなかった場合よりも一〇倍も多い口述説明を受けられるだろう。口述説明が絶対に必要であり、生徒たちの知識獲得にとってもっとも重要な手段であることを考えるなら、クラス化はとても重要である」(NYSSCS 1844: 138)。

こうしたクラスの成立は、モニトリアル・システムにかわり一斉教授を制度化していったといえるだろう*。確認しておくなら、モニトリアル・システムは、多くの子どもを一同に集めつつも、複数のモニターがそれぞれ少人数の生徒集団を個別的に指導するという教授形態であり、一斉教授ではなかった。なるほど、実際の運用においては、各モニターの担当する生徒集団が同質的な到達度である生徒からなる「クラス」となることもあったが(Finkelstein 1970: 18-9)、その場合でも、個別指導が行われているかぎり一斉教授とはいえない。

＊　アメリカにおいてモニトリアル・システムにもとづく学校がはじめて開設されたのは、一八〇六年のニューヨークにおいてである。それからのち、およそ一八二〇年代あたりまで、モニトリアル・システムにもとづく教育実践は、一世代まえの位階的権威と肉体的懲罰を方法原理とした強制的な教育にかわる新しい「効率的な教育方法」として歓迎された。しかし、アメリカ東部におけるモニトリアル・システムの流行は、二〇年たらずで終わってしまった。ペンシルベニア州議会は、一八一八年にフィラデルフィアに新しく設立したディストリクトスクールの校長としてランカスター当人をあてたが、一八年後の一八三六年、ペンシルベニア州議会がコモンスクール法案を成立させたとき、フィラデルフィア市教育委員会はモニトリアル・システムを放棄し、一斉教授を行う「グレード制クラスシステム」を導入した(なお、ランカスター本人は一年たらずで校長職を辞している)。同じように、ボルティモア市教育委員会は、一八二九年にコモンスクールの設立と同時にモニトリアル・システムを導入したが、一八三九年にこのシステムを放逐している(Johnson 1994: 11-5)。ニューヨーク市教育委員会は例外で、一八〇六年に導入したモニトリアル・システムを一八五三年まで維持していた(Bourne 1870: 18-9, 600; Reigart 1916: 94)。モニトリアル・システムが放棄された理由はいくつか考えられる。ライガード、ジョンソンの指摘するところによれば、①モニター役の子どもが不足してきたこと、②文化的背景の違う子どもたちをグループ化することが難しかったこと、③一斉教授のもつ利便性が明らかになったこと、などである。②、③の理由の背景には、都市への人口流入、移民の大量流入、つまり都市部のコモンスクールにおける児童数の激増という社会情況・教育情況があった(Johnson 1994: 11-5; Reigart 1916: 97-8)。

クラスの成立はまた、「発達段階」「人格状態」とでも呼べるような心理学的な概念を制度化していった。年齢ないし在籍年数にそくしたおおまかな道徳的・認知的な状態の変化が見えるようになったからである。たとえば、一四歳で大学入学を許されるような生徒は「早熟」(precocity) と見なされるようになり、何回も同じグレード=クラスにとどまる生徒は「怠惰」(truant) と見なされるようになった。一八六七年には、フィラデルフィア、ニューヨーク、ボストン各市のコモンスクールに「怠惰」(truant)、「無能」(incompetent)、「馬鹿」(dunce) と評価された生徒を収容する「グレード外クラス」(ungraded　classroom) が設けられた。場所は、多くの場合、地下室や隔離された別棟だった (Baltimore City School Committee 1867: 13 [Finkelstein 1970: 125-6 から引用])*。

* アメリカのコモンスクールに、加齢とともにグレード=クラスが上がっていく「自動的進級制」(automatic promotion) ないし「年齢学年制」(age-grading) が導入されるのは一九〇〇年以降であるが、その経緯はいささかアイロニカルである。なによりもそれは、個々の教師の試験が共通化・規格化されたテストに代替されるプロセスのなかで確立されていったからである。一九世紀における進級の可否決定はそれぞれの教師の専管事項であったが、進歩主義期に組織的効率の概念が重視されてくるとともに、進級の可否決定は州教育局の管轄事項になった。それと同時に、進級制度は、基本的に年齢=能力の原則にしたがった自動的進級制になったが、同時に州内全域で実施される「標準試験」も導入された。フィラデルフィアの場合、一八八三年に教育長マカリスターによって「標準試験」すなわち「すべての学校に共通する同一問題の一斉試験」がハイスクールをのぞくコモンスクールに導入された (PBE 1883: 96ff)。この「標準試験」によって、個々の教師の教授権限が大幅に縮小されるとともに、進級ないしコース配置のための試験／通常の教室の試験という区別が定式化されていった (Hogan 1990b; Labaree 1988; 田中 1988 参照)。

教科書の広がり　「教科書」*は、こうしたグレード=クラス化された学校における教育方法・カリキュラムの中心に位置づけられた。教科書がアメリカで他の本から区別された学校での教授専用の本として広まりはじめた時期は、ほぼ一八三〇年代から四〇年代で、コモンスクールが登場し、子どもの工場労働が法的に制限・禁止され（一八四二年にマサチューセッツ州は一二歳未満の子どもの週間労働時間を一〇時間までに制限し、一八四八年にペンシルベニア州は一二歳以下の子どもの工場労働を禁止した [Bremner, et al. 1970: 817-21]）、そして輪転機が発明され印刷技術が高度化したころである(Altick 1957)。おそくとも一八六〇年代には、教科書の生産は、アメリカそして英国の出版業界の主要な業務内容になったが、まだ法的規制の対象にはなっていなかった。

＊ textbookという言葉が英語圏で登場する時期は一八三〇年代である。OEDによれば、最初にtextbookと称した本は、一八三〇年に匿名で刊行された『若い文章家のための教科書』(*Textbook for Young Letter-Writers.*)である(OED 1991: textbook)。textbookという言葉は、訳文・評釈にたいする原文・原典を印刷したものという意味のtext bookとして登場し、しだいに連語text-bookにかわり、さらに単語textbookにかわっていった。

多くのコモンスクールで使われた教科書は、基本的に読本・綴字・文法・地理・歴史・算術だった。直接の影響があったかどうかわからないが、一八四三年、パーマー(Palmer, Thomas H. 1782-1861)は、『教師の手引き』という本で、コモンスクールでかならず教えるべき教科として「読本・綴字・正字法・文法・地理・歴史」の六科目をあげている(Palmer 1843: 12-49)。ちなみに、同書は、一八三八年に大きな教師協会である「アメリカ教育協会」(American Institute of Instruction)が五〇〇ドルの賞金をかけて、「私たちのコモンスクールにもっともふさわしい教育システムは何か」というテーマで論文を募ったときの、最優秀論文である。

さて、コモンスクールでおもに使われた教科書は、その出版部数から推測することができる。もっともよく使われたと考えられるコモンスクールの「読本」の教科書は、W・H・マガフィ(McGuffey, William Holmes 1800-79)が著した『選定読本 第一～第四』(*Eclectic First Reader.* 1836; *Eclectic Second Reader,* 1836; *Eclectic Third Reader.* 1837; *Eclectic Fouth Reader.* 1837)、そして弟のA・H・マガフィ(McGuffey, Alexander Hamilton 1816-1896)が著した『修辞ガイド第五』(*Rhetorical Guide or Fifth Reader.* 1844)、『新選定読本 第六』(*New Sixth Eclectic Reader.* 1844)だろう。兄のマガフィの作成した「選定読本 第一～第

四」は、一八三六／七年にシンシナティの出版社から初版が公刊されて以来、一八三六～五〇年に七〇〇〇万部、一八五〇～七〇年に四〇〇〇万部、一八七〇～九〇年に六〇〇〇万部も印刷されている(Spring 1986: 141)。「綴字」「地理」「歴史」「算数」の教科書についても、同じような寡占状態が生じている*。

＊ 一九世紀のコモンスクールで広く使用されたと考えられる「綴字」の教科書は、ウェブスター(Webster, Noah)の作成した *Elementary Spelling Book* (New York, 1829) であり、それは一八九〇年までに一億部販売されたといわれている(小林 1997: 234-5; 北野 1999a: 28)。広く使われた「地理」の教科書は、ウッドブリッジ(Woodbridge, William C. 1794-1845) の *Universal Geography* (Hartford, 1824)、*Rudiments of Geography* (Hartford, 1829)、S・G・グッドリッチ(Goodrich, Samuel G. 1793-1860) の *A Geographical View of the United States* (New York, 1829) である。また広く使われた「歴史」の教科書は、C・A・グッドリッチ(Goodrich, Charles A. 1790-1862) の *History of the United States* (Boston, 1821) であり、これは一五〇版を数えた(Finkelstein 1970: 87ff)。「算数」の教科書は、W・コルバーン(Colburn, Warren 1793-1833) の *First Lessons in Arithmetic on the Plan of Pestalozzi* (Boston, 1821 [=*Intellectual Arthmatic upon the Inductive Method of Instruction.* 1826])、*Arithmatic: Being a Sequel to First Lesson in Arithmetic* (Boston, 1822)、またF・A・アダムズ(Adams, Frederic A.)の *Arithmetic in Two Parts* (Boston, 1847)、D・P・コルバーン(Colburn, Dana P. 1823-1859) の *The Common School Arithmetic* (Philadelphia, 1860)、J・レイ(Ray, Joseph 1807-55) の *Primary Lessons and Tables in Arithmetic for Young Learners* (Cincinnati, 1862) などである(北野 1999a; Johnson 1904: 312ff; Finkelstein 1970: 77ff)。

もっとも、コモンスクールで使われる教科書がグレード＝クラス別に編成されていく時期は、かなりおそくて一八八〇年前後である。たしかに、一八三〇年代においても、教科書は一定の難易度にもとづいて構成されていた。たとえば、さきにふれたマガフィ兄弟の「読本」の教科書は六段階に分かれており、段階を上がるごとに言葉も内容も洗練されている。しかし、これらの段階がクラス＝グレードに一致していたという証拠はない。また、コモンスクールで広く使用されたアダム、コルバーンの「算数」の教科書も、使用するべきグレード＝クラスを特定していない。一八七〇年代になっても、多くの教科書はグレード＝クラスを特定することなく、「若年用」「初等用」という一般的な対象表現をするにとどまっていた(Chudacoff 1989: 38)*。

*　「読本」のような教科書において肯定的に描かれる大人・子どもは、当時の人格概念の中身を行ううえで貴重な史料であるが、ここで詳しく分析することができない。フィンケルスタイン、エルソンの研究によれば、コモンスクールの「読本」に登場するのは、たとえば、アルジャー(Alger, Horatio, Jr. 1832-1898)が語るような、国家と神を愛し、権威に従順で自己規律し自己統治し、倹約し勤勉で正直な子どもである。こうした善い子は、つねに悪い子とともに登場し、善い子は、かならずその善いふるまいのおかげて、善い人生をおくる。すなわち、誰からも賞賛され、世界的な規模で成功する人生をおくる。これにたいして悪い子は、その悪いふるまいのせいで、最後にかならず災難に会う。突然、事故にあって死んだり、病気になったり、人びとに無視されて孤独に死んだりする(Finkelstein 1989: 20-21; 1991: 476; Elson 1964)。なお、アルジャーは、マサチューセッツのユニテリアン派の牧師だったが、一八六六年、教区内の少年との同性愛を疑われ追放された。その後ニューヨークに住み、少年物の小説を一〇〇編以上出版するが、どれも貧困と誘惑と闘う少年が、強靱な人格を形成し、やがて富と名声を手に入れるという立身出世物語である。アルジャーの小説は彼の死後、爆発的に売れたが、生前の唯一のベストセラーは一八六八年に出版された『ぼろ服のディック』(*Ragged Dick*)だけである(志村 1996)。

試験の登場　コモンスクールにおける試験は、クラスが導入されて、進級の可否を決定するために実施されるようになった。導入された年代を確定することは難しいが、およそ一八五〇年代から六〇年代と考えてよいだろう(Tyack 1974: 45,47-9)。多くは、三ヶ月ごとに行われた「季節試験」か、半年ごとに行われた「学期試験」だったと考えられる。ホーガンが詳細な検討を加えているフィラデルティアの事例について、簡単にふれておこう。

一八五二年、のちに(一八六六〜八〇年)ペンシルベニア州教育長に就任するウィッカーシャム(Wickersham, James Pyle 1825-1891)は、クラスが導入された時期のフィラデルフィアの各学校を訪れ、次のように述べている。「市内の学校は、五つ[なぜ四つではなく五つなのか不明―引用者]のセクションに分かれていて、試験を受けなければ、誰も上のセクションに上がることはできない。生徒は、プライマリースクールに入学してからハイスクールを卒業するまで、すくなくとも二三回の試験に合格しなければならない。下の学校[プライマリースクール、セカンダリースクール、グラマースクール]でそれぞれ五回[計一五回]、ハイスクールで八回である。……この試験のかわりになるものは存在しない」(Wickersham 1853: 465 [Hogan 1992: 46 から引用])*。

ウィッカーシャムの言及している「ハイスクール」は、女子校の「ガール・ハイスクール」だったと思われるが、男子校の「セントラル・ハイスクール」で行われていた進級試験は、「八回」どころではなかった。生徒は、各教科と道徳性について、一コマごと、二週間ごと、一月ごと、さらに一年ごとに試験を受けなければならなかった。生徒は月末試験によってグレード(クラス)内の「席次」(position/seating)を決定されると、ひと月間、その「席次」にいることができた。また、年度末試験によってグレード(クラス)を決定されると、生徒は一年間そのグレード(クラス)にいることができた。生徒は、一年間にすくなくとも二四〇〇回の「クラス試験」(class evaluations)、二四回の「隔週試験」(quarterly exams)、一二回の「月末試験」(semiannual exams)、一回の「年度末試験」(annual exhibition)を受けなければならず、四年間の総試験回数は、じつに九七〇〇回におよんだ(PBCPS 1844: 94; 1846: 126ff; 1848: 126-7; 1850: 93-9, 178 [Hogan 1990b: 257-9 から引用])。

おそくとも一八五〇年代以降のハイスクールにおける試験の実施形態は、(回数はともかく)現代の試験のそれと大きくちがわなかったといえるだろう。入学試験を例にとっていえば、フィラデルフィアのハイスクールの場合、一八五〇年以降、全教科にわたって筆記試験となり、また絶対評価ではなく相対評価となった。受験者は名前ではなく番号で示され、「たがいに写しあうことを避けるために隔たった机にすわらされた」。また教師は「[受験者が]本を見たり、写したり、隣同士で話したりすることを禁じるために」机間巡視することを義務づけられていた。また解答用紙は、厳重に保存され、上位の者から順に入学を許された（PBCPS 1850: 85, 89, 91-2［Hogan 1992: 51-2 から引用］）。

3　競争を否定する人格形成論

マンの道徳的な人格形成論　概括的な表現になるが、一九世紀後半のコモンスクールにおいて、ほぼ同一の年齢か同一の到達度の生徒たちからなる均質なクラスが実質的に形成されていったといってよいだろう。このころから、生徒は、同一の教科書によって教えられるようになり、同一の試験によって進級の可否を決められるようになったからである。それは、教育内容・教育方法・教育評価の実質的な「標準化」が進行し（Finkelstein 1989: 18）、学校が子どもにとっての均質空間へ変貌していったということである。

確認したいことは、子ども間の競争が、こうした教育の標準化ないし学校の均質空間化によって、否が応でも加速されていったということである。そのことは当時すでに認識されていた。先にふれたペンシルベニアのウィッカーシャムは一八五三年に、子どもたちの競争心を生みだしたものは「現にそこで稼働しているクラスルームシステム」であると述べている。「生徒たちの野心や競争心は、教師が生徒に言いふくめてつくりだされたものでもなければ、なにか他の動機によってつくりだされたものでもない。生徒たちの野心と競争心は、現にそこで稼働しているクラスルームシステムのもたらした結果である」と（Wickersham 1853: 465［Hogan 1992: 46 から引用］）。

しかし、異なる考え方をもつ人びと、すなわち子ども間の競争を生みだしたものは悪弊・暴力に満ちた社会であり、こうした社会から子どもたちを守ることこそ教育の使命であると考える人びともいた*。その典型が、本章の冒頭でふれたマサチューセッツのホレース・マンである。マンにとっては、競争は汚れた外部社会から神聖な学校に侵入してくる「ヴァイス」そのものであり(Mann 1844: 165-7)、誉められて喜ぶという「賞賛への愛」(love of approbation)は、制御されるべき「低位の情念」「低位の能力」だった(Mann 1855: 135-6)。

＊　一七九〇年に「クラス」の設営を提案したウェブスターも、クラス間移動の手段として「勤勉さと改善度」(業績)を用いることについては慎重だった。彼は、たしかに「[能力に応じた]クラス化(Classing)は必要である。しかし、生徒が低いクラスから高いクラスへ移動する理由をその生徒の勤勉さと改善度にたいする報酬であるとするべきであるか否かは、人間の心に競争(emulation)が与える効果を知っているかどうかにかかっている」と述べている(Webster 1965 [1790]: 54)。ウェブスターは、競争が生徒の心に肯定的な効果をもたらす場合もあれば、否定的な効果をもたらす場合もあることを承知していた。

一八三九年にマンは「共和的統治における教育の必須性」と題する講義を行い、そこでアメリカの「自由の諸制度」に結びついている危険な「情念」を「良心」によって制御しなければならないと説いている。現在のアメリカ社会は流動社会であり、扇情的な出版物が出まわり、不純な政治的な策謀がめぐらされ、資本蓄積の機会があふれている。こうした情況全体が人びとの情念を過剰にかきたてている。「心に刻むべきことは、獲得への愛と地位への愛(the love of gain and the love of place)が、どれほどまでに私たちの[自由の]諸制度によって作りだされているかということであり、また私たちの制度をささえているかということである」。「どれほどの人間がたった一人の人間が得られる名誉と収入をともなう地位を渇望していることだろうか」と(Mann 1855: 151)。マンにとって「自由の諸制度」がかきたてる競争指向という「情念」を制御できるのは「良心」を形成する教育だけだった。

マンにとって、「良心」を形成し「低位な情念」を制御するために必要なものは、体罰でもなければ、賞賛詰責でもなく、子どもへの情愛(affection)に満ちたかかわりだった。子どもの内面に「良心」が形成され、子どもが内面的に動機づけられているかぎり、鞭も罰も賞もいらなかった。彼にとって「良心の規制力は、かぎりなく総合的であり、どんな規範にもまさるもの」だった。マンは、道徳哲学者たちと同じように、良心によって「自己統治、自己統制、自発的な理性、義務への臣従」が形成されると考えていた（Mann 1846: 26, 22-3, 36; Hogan 1990a: 33）。彼は「もしも自制性（temperance）が達成されているなら、教育［の目的］も達成されているはずである。しかし、もしも自制性が達成されていなければ、教育は失敗しているにちがいない」と述べている（Mann 1937 [1865]: 105）。

マンが「良心」の向こう側に見ていたものは、「神意」の存在である。マンは先の講義の冒頭でeducationを次のように定義している。「educationという言葉で私が意味するものは、子どもの道徳的な情愛をつちかい、宗教的な感受性をつちかうことであり、それは、子どもの自然本性と神性にもとづいて、子どもの欲望、性向、感情を神意に臣従させ適合させることである」と（Mann 1855: 118）。マンが信じていたのはユニテリアニズムの語った人間の完成可能性である。のちに、マン夫人のマリーは次のように述べている。「マンは、人間は神が創造しなかったものを他者の内部に創造できないことを知っていた。しかしマンは、人間性には無限の能力がありそれによって人類が進歩するという、寛容で高貴な信仰をもっていた」と（Mann 1937 [1865]: 417-8）。

マンは、「良心形成」という教育の目的を達成するためには、コモンスクールに一定の自律性を与えるべきであると考えていた。コモンスクールは「共和政体の主柱」であるが、それは政治システムのたんなる下請け制度ではなく、自律したシステムになるべきである、と。政治活動は「暴力・騒音・暴言・虚言」に満ちているからであり、「情念の燃えあがっている状態」、無益な「闘争状態」を生みだし、人びとを結びあわせるかわりに分裂させるからである。彼によれば、「真の共和国が生まれる」のは、コモンスクールによって従来の政治活動が一掃され、「節制・倹約・正直」という「ヴァーチュ」がすべての人間を支配するときだった（Mann 1849: 86-8, 97）。

良心を形成する情愛　マンに見られるような良心指向の人格形成論は、コモンスクールが形成される時期とほぼ重なりあう時期に、多くの情愛指向の教育論によって語られるようになった。序章で述べたように、ホーガンにならい、こうした情愛指向の教育論を「ニューイングランド・ペダゴジー」と呼ぶことにしよう（Hogan 1990a; 田中 1999c）*。

＊　ニューイングランド・ペダゴジーは、次にあげる人びとの教育言説をさしている（Hogan 1990a）。ドワイト（Timothy Dwight 1752-1817）、ピケット（Albert Picket 1771-1850）、シガニー（Lyndia Howard Huntley Sigourney 1791-1865）、カーター（James Carter 1795-1849）、ホール（Samuel Read Hall 1795-1877）、ラッセル（William Russell 1798-1873）、ウッドブリッジ（William Channing Woodbridge 1794-1845）、ウェイランド（Francis Wayland 1796-1865）、マン（Horace Mann 1796-1859）、オルコット（Amos Bronson Alcott 1799-1888）、アボット（Jacob Abbott 1803-1879）、ビーチャー（Catherine E. Beecher 1800-78）、コッブ（Lyman Cobb 1800-64）、ブッシュネル（Horace Bushnell 1802-1876）、ペイジ（David Page 1810-1848）、エマーソン（George B. Emerson 1797-1881）、ポッター（Alonzo Potter 1800-65）、ストウ（Harriet Beecher Stowe 1811-1896）、バーナード（Henry Barnard 1811-1900）など。

このニューイングランド・ペダゴジーをささえていたのは、前章で論じたリベラル・プロテスタンティズムであり、また中産階級的な生活様式である。一八三〇年代から五〇年代のアメリカ東部において、リベラル・プロテスタンティズムにささえられた中産階級に、「家庭革命」といわれる家族関係の変化が生じた。その中心は、夫に献身的につくし、子どもを道徳的に育てる愛あふれる存在としての母親の登場である。この母親像をもとに、とりわけプライマリースクールの女性教師のあいだに「母性的な養育信仰」「真の女性性信仰」つまりどんなに困難にぶつかっても文句もいわず、子どもを愛し道徳的に育てなければならないという信仰が形成されていった（Welter 1966; Smith-Rosenberg 1971; McLoughlin 1975; Douglas 1977; Cott 1977; Ryan 1981; Mintz 1983, 1995）。

中産階級の人びとが情愛(「愛情」[love])を人格形成の重要な要素と見なすことができたのは、リベラル・プロテスタンティズムによって「人間の自然本性」が所与のもの・悪しきものではなく、可塑的なもの・善なるものと見なされていたからである。たとえば、一八三二年に、ボストンの女子ハイスクールの校長ベイリー(Baily, Ebenezer)は、「人間の自然本性を形成するのは、よい傾向性を規律化し養成する営みであり、また悪への傾斜を抑制し監視する営みである」と論じている(Baily 1832: 84 [Stearns/Stearns 1986: 51 から引用])。これはエヴァンジェリカリズムの典型的な考え方である。

ニューイングランド・ペダゴジーにとって、「良心」は「人格」とほぼ同義だった。それは、神の恩寵によって人間に植えつけられたものであり、かつ教育者(親)が愛情によって育てるべきものだった。たとえば、ポッター/エマーソンは一八四二年に、教育の偉大な目的は「教師という友人が認めた愛情や……知識への愛情」によって「道徳的な人格を形成することである。それは良心の支配を打ちたて、良心を俊敏で生き生きさせることであり、良心の働きと[ロックが主張している自己支配のための]習慣の形成とを堅く結びつけること」であると述べている(Potter/Emerson 1842: 343)。また、ハートフォードに女性教師用のセミナリー(Hartford Female Seminary)を創ったキャサリン・ビーチャーも一八四二年に、女性が家庭において愛情をもってなすべき第一の仕事は、子どもの「人格形成であり」、それは「幸福」を実現するために必要な「意志の従順性」と「自己否定」という二つの「自己統制の習慣」を形成することである、と論じている(Beecher 1842: 13, 225)*。そして、ブッシュネルは一八四七年に「よい教育を受けているといえる子どもは……規則に縛られている子どもではなく……人格に由来する優しい暖かさと慈しみに満たされている子どもである」と述べている。その暖かさ・慈しみはあくまで「節制・勤勉・誠実」といった社会的規範を内在化するために必要なものである。ブッシュネルは「子どもは親の権威のもとにいなければならない。それは、果たさなければならないあらゆる義務の抽象原理を両親という存在によって人格化し、それを実際に徹底的に子どもに厳守させるためである」と述べている（Bushnell 1966 [1847]: 40, 17）。

＊　ビーチャーは、フランクリンのヴァーチュ習慣論を援用しつつ、一八三一年に「すべての心の現象、営みは、習慣と情念という二つの一般的な原理に支配されている」と述べている。そして「合理的人格は習慣形成によって形成される」が、この「習慣形成」は「愛情・希望・善意といった肯定的情念」にささえられていなければならない、と（Beecher 1831: 427 [Corrigan 1993: 195 から引用]）。

確認しておくなら、ニューイングランド・ペダゴジーの「人格」概念は、ホーガンが論じているように、たしかに「ブルジョア的」であるが、同時に、第2章で述べたウィザースプーンの人格論と同じように、敬虔的である。キャサリン・ビーチャーとハリエット・ビーチャーの言葉を引こう。「[神が定めた]幸福をもたらすものは、私たちが日常的に抱いているさまざまな欲望を充足する営みではなく、おもに人格（*character*）を確立する営みである。人間は、この現世が生みだすさまざまな享楽を愉しむことができるが、[虚無的になって]『すべては虚栄であり苦悶である』と感じるなら、惨めである。また、すべてのものがほしいと思うなら、そしてまだ善意・信仰・希望を抱いていなければ、エデンの園を暗黒の監獄に変えてしまうだろう。人間は、完全な幸福にいたるために、キリストが示した人格を手に入れなければならない。……それは自己否定する善意（*self-denying benevolence*）である。彼は『自分自身を求めている』のではなく『善をなすことを求めている』のである。そして、それが彼の『肉となり血となる』（his meat and drink）。つまり、それ[＝人格]は、私たちの身体の健康と生命を維持するものであると同時に、私たちの心の健康と生命を維持するものである」（Beecher/Stowe 1869: 234 [傍点は原文イタリック]）。

さて、ニューイングランド・ペダゴジーの情愛指向の教育の手順は、次の二つの段階にまとめられる。第一段階は、教育者の子どもへの信頼・愛情が子どもの教育者への愛情を生みだすことである。ビーチャーは一八四二年に「子どもたちと一緒にいて、彼(女)らの楽しみに親しもうとする親は、そうすることによって子どもの感情や興味を理解することになるだろう。またそれとともに、ほかの方法ではけっして得られない信頼と愛情を子どもから得られるだろう」と述べている(Beecher 1842: 228)。またシガニーは、一八三九年に子どもから愛される方法をもっと大げさに論じている。「母親は、子どもの愛情をしっかり把握し、子どもに自分の意志や希望、過失や喜びを母親にうち明けさせなければならない。そのためには、母親のイメージが子どもの心の聖域に崇高な位置を占めなければならない。けっして高圧的・支配的な規範というイメージではなく、愛情の聖廟のうえにいつも純粋で平穏の翼をひろげ、神にかわって子どもを守護する天使のイメージにならなければならない」(Sigourney 1839: 128)。

情愛指向の教育の第二段階は、子どもの教育者への愛情がその教育者を自分自身の内在的審級として位置づけることである。すなわち、愛情によって子どもに内面化された教育者が子どもの「良心」となり、子どもをつねに監視下におく状態をつくりだすことである。ニューイングランド・ペダゴジーにおいては、子どもの自己意識・自己認識ほど広角で普遍な監視装置はなかった。たとえば、ホールは、「子どもの群れを統治し、学校を管理する(school-keeping)」極意は「子どもの人格形成であ」り、それは「統治者がいないときに必要な力……つまり自己統治という力(power of self-government)を形成することである」と述べている(Hall 1861 [1832]: 28ff)。また、コッブは「純粋な愛情ゆえに親や教師に従順にしたがう子どもや生徒は、親や教師がそこにいないときでも、そこに彼(女)らがいるときと同じように、信頼できる」人間になると述べている。親や教師が子どもたちの愛情を勝ちとるとき、彼(女)らは子どもの心にたいして「無限の支配力をもつ」からである(Cobb 1847: 104)。

たしかに、愛されている者が愛している者の内在的審級となることは、愛情の基本的なメカニズムである。私が相手を愛することは、私の行為の是非、価値の有無を決定する者が相手であるということである。私の行為が相手に準拠するからこそ――相手が私の内在的審級であるからこそ――愛情は強力な自己規制力を生みだす。人を愛することは人を信じることである。一八六三年にマンが「鞭ではなく子どもの自己意識そのものが……子どもの過失を懲らしめる鞭になる」と述べたときの「自己意識」は、その子どもが愛している相手であり、したがって信じている相手である(Mann 1863: 180)。うがった見方をするなら、自律的個人が宣揚されたこの時代は、あらためて人を信じること、愛することの機能を説かなければならない時代だったともいえるだろう。

4　業績指向にとり込まれる人格概念

コモンスクールの教育実践　さて、カッツは一九八七年に、今見てきたニューイングランド・ペダゴーグを念頭において、「学校の管理とグレードをシステム化する過程において[コモンスクール運動にかかわった]〈改革〉者が論じたことは、ペダゴジーの柔軟化である」と述べている。それは、「動機づけの源泉としての個人間の競争(ないし競合)や体罰を減らすことないし退けることであり、かわりに興味や教師への情愛をかきたてることであり、学びへの意欲を内面化することである」と(Katz 1987: 49; Katz 1976=1989: 100)。

たしかに、一九世紀半ばから、コモンスクールとりわけプライマリースクールにおいては、女性教師が著しく増加した(Kaestle 1983: 124-7; Tyack 1974: 61)。この時代に教職が若い女性が経済的自立を達成し、社会的尊敬をえるための新しい機会となったことと、教育における情愛の大切さを説いたニューイングランド・ペダゴジーが広まったこととは、無関係ではないだろう。ニューイングランド・ペダゴジーは、女性が、学齢期の子どもたちのマナーや道徳性を改善するうえで必要な、また彼(女)らを保護し彼(女)らに配慮するうえで必要な、「感受性」「共感性」のような「生得的タクト」(native tact)をもっていると論じていたからである。

しかし、ニューイングランド・ペダゴーグのとなえた情愛指向の教育がそののち、すくなくとも一九世紀後半のコモンスクールにおける教育実践の趨勢を決したとは考えにくい。フィンケルスタインは、一八二〇年から八〇年にかけてのプライマリースクールの教育実践の史料を渉猟したうえで、「一九世紀全般をつうじて[アメリカの]教師は子どもに命令するという態度を強めていた」と述べている。たしかに「そうではない教師、すなわち優しく価値を説き、子どもを方向づける『社会化的な態度』[=情愛的な態度]を示した教師もいたが、そうした教師がこの時代にごくふつうに存在していたわけではない」と(Finkelstein 1975: 369; cf. Tyack 1974: 49-55)。

フィンケルスタインによれば、都市のプライマリースクールにおける教育実践は、生徒の自律性を否定する傾向にあった。「一八二〇年から八〇年にかけて、都市中心部の教師たちは規則・規制をもうけて、生徒の選択行動を制限しようとしていた。そうした規則・規制は、あらゆる側面から生徒たちの行為を制約するものだった。教師は、立ち方、坐り方、動き方、本の持ち方まで、命令した。さらに、生徒がコートをかけるときも、自分の本を選ぶときも、ページをめくるときも、目線の上げ下げのときも、指示を出した。まさに、都市部の教師たちは、生徒から自律性を奪いとることで彼(女)らの人格を形成しようとしていた」と(Finkelstein 1970: 178)。

一九世紀後半のプライマリースクールにおいては、こうした教師の厳格な管理体制のなかで、競争指向の教育が盛んに行われていたと考えられる。おそらく一八六〇年代の様子と考えられるが、ある史料の語るところによれば、「[教師たち]は毎月、子どもたちを試験しランクづけ」、その結果にもとづいて「もっとも成績のいい子どもの席を教卓からもっとも遠いところに定め、もっともランクの低い子どもをもっとも教師に近いところに定めた」。フィンケルスタインは、こうした「クラス内の席を定め栄誉を与えることは、まちがいなく、生徒それぞれに他の生徒に優ろうとする意欲を生みだした」と述べている(Finkelstein 1970: 126-7; 1989: 103-4)。

またフィンケルスタインによれば、「学びを強化するものとしての競争は、[プライマリースクールの]一斉教授においてはほとんど自明だった」(Finkelstein 1970: 127; 1989: 104)。一八六〇年代末に、ニューヨークのプライマリースクールを見学したスコットランドの文筆家マクロー(Macrae, David)は、次のように当時の競争指向を描いている。「私たちは……少女たちの算数の勉強を見るために、一つの部屋で待っていた。[生徒たちの]興奮は異様なほどだった。……教師は一つの問題を出した。生徒たちはそれをスレートに書き写した。教師が問題を書き終えた瞬間に、全員が、まるで興奮してボールを追いかけるテリア犬のように、猛然と計算しはじめた。最初にできた生徒は、教師の前に行って、『一番!』と叫んだ。次の生徒がすぐにつづき、『二番!』と叫んだ。つづいて『三番!』『四番!』『五番!』と、クラスの多くがこれにつづいた」(Finkelstein 1970: 127; 1989: 104 から引用)。

一九世紀後半のコモンスクールにおいては、競争が学びを強化する主要な方法原理と見なされていたといってよいだろう。事実、教育者たちは「季節試験」「学期試験」のような試験が子どもたちの競争心を掻きたてることを歓迎していた。ウィッカーシャムは一八五三年に「本当の教育の目的に野心や競争心のもたらす力が有効であるなら(私はそう信じているが）、フィラデルフィアの学校は、それを実現しているという意味で世界最高であるにちがいない」と述べている（Wickersham 1853: 465 [Hogan 1992: 46 から引用]）。また、ボルティモア市教育長は、一八六三年に、コモンスクールに導入された試験が「生徒を刺激し、定められた成績を達成しようという意欲をつくりだした」と述べている（Baltimore City School Commissioners, 35th Anuual Report 1863: 37-8 [Johnson 1994: 17 から引用]）。

ここで、コモンスクールにおける競争指向の教育実践の広がりを子細に確認することはできないが＊、一九世紀後半のコモンスクールの教育実践は、およそのところ、情愛よりも競争を指向していたといえるだろう。こうした競争指向という全体の趨勢は、教育における人格概念にも影響を及ぼさずにはいなかったはずである。

＊　一九世紀半ばのアメリカの大半が田舎だったことを考えるなら、あまりコモンスクールの官僚制化を強調するべきではない。一八五〇年の全国調査によれば、全国に約八万校の公立学校があったが、そこで働く教員は約九万人だった。つまり、当時のコモンスクールのほとんどがワンルームスクールだったのである。しかも、そこで教えていた「教師は若く、ろくに給料ももらえず、しかも初等レベルの学校教育以上の教育をめったに受けていなかった」（Tyack=Hansot 1982: 17）。このような情況では官僚制は成り立ちがたい。

業績指向の人格形成　一八五三年、フィラデルフィアの教育委員長でありセントラル・ハイスクールの校長でもあったハート（Hart, John S.）は、モニトリアル・システム、規律化を批判して、次のように述べている。「恐怖が唯一の訴求力をもち、処罰がすべての反抗を押さえつけるところでは、服従と静寂がまちがいなく保証される。……しかし、そうしたシステムのもとでは、良心は教育されないだろう。自己制御の習慣は形成されないだろう。いいかげんな評価は真の人生への責任感を形成しないだろう」と（PBCPS 1853: 125 [Hogan 1992: 56 から引用]）。

ハートは、こうした批判につづけて、フィラデルフィアの競争指向の教育が道徳的な人格形成に寄与している、と述べている。「希望は恐怖よりも訴求力をもっている。私たちは生徒を処罰するだけでなく報償を与える。過失(demerit)という評点とともに業績(merit)という評点を与える。[生徒についての]知的な区別は……承認されるべきである。それはその場かぎりの一時的な大喝采を受けるためにではなく、生徒たちが卒業後も公共的な信頼を勝ちとるためにである。私たちの学校のように、栄誉をめざした競争が激しいところでは、卓越性を求める野心的な生徒たちはきわめて思慮深くならざるをえない。……課せられた勉学に励み、優秀であろうとするために、時間厳守の習慣、精確実直の習慣が生みだされるからである」(PBCPS 1853: 120-1 [Hogan 1992: 57 から引用])。

冒頭にふれたアダム・スミスのいう「競争」のもたらすものと、ここにあげたハートのいう「競争」のもたらすものとは、およそ重なっている。アダム・スミスは、「競争」によって得られる「栄誉」によって、人から「注目」され、「共感」され、「承認」されるという利益が得られると考えていた。同じように、ハートは、「競争」によって得られる「栄誉」が「公共的な信頼」をもたらすと考えていた。ハートにおいては、アダム・スミスの場合と同じように、道徳的人格と業績(「メリット」)とは一体ないし密接に関係していた。付言するなら、現代社会においても、道徳的人格と業績とを結びつけるという考え方は、けっして稀ではない。

こうしたハートの議論に見られるように、すぐれた業績をあげた者は道徳的人格の持ち主であると考えられている場合、あるいは道徳的な人格者はいずれすぐれた業績をあげるだろうと考えられている場合(いいかえるなら、業績をあげられない者は人格に問題があると考えられている場合、あるいは人格に問題がある者は業績をあげられないだろうと考えられている場合)、人を評価する規準は業績だけで充分である。業績は、具体的な機能性(有用性)だけでなく自律性(道徳性)も体現していると見なされているからである。

人格概念の変容——神性の喪失　しかし、このような競争指向の教育が語る道徳的人格は、あくまで競争に勝つための手段であり、競争における勝利がもたらす自己肯定感と一体である。この道徳的人格には、競争という集団的行為形態そのものを疑い、それを加速している言説編制・社会情況を変革しようとする批判的精神はふくまれていないし、ホレース・マンが求めたような神性としての良心もふくまれていない。この道徳的人格の内容は、競争に勝ち、業績をあげるための勤勉さ、自制心に限定されている。こうした成功の手段としての人格は、内面的実体であるという意味では、ウィザースプーン、ジェファソン、そしてマンの語った道徳哲学的な人格に近いが、対成功機能という意味では、救済よりも成功を求めたフランクリンのヴァーチュに近い。

マンのようなニューイングランド・ペダゴーグにとっては、競争は汚れた外部社会から神聖な学校に侵入してくるヴァイスそのものだったし、「賞賛への愛」は良心によって制御されるべき「低位の能力」だったが、こうした神性としての良心への指向性は、この時代の全体的な趨勢を考えるなら、道徳的人格をとりこんだ業績への指向性のまえに、敗れ去ったといわざるをえないだろう。ここで、アメリカ東部のコモンスクール（ハイスクール）において、業績への指向性が神性としての良心への指向性を凌駕していったという事実を具体的に示すことはできないが、アメリカ社会全体の競争指向は、一九世紀後半をつうじて強まる一方だったからである。

一八七〇年代から九〇年代にかけて、アメリカで数多く出版された「成功秘訣本」(success manual)は、一九世紀後半の競争指向の広がり、人格概念の変容をよくあらわしている。『状況を制する者』『勝利への道』といった成功秘訣本はどれも、人生は「競争」「闘争」であり、より高い業績をあげた者が勝利すると説いている(Hilkey 1980)。たとえば、『状況を制する者』という本を著したティリー(Tilly, William J.)は、同書において、「競争」は今やどこにでもあり、私たちは「競争」から逃れられない、と述べている。そして「人生とは闘争であり、私たちは、仲間を打ち倒すために武装し準備しなければならない。競争に友情は関係ない。それが競争である。もしも私たちが上にあがれば、他の者がその席を立って、下におりなければならない」と（Tilly 1890: 414 [Hilkey 1980: 70-1から引用]）。

このような友情すらも無視せざるをえない過酷な競争状態において、人が駆使しなければならない武器が、高潔な道徳性、果敢な判断力、不屈の精神力を内容とする「人格」である。それは、人が困難な情況に直面するときに、その行動に端的にあらわれるものである。ティリーは、強靭な「人格」は「資本と同じくらいよいものである。場合によっては資本以上である」と述べている。また、デイル（Dale, John T.）は『勝利への道』という本で、若者にむかって「あなたの人格はあなたの最高の資本であり、宝物である」と述べている（Tilly 1890: 96; Dale 1891: 160 [Hilkey 1980: 130から引用]）。こうした成功秘訣本の語る人格概念は、ハートの語った人格概念と同じで、成功のための手段であり、もはや神性としての良心ではない*。

＊　もっとも、競争の広がりを意識し、懸命さ・厳粛さ・決断力を重視しながらも、神性としての人格概念を論じる人びともいた。一九世紀後半の有名大学の学長、たとえばハーヴァードのエリオット（Eliot, Charles W.）、イエールのポーター（Porter, Noah）、ジョンズ・ホプキンスのギルマン（Gilman, Daniel C.）、コーネルのホワイト（White, Andew D.）、プリンストンのマコッシュ（McCosh, James）などである。彼らは、成功秘訣本よりも宗教的な人格概念をとなえ、厳格な人格判断論を展開している。歴史学者のブレッドスタインは、こうした学長たちの人格論を検討し、次のように述べている。「彼らは人格を神性（divinity）と見なしていた。そしてささいな行動までも高位の意味、秘められた目的、潜在的な基盤に結びつけ、各人の内面的特徴を評価した。［道徳的であることを重視した］ヴィクトリアンの彼らは、どんなささいな言動も見逃さず、他人の内面をあばくことを怠らなかった」と（Bledstein 1978: 129, 146-7）。

のちの連邦政府教育局長ハリス（Harris, William T.）は、一八七一年に、子どもの人格を現存の社会に適合させることこそが教育の使命であると論じている。彼にとって、人格形成は神性とはまったく関係のないことだった。「学校にまず第一に必要なものは秩序＝命令(order)である。各生徒は、最初から最後まで、その行動を一般的な基準に合致させるように教えられなければならない」。ハリスが求めているものは「工場労働における流れ作業の時間にふさわしい従順性であ」り、また市民としての活動に必要な精確さであり、規則正しさだった(Tyack 1974: 42から引用)。

こうしてみると、人格概念が一九世紀に大きく変容したということがわかるだろう。ふりかえっていえば、人格概念は、まず一八世紀後期に、神と人、社会と個人を結びつける道徳哲学的な概念として登場したが、一九世紀に入るとともに、それは共和国形成の手段として、また個人的成功の手段として位置づけられた。そして一九世紀半ばにさしかかると、競争を嫌悪し良心を指向する人格形成論の語る人格概念とともに、競争を重視し業績を指向する人格形成論が語る人格概念が登場した。そして、社会の趨勢を考えれば、一九世紀後半のじっさいの教育現場に広がっていったものは、後者の競争(業績)指向の人格形成論が語る人格概念だったと考えられる。

5　競争指向の人格形成論の後景

競争指向の後景　さて、冒頭で提示した仮説から考えるなら、教育領域における人格概念が業績概念にからめとられ神性を失う契機は、なによりもまず市場革命の広がりである。市場革命がなければ、競争が学校に導入されることもなかっただろうし、神性をしりぞけるほどに業績が重視されることもなかっただろう。フーコーの用語(「規律権力」)を用いつつ、ホーガンは次のように述べている。「[一八四〇年代にフィラデルフィアに出現した]規律権力の構造としての試験システムの組織は、公教育が市場革命に巻き込まれたことを反映しているとともに、メリトクラシー[業績指向]の原理が制度化されたことを反映している」と(Hogan 1992: 47)。

しかし、序章で述べたように、競争指向の教育を正当化するメカニズムを考えようとすれば、市場革命が学校に競争指向の教育をもたらしたと考えるだけでは充分ではない。たしかに競争指向の教育を学校に導入する背景が市場革命であるとしても、学校の競争指向の教育を正当化したものは、クラス・教科書・試験という均質性を特徴とする学校装置だからである。すくなくとも、こうした均質的な学校装置もまた、競争指向の教育を正当化していったと考えるべきだろう。この均質的な学校装置は、競争を嫌悪したマンが確立しようとしていたコモンスクールの「共通性」の中身とそれほどちがわないだろう。そうであるとすれば、コモンスクールが確立しようとした「共通性」は、ここに意図せざる結果、アイロニカルな結果を生みだしたことになる。

詳細なコモンスクール論である『コモンスクールの神話』を著したグレン(Glenn, Charles Leslie, Jr.)は、マンのコモンスクール論について次のように述べている。マンは、たしかに階級分化が著しく進行し階級対立が生じることを懸念し、またさまざまな宗派が乱立し対立が生じている現実に心を痛め、コモンスクールの「共通性」によってそうした対立を解消し、社会を統合しようとした。しかし、「その結果、コモンスクールは、コモンスクールをサポートするすべての親が享受できるという意味での、真の共通性をけっして体現することができなかった。それところか、アメリカの公教育は、コモンスクール以降一〇〇年間にわたり、どんなに努力しても実行できないような社会統合の約束を繰りかえすことになったのである」と(Glenn 1987: 152)。

たしかに、グレンがいうように、さまざまな宗教的・文化的な葛藤は現在にいたるまでつづいている。しかしそれと同時に、どの宗派に属そうとも、どの文化に属そうとも、それらにかかわりなく、「成功という幸福」を求めて、業績を求めつづけるというハビトゥス、ベラーのいう「功利的個人主義」が、一九世紀後半のアメリカ社会には広がっていった(Bellah et al. 1985=1991: 39)。それは、もちろんさまざまな条件をともないつつも、コモンスクールの均質的な学校装置によって用意されたものか、その派生効果ではないだろうか。

ケテリス・パリバス(Ceteris Paribus)の効果　考えてみれば、コモンスクールの均質空間は、すでにリベラル・プロテスタンティズムのなかに用意されていたということもできる。第4章第2節で述べたように、エヴァンジェリカルのフィンニーは「牧師の知恵の総量は、『他の条件が同じなら』(other things being equal)、彼がどのくらいの数の魂を回心させたかによって決定される」と述べていたからである。教育内容・クラスの均質性とは「他の条件が同じである状態」すなわち「ケテリス・パリバス」(ceteris paribus)である。

ケテリス・パリバスは、今では競争の「公正性」を示す規範と見なされている。私たちがよく知っているように、近現代の学校における競争は、よく整備された運動場のトラックのような、参加者にとって均質な土俵を前提にしているが、その均質な土俵は、競争する当人の「能力」をのぞいた「他の条件が同じであること」である。ある参加者が他の参加者よりも有利だったり不利だったりするなら、その競争は「公正性」を欠くと非難される。そのこと自体に問題はない。競争が公正であることは、たしかに競争の根本的な存立要件である。

しかし、ケテリス・パリバスは、思わぬ負の派生効果も生みだしている。よく知られているように、公正な競争をつうじて達成した業績は、かならずしもアクチュアルな能力と一致しないにもかかわらず、一致しているかのようにとらえられている。一九八〇年代以降、教育社会学が論じてきたように、現代社会は、成績・学歴(学校歴)・資格のような業績が個々人の地位達成を規定していく「資格社会」(credential society)であり、この資格社会において重視されることは、問題解決能力の指標としての業績である(Collins 1979＝1984; cf. Meyer 1977)。公正な競争のもとで達成された業績だから、それは正しく問題解決能力を指し示しているはずである、と考えられている。その意味では、ケテリス・パリバスの公正性は、能力の一指標にすぎない業績への過大評価を生みだしている。

そして、ケテリス・パリバスの公正性によって過大評価された業績は、しばしば人間の存在価値を決定する指標にまで拡大されている。人間の一部分を指し示すはずの業績が人間存在の全体を飲み込んでしまうことは、少なくない。人間の存在は、その機能的な能力すなわち何らかの問題解決能力に還元されないし、けっして充分に語りえるものでもない。そうであるにもかかわらず、人間の存在は、公正な競争の結果としての業績によって言表され、その業績に矮小化されてしまう傾向にある。このような、業績という言表による人間存在の矮小化にも、ケテリス・パリバスのもつ公正性は、いささかなりともかかわっているといえるだろう。

こうしたケテリス・パリバスの公正性がもたらす効果によって喪われるもの・浸食されるものについては、ここで詳しく論じるべきではないだろう。しかし、最後に一言つけくわえるなら、ケテリス・パリバスという歴史的構築物が発揮する力は、ときに客観性を重んじる歴史家の教育概念を規定するほどに強力である。一九七八年当時、アメリカ教育史学会で隆盛をきわめていたリヴィジョニストに果敢に挑んでその名を高めたラヴィッチは、『リヴィジョニストをただす』という本の結論部分において、「教育は成功を保証するものではなく、機会を提供するものであると定義できる。その機会をどう使うかは、ほとんどすべて個々人の能力と動機にかかっている」と論じている

(Ravitch　1978：173)。彼女の「教育」の定義には道徳哲学的な人格形成概念はふくまれていない。彼女にとっては、教育とは個々人に「他の条件が同じである」競争の機会を与えることである。

終章　機能性指向と人格形成概念
——要約と含意
Character Formation in Functional Orientation: Conclusion and Implication

1　本論の要約

これまでの議論をふりかえってみよう。

第1章「ヴァーチュの習慣形成——成功という幸福」では、フランクリンのヴァーチュ論をとりあげた。フランクリンがヴァーチュ論を書いた一八世紀半ばから、アメリカのニューイングランド、北東部の人びとの生き方が大きく変化しはじめた。端的にいえば、人びとの生き方は、共通の回心体験にもとづくピューリタン的な地域共同体に根ざしたものから、個人の自律性に根ざしたものへと、変化しはじめていた。

フランクリンが表現した個人の自律性は、宗教的救済よりも世俗的成功を指向するという生き方であり、他者の評価を気にしつつも神の裁定よりも自分自身を信頼するという態度である。こうした個人の自律性を端的に表しているものがフランクリンのヴァーチュである。それは、宗教的救済ではなく人為的習慣がもたらす態度であり、世俗的成功をもたらす対他操作の手段である。それは思想的にいえば、〈人間は道徳的に完成可能である〉というフィロゾーフ的な人間論、また〈習慣が行動を規定する〉という古典的な習慣論にささえられていた。

しかし、フランクリンは、彼のいうヴァーチュを大規模に形成するための公教育論をとなえなかった。さまざまな理由があるだろうが、その理由の一つは、彼の〈多くの人間は救うに値しない〉という、晩年になって現れた人間観に求められるかもしれない。どちらにしても、こうしたフランクリンのヴァーチュ論の背後に見えるものは、部分的ではあるにしても、アメリカにおける貨幣経済の広がり、伝統的共同体の揺らぎである。フランクリンに見られた人間の道徳的完全性にたいする諦めが払底されるのは、およそ一九世紀に入ってからである。

第2章「人間をささえる道徳的センス——人格形成概念の萌芽」では、おもにウィザースプーンの道徳的センス論をとりあげた。マディソンのような革命期の共和主義者のとなえたヴァーチュ（市民的ヴァーチュ）は、「無私」のような、限られた「紳士」だけが示すことができる高潔な態度であり、フランクリンのヴァーチュといくらか似ていて、すべての人間に形成可能な道徳的な内面性ではなかった。すべての人間に形成可能なものとしての人格概念がアメリカに登場するのは、スコットランド道徳哲学のとなえた道徳的センス論がウィザースプーンのアメリカ移住とともにアメリカに定着する、一八世紀末期から一九世紀初期にかけてである。

ウィザースプーンは、すべての人間の内部には道徳的センスがあると考えていた。それは神が人間に与えた道徳的判断規準である。道徳的センスの普遍的内在をとなえることは、すべての人間の自然本性に道徳性・可塑性と見いだすことである。いいかえるなら、それは、すべての人間の道徳化可能性を承認し、すべての人間が道徳的自律性にいたるための配慮を要求することである。その配慮は、子どもの養育についていえば、親自身が子どもに模範を示すことであり、また子どもに深甚な影響をおよぼす環境を浄化することである。

ウィザースプーンに代表される道徳的センス論は、態度としてのヴァーチュと違い、貨幣経済の広がりをそれなりに受け入れながらも貨幣経済によって失われた伝統的共同体の互恵性の慣習を、各個人に内在する互恵性への傾向性によって補完するという試みである。その意味では、道徳的センスは、貨幣経済の広がりにそのまま追随するものとして登場したのではなく、それに批判的に対応する概念として登場したと考えられる。

第3章「人格形成という教育概念の登場――近代的統治論と道徳的センス」でまず確認したことは、ラッシュ、ジェファソンの教育システム論の背景にある近代的統治論である。そこでおもに論じられたのは、全国民（「人口」population）の生命活動を掌握し、全国民を社会的・経済的に有用な身体に変えることである。全国民の生活情況の把握が「人口状態把握」(Statistick) であり、全国民を有用化する国家規模の営みが「公教育」(public educatrion)・「公衆衛生」(public health) といった「公共管理」(public policy) である。

近代的統治論の一環としての公教育論が前提にしていたのは、〈すべての人びとに道徳的人格を形成することによって共和国（国民）を形成する〉という命題である。この命題は〈人格は形成可能である〉という道徳哲学的命題を前提にしている。ラッシュもジェファソンも革命直後は、国家規模の人格形成の必要性を感じていなかったが、「汚れた都市住民」「暴徒たち」「党派的熱狂」を目の当たりにして「市民的ヴァーチュ」が消えかけていると感じるとともに、道徳的人格を形成しなければならないと考えるようになった。ラッシュは、精神医学的な人格の形成可能性を前提にして、「道徳的諸能力」を拡充する教育システムを提唱し、ジェファソンは、ヴァーチュ・才能にあふれる子どもを発見・育成するとともに、道徳的センスの不足を補うための教育システムを提唱した。

第4章「コモンスクール論の人格形成概念——業績と共通性」では、具体的な教育システム設営運動であるペンシルベニアのコモンスクール運動をとりあげた。一七九〇年代から一八二〇年代にかけて提案された統治論的な教育システム論を具現化する運動が、一八三〇年代からのコモンスクール運動である。この運動を思想的にささえていたのはリベラル・プロテスタンティズム（ユニテリアニズムとエヴァンジェリカリズム）である。

リベラル・プロテスタンティズムは、すべての人間の「完全性」をめざし、それによって新しく道徳的で秩序正しい社会秩序を形成しようとする宗教活動である。コモンスクール運動は、このリベラル・プロテスタンティズムにもとづく〈改革〉運動（人格再形成運動）の一環である。それは、旧来の位階的社会秩序の揺らぎがもたらした淫行・暴力・貧困といった社会問題の解決をめざしていた。旧来の位階的社会秩序をゆるがしたのは、人を市場能力に還元する市場革命の広がりである。こうした社会情況にたいして、資本家・中産階級は社会秩序の確立を求めて成功・道徳指向の人格形成をとなえ、労働者階級は成功・自律の可能性を求めて教育機会の平等をとなえた。両者は対立しながらも、コモンスクールによって自分たちが求めるところが実現されると考えた。

しかし、コモンスクールは、教育内容の共通性（コモン）という規範によって、旧来の宗教的・文化的に多様な諸共同体（が併存するポリグロット状態）を否定することになった。個々人の自律性を信じつつ、伝統的共同体に根ざした位階的秩序の衰退がもたらした「社会問題」を解決しようとしたコモンスクールは、皮肉なことにも、逆に諸共同体の多様な自律性を衰退させるという事態をもたらしたと考えられる。

第5章「業績にとりこまれる人格概念——喪われる神性」の主題は、一九世紀中期の教育システムにおける教育方法の一つ、競争指向の教育をささえていた物質的条件を確認することだった。一八五〇年代のニューイングランド、北東部の学校の多くで、均質な生徒集団としてのクラス、均質な意味世界としての教科書にもとづいて、一斉教授・一斉試験が行われるようになった。これらの学校的装置が実現可能にしたものは、「同一の条件のもと」（ケテリス・パリバス）で競い争うという意味での「公正」なる「競争」(competition)である。

競争指向の教育は、基本的に市場革命を前提にした営みであるが、部分的ながら、人格形成を説く教育者自身によって用意されたものとも考えられる。たとえば、マンは、競争を激しく嫌悪する人格形成論者であり、競争は外部社会（市場経済）から学校に侵入してくる悪弊と考えていた。しかし、そのマンも、共通性を強調することによって、競争指向の教育を存立可能にする台座を用意することに貢献したといえる。教育実践の標準化を求めれば求めるほど、そこには「公正」なる競争を生みだす舞台がしつらえられるからである。もっとも平等な教育は、結果をすべて自分で引き受けなければならないという、もっとも過酷な競争を生みだすのである。

あくまでも仮説としてであるが、こうした教育実践の標準化にささえられた競争指向、業績指向の教育は、情愛指向、良心形成指向の教育を凌駕していったと考えられる。ごく大まかにいえば、一九世紀前半のアメリカ東部における教育は、はじめのうちは、スコットランド道徳哲学にもとづき、宗教的な人格形成の営みによって行われていたが、しだいにそれは、市場革命を背景としつつ、コモンスクールの物質的装置によって、競争指向、業績指向の教育にとってかわられた。それは、道徳哲学的な人格形成概念が形骸化していくことである。

2 市場経済と教育概念

イデオロギー的構造化　アメリカ東部における人格形成という教育概念の存立条件を考えるとき、市場経済はもっとも重要な存立条件である。総じていえば、アメリカ東部においては、市場経済にたいする対処策としてさまざまな政治プログラムが組まれ、その政治プログラムのなかに教育プログラムも組み込まれていたが、その教育プログラムは市場経済にたいして概して肯定的だったといえるだろう。ホーガンもほぼ同じように考えている。一九九六年、ホーガンは、アメリカ教育史を、ホッブズの考案した「リヴァイアサン」(強権的な国家の管理)と「自然状態」(市場経済的な競争)という二つの概念を用いて次のように概括している。「これまでのアメリカ社会は、基本的に自然状態を恐れる以上にリヴァイアサンを恐れてきた」ために、アメリカの教育改革を実質的に支配してきたのは市場経済的な競争だった、と(Hogan 1996: 243ff)。

ホーガンのアメリカ教育史論をもうすこしたどることで、本論を現代の歴史的な教育社会学(社会学的な教育思想史)のなかに位置づけることができるだろう。一九九〇年の論文において、ホーガンはマイヤー(Meyer, John W.)の制度化論——ただし、一九八〇年代後半以降のマイヤー学派のそれではない＊——を高く評価しながらも、一九世紀における教育システムの形成プロセスを説明するうえで、マイヤーの制度化論はかならずしも有効なものではない、と論じている。「私は、一九世紀の学校が所与の『制度的ルール』によって生みだされたという考え方、つまり外因的ものによって組織されたという[マイヤー学派的な]考え方を否定する。一九世紀の学校管理者たちは、『制度的ルール』の消費者であったというよりも、その産出者だったからである。彼らは支配的ないし支配的になりつつあったイデオロギー的原理にもとづいて「制度的ルール」を産出したのである」(Hogan 1990b: 278)。

＊　マイヤー学派のいう教育の制度化論は、一九七〇年代から八〇年代前半までは、教育の制度化の契機として、国民国家、世界政体

（国民国家がたがいに模倣しあった結果生まれた、世界的規模の政治システム）を論じていたが（Ramirez/Meyer 1980: 393; Thomas/Meyer 1984; Meyer 1987: 42）、一九八〇年代後半以降、制度化のメカニズムを、社会的変容、文化的構造の広がりに見いだしている（Ramirez/Boli 1987a, 1987b; Meyer et al. 1987）。

ホーガンがいう「イデオロギー的原理」は、経済システムの言説規範であるが、同時に教育システムの言説規範でもある。ホーガンは、教育システム外部のさまざまな制度が直接に教育システムをつくったのではなく、市場経済を前提にしながらも、教育者が競争ないしメリトクラシーを重視するホイッグ的リベラリズムというイデオロギーにもとづいて、意図的に教育システムをつくりだした、と論じている。そして彼は、教育関係者がイデオロギーを意図的に活用したという事実を記述するためには、「制度化」概念よりも、ギデンズの「構造化」概念をふまえた「イデオロギー的構造化」(ideological structuration) 概念のほうが適している、と述べている（Hogan 1990b: 278ff; cf. Hogan 1989）。おそらく、ホーガンは、「制度化」といってしまうと、教育関係者の明白な意思が環境の無意図的な作用に還元されてしまうと考えたのだろう。

マイヤー学派の制度化論とホーガンのイデオロギー的構造化論との違いは、それぞれが前提にしている社会理論の違いである。マイヤー学派は完全な構造主義者であり、ホーガンはそうではないだけだ、ということもできるだろう。ごく簡単にいえば、マイヤー学派の制度化論においては、すべてが「制度」に還元され、「制度」を変革する英雄的な人間は存在しない。これにたいして、ホーガンのイデオロギー的構造化論には、英雄的とはいえないだろうが、「制度」を強めたり弱めたり、場合によって大きく変えていく人間主体が存在する。

市場経済の原理と教育実践の原理との整合性　しかし、ここで確認しておきたいことは、「イデオロギー的構造化」を主張するホーガンが、教育システムが機能システムとして自律的に作動し自分を正当化しようとしてきたという事実に注目していることである。これは、これまでの(アメリカの)歴史的な教育社会学研究、社会学的な教育史研究にはなかった考え方である。一九七〇年代・八〇年代に社会学的な見地から教育システムの歴史を描いてきたカッツ、ボールズ／ギンティス、カーノイ／レヴィン、カッツネルソン／ワイアたちは、教育システムに相対的自律性を認めつつも、それを固有の意味世界を構成する自律的な機能システムと見なしてこなかった。彼(女)らにとっては、教育は、基本的に社会構造か、資本主義の論理か、階級的な利害か、政治的な理念の反映されたもの、それらの道具だったからである(Bowles/Gintis 1976; Carnoy/Levin 1985; Katznelson/Weir 1985)。

たとえば、カッツは、一九七六年に「犯罪、貧困、不平等、疎外などの社会問題は、[学校教育によってではなく]その原因そのものの改革による以外に、すなわち権力と資源の再配分による以外に、解決できないだろう。……社会問題は、学校によって除去されることも、充分に緩和されることもないだろう。学校に、現存する社会構造を反映すること以上のことを期待することはできないからである」と述べている(Katz 1976: 403[傍点は引用者])。カッツのようなリヴィジョニストの歴史解釈は、歴史的現実をマルクス主義だけによって強引に解釈したものであり、「イデオロギー的に偏っている」と批判されてきたが、そうした批判は不適切である*。リヴィジョニストの問題は、経済システムの構造化作用(制度化作用)を階級的な利害の反映として強調したことである。

＊　一九七〇年代末期に登場したリヴィジョニスト批判者は、リヴィジョニストの描く歴史は「政治的イデオロギー」(マルクス主義)に偏向したものであり史実をゆがめるものだ、と激しく非難した。もっとも有名な批判者は、『リヴィジョニストをただす』という本を書いたラヴィッチ(Ravitch, Diane)である。彼女は、ボールズ／ギンティスについて次のように述べている。「彼らのアメリカ教育史の理解

は、彼らのマルクス主義者としての見方が反映されたものである。彼らは、自分たちの理論を支持する史料なら何でも強調するが、そうでないものは何でも無視するか、ねじまげている。彼らにとって過去に起こったことは、どんなことでも資本主義者の命令に対応したものか、資本主義によって引き起こされた矛盾でなければならないのである」(Ravitch 1978: 146)。

こうしたラヴィッチのリヴィジョニスト批判にたいして、ファインバーグ、カッツらが反批判を展開した(Feinberg et al. 1980［ちなみにこの反批判にラヴィッチは応えていない］)。カッツはそこで、ラヴィッチによるボールズ／ギンティス批判に――彼らのかわりに――次のように応えている。「ラヴィッチは、『彼らは、民主的リベラリズムをかなりつまらないものと評価し、いってみれば、民主的リベラリズムを自分たちの革命の呼び声を妨げるものと見なしている』と述べている。しかし、ボールズ／ギンティスの主張の中心は、民主的な政治過程と経済的な位階組織とのあいだに矛盾が存在することである」(Katz 1980: 70)。カッツに従うなら、ラヴィッチのボールズ／ギンティス理解は、それこそ彼らの解釈を「ねじまげている」ことになる。

かりにラヴィッチのいうように、ボールズ／ギンティスが「マルクス主義」という視点からしか教育史を見ていないとすれば、ラヴィッチは民主的リベラリズム――それも代表制民主制と参加民主制を区別しない民主的リベラリズム――の視点からしか教育史を見ていない、といわざるをえない。カッツの見解はもっと厳しい。カッツは、ラヴィッチのリヴィジョニスト批判は「リベラルでもなければ学問的でもなく」保守化傾向の著しい時代の風潮におもねる「姑息な戦術」であると評している(Katz 1980: 73)。なお、彼女は一九九一年から九三年にかけて、G・ブッシュ政権下の教育省長官アレクサンダーの教育／カウンセラー担当補佐官(Assistant Secretary of Education and Counselor)をつとめている。

ホーガンにとっては、教育は市場経済に派生する言説規範(イデオロギー)にかなりひきづられているものの、それ固有の意味世界を構成することで自己正当化しようとする相対的に自律したシステムである。ホーガンは、公立学校の試験制度について次のように述べている。「一つの規律化装置としての試験制度は、教育関係者の［自己正当化の］欲望が生みだしたものであり、彼(女)らは、公教育の生みだす政治的な恩恵を守ることによって、公教育の正当性を確立しようとした。ここでいう政治的な恩恵とは、試験制度が、クラスを競争市場のペダゴジカルなファクシミリに変えることであり、また学校をメリトクラティックな制度に変えることであり、このメリトクラティックな制度によって、希少な教育資格が、アイデンティティ市場において社会的な上昇移動・社会的な地位に餓えている人びとに分配されることである」と(Hogan 1992: 34)。

ここでホーガンは、競争市場の存在を前提にしながらも、それを学校に導入しようとした意思を、階級的利害にも制度化作用にも還元しようとしていない。ホーガンは、あくまで教育関係者自身が、学校の内部装置――たとえば、一斉試験・一斉教授――をつうじて、資格付与(能力形成)という対経済システム的な機能、対政治システム的な機能によって、教育の正当化をはかったと考えている。なるほど、一八四〇年代・五〇年代に広まった一斉試験は、クラスルームに市場経済の構成要素である「メリトクラシー」(業績指向)を持ちこみ、教育を正当化したといえるだろう。一斉試験が努力し目標を達成する自律的な行為を助長し、所有されるものとしての「能力」(市場能力)を実体化し、またその「能力」が公正に試されるべきものであること、「能力」に応じて公正に報いられるべきであることを自明化し、さらに教育をつうじた社会的な上昇移動の道を開いたからである。

しかし、重要なことは、はたしてホーガンのように、教育システムが市場経済(経済システム)から自立しているかどうか、つまり近代教育問題の原因は市場革命にあるのか、と問うことだろうか。第5章で確認したように、コモンスクールの内部で行われた業績指向の教育実践は、すでに社会に浸透しつつあった業績指向を教育関係者が教育を正当化するために意図的に導入することによって、形成されたものである。この事実は、教育システムも、経済システムも、同じ機能システムとして連関(協働)していること、そして社会全体が、いわば機能性指向に大きくシフトしていることを暗示しているのではないだろうか。

3　機能性指向と人格形成

機能性指向という社会的趨勢　デュルケーム、ジンメル、パーソンズ*、そして近年のルーマンが論じているように、一八世紀に始まる近代社会を特徴づけているものは、機能性指向という社会全体の趨勢である。前近代社会の特徴が、一七世紀のニューイングランドにおけるテオクラシー（聖職者が政治的・法律的な支配権をもつ神権制）に見られるように、神という頂点のもとに世界全体がヒエラルヒー的に分化し、ピラミッド状に諸存在の「場所」が配列されている位階的分化状態**であるとすれば、この位階性が衰微し、社会的諸領域がそれぞれのコード（基本的な二項区別）にもとづいて機能的に分化し、また分化した社会的諸領域が相互に機能的に連関していくことが、機能的分化ないし機能性指向という趨勢である（cf. Luhmann 1980: 9-71; 田中 1999a: 32-3）。

*　ここでパーソンズの名前をあげることは誤解を生むかもしれない。というのも、パーソンズは機能性指向（機能的分化）を肯定的にとらえているからである。以下に示すように、私の機能性指向にたいするスタンスはアンビバレントである。

**　位階的分化形態は、西欧社会において中世から一七・一八世紀にかけて広く信じられてきた世界像である。それは、中世において「自然の階梯」（scala naturale）、「被造物の階梯」（Scale of Creatures）、「完全性の階梯」（scala perfectionis）、そして一八世紀において「存在の連鎖」（Chain of Being）と呼ばれてきた。この位階の頂点に位置するものは、神（唯一神）という「もっとも完全なもの」（ens perfectissimum）であり、その全体は、「下は茸から上は天使にいたるまで」、すべての存在が位階的なピラミッドの各位置におかれ連鎖している状態である。むろん、奴隷から民衆、貴族から王という階級構造も、このヒエラルヒーのなかにふくまれていた。すべての存在は、このヒエラルヒーのなかで存在として認められ、だれも・なにも所定の位置から離脱することは許されなかった（DHI 1968-73: "Chain of Being," "Hierarchy and Order"）。

政治思想史研究者のウッドは、『アメリカ革命のラディカリズム』において、「機能性指向」という言葉こそ用いていないが、こうした機能性指向に相当するような近代的な社会情況が一八世紀末から一九世紀前半のアメリカにおいて生じたことを指摘している。ウッドによれば、それは、アメリカ革命、そしてその後の〈改革〉運動を可能にしたものであり、女性の道徳的役割の強調、中産階級的な家族形態の普及、労働組合の結成などに見られる、父権的な支配を生みだす垂直的な秩序から合議的な体制を生みだす水平的な秩序へという社会秩序のシフトである（Wood 1992）。

この時期のアメリカにおける機能性指向の広がりを端的に語っているのは、フィラデルフィアのブラッケンリッジ（Brackenridge, Hugh Henry 1748-1816）――プリンストンの卒業生でありペンシルベニア州最高裁判事――が一七九二年から一八〇五年にかけて書いた小説『近代的な騎士道』だろう。この小説に登場する「紳士」は位階的秩序の象徴であり、彼の従者である「若者」は機能性指向の象徴である。紳士は、「最上の状態は、自然のなかのすべての事物がそれぞれの持ち場にとどまることである」という、位階的な人生観のもち主であり、その紳士を「時代遅れ」と侮った若者は、自律した個人であろうとし立身出世の野望に燃えていた（Brackenridge 1936: 34ff; 林 1988）。

位階と機能は、いわば水と油である。位階は、世界を構成する諸要素の営みを規定する位置である。位階的秩序のもとでのそれぞれの人の行為は、その人の意志によって決定されるのでなく、その人の位置によって決定される。人は、自分の「自由意志」にもとづいて行為しているのではなく、割り当てられた位置にふさわしく行為している。これにたいして、機能は、全体社会を構成する諸領域の営みをになう能力である。機能的秩序のもとでのそれぞれの人の行為は、その人の位置によって規定されるのではなく、その人の能力によって規定されるが、その内容は、相対的に自律した機能システムによって決定される。にもかかわらず、その行為の責任は、その人の属する機能システムに帰されるのではなく、その人の能力に帰されるのである*。

＊ちなみに、マルクス＝エンゲルスは、産業的生産が始まり「世界市場」が形成されて「近代的なブルジョア」(資本家・中産階級)が登場するとともに、「身分的なもの、恒常的なものはすべて煙となって消え、神聖なものはすべて汚される」と述べている(Marx/Engels 1959 [1848]: 464-465)。一八世紀末期から一九世紀初期にかけてのアメリカにも、そうした情況を見いだすことができる。まさにこの時期に、「永遠の不安と変容」の時代が幕を開けたといえるだろう。

したがって、社会全体の機能性指向は、各人の能力の不平等を承認するという態度を生みだしていく。第5章でふれたように、ケテリス・パリバス(「他の条件が同じなら」という前提命題)に象徴されるような業績競争の土台は、能力の不平等だけは認めるが、それ以外の不平等は認めないという態度である。それは、いいかえるなら、能力の優れた者も劣る者も、同じスタートラインに立ち、同じトラックを走らなければならないということであり、その結果あらわになる各人の能力の不平等は、それが天賦の才の違いがもたらすものであれ、努力の多寡の違いがもたらすものであれ、正当なものとして承認されなければならないということである。

このような能力論をともなう社会全体の機能性指向に、教育システムは他の機能システムとともに密接に関与してきた。教育システムのみならず、経済システム(市場経済)、政治システム、医療システム、学術システムなど、近代(現代)社会のさまざまな機能システムは、ますます機能性を指向し有用性を重視し、人を有用性(能力・学力)だけで価値づけ評価する制度を構築してきた。こうした社会的規模の機能性指向のベクトルは、たしかにかつてパーソンズが肯定的にとらえていたように、人間の自律性、リベラリズムをささえ広めていった*。しかし、それはまた、機能に拮抗し機能を凌駕するはずの「かけがえのなさ」や「関係性」を看過させるという否定的な効果を生みだすとともに、そうした実存的な価値を宣揚するという機能性指向への反発効果も生みだした。近代社会ほど、「かけがえのなさ」や「関係性」が軽視されると同時にそれらが高らかに謳われる社会はないだろう。

＊ ルーマンは、一八世紀末期から一九世紀初期のドイツ（プロシア）を念頭におきながら、社会の機能的分化によって、教育論は人間の「完全性」という考え方から「完全性」「有用性」「幸福」の結びついたものに変わっていった、と述べている。「主導概念として維持された完全性（Vollkommenheit）は、人間のすべての人格的な諸力の調和的形成と解釈された。これとならんで、人間にたいするさまざまな社会の要求……が有用性（Brauchbarkeit）という概念に集約されていった。この完全性と有用性という対比のなかで、教育の最終目的は自己言及、すなわち自分は完全でありかつ有用であると感じている主体が抱く感覚へと変わらざるをえなかった。人間は自分を愛するから、自分が完全で有用であるという感覚は人間を幸福にすると考えられた。こうして幸福（Glückseligkeit）が、完全性と有用性とを歓びという感覚で媒介し結びつける人間の自己言及の原理となったのである」（Luhamnn/Schorr 1988: 44-5）。

複雑な順応／反発の関係　これまで見てきたように、アメリカ東部における人格形成という教育概念と社会全体の機能性指向との関係も、複雑な順応／反発の関係にあったといえるだろう。ごく簡単に図式化するなら、それは三つの局面にわけられる。第一に、貨幣経済が広がり、それによって伝統的共同体の位階的秩序が浸食されるなかで、人格形成概念の前提命題である〈人間の自然本性の道徳性・可塑性〉を明言する道徳哲学が登場したという局面。この局面において、自律的個人という在りようが提唱されまた正当化されていった。

第二に、貨幣経済が社会的な規模におよび、いわゆる市場革命が生じるなかで、またアメリカ革命がさらなる位階的秩序のゆらぎをもたらすとともに政治的な権力闘争、都市的な暴力腐敗という問題を生みだすなかで、そうした問題を解消するための政治プログラムとしての近代的統治論が呼び寄せられ、道徳哲学をふまえた教育システム論が生みだされたという局面。この第二の局面において、人格の道徳性・形成可能性が前提命題化し、人格形成という教育概念が確立されていった。

第三に、市場革命がさらなる位階的秩序のゆらぎをもたらすとともに、堕落・暴力・貧困という社会問題を生みだすなかで、そうした社会問題を解消するための運動としてのリベラル・プロテスタンティズムが広まり、人格再形成をめざす〈改革〉が加速されていったという局面。この局面において、リベラル・プロテスタンティズム、〈改革〉は、ケテリス・パリバスに象徴されるような、業績競争の土台を用意し、自律的個人という在りようを社会的に正当化し、そうすることによって、社会の機能性指向を加速していった。

ひとことでいえば、一八世紀末期から一九世紀前期にかけてのアメリカ社会においては、近代的統治論、リベラル・プロテスタンティズム、市場革命が順応／反発を繰りかえしつつ、機能性指向の巨大な渦を形成していった。道徳哲学的な人格形成概念は、この機能性指向の巨大な渦のなかで生まれるとともに、良心形成を指向しこの渦が生みだす競争に抵抗しようとしたり、また業績達成を指向しこの渦が生みだす競争に順応しようとしたり、と振幅をともないつつも、「人格」「心」「精神」といった人間の内面性を人為的に操作するという近代教育概念を生みだしていった。いいかえるなら、人格形成という教育概念は、機能性指向の巨大な渦を根本的に批判する力をもたなかった。支配的な社会情況、優勢な言説の厚みのなかにありながらも、その拘束から逃れる術はあったはずであるが、すくなくとも一九世紀のアメリカにおける人格形成的な教育言説は、機能性指向の言説的ヘゲモニーを突破する先鋒となるかわりに、機能性指向の言説的ヘゲモニーに順応しそれを構成する部位となった*。

* 「市民的不服従」を唱えたソロー（Thoreau, Henry David 1817-1862）の人格形成論は、機能性指向の巨大な渦への批判と見なすことがで

きるだろうか。ハウはこれについて否定的な見解を示している（Howe 1997: 235-255）。

なぜ、人格形成的な教育言説は、機能性指向の巨大な渦に抵抗できなかったのか。それは、機能性指向という長いものに巻かれることが、それと諍うことよりも容易だったからというよりも、そもそも人格形成的な教育言説そのものが、社会の機能性指向に組み込まれていたからである。いいかえるなら、人格形成が、機能性指向という社会的奔流によって選ばれた「教育」のシニフィエだったからである。すなわち、人格形成概念が当時の社会が要求した人間の個人化・有用化という成長形態と整合的だったからにほかならない。

超越的審級としての神がゆらぎ、生まれただけでつける地位を失い、見知らぬ他人に囲まれ、いつ堕ちるか、いつ欺されるか、という恒常的な不安にさいなまれる人間にとって、自分以外の何に自分をささえる基盤を見いだすことができただろうか。そこには、人格が市場能力と結びつきつつ人間をささえる基盤とならざるをえないという社会情況があった。そうした社会情況においては、人びとが人格形成の外を見いだそうとしても、なかなか難しかっただろう。

4　現代日本の教育現実にふれて

現代日本の教育現実にふれて　序章（第2節）で述べたように、本書は「現在の歴史」の試みであるが、その「現在」はアメリカ教育の「現在」ではなく、日本教育の「現在」である。最後に、これまでの議論をふまえて、そもそもの出発点である現代日本の教育現実をふりかえり、いくらか私見を述べたい。

さて、もちろん、現代日本社会に、リベラル・プロテスタンティズムはほとんど見られないし、一九八〇年代後半以降、教育信仰もいくらか弱まっているようにも見えるが、近代的統治論は教育・医療・福祉を今も基礎づけているといえるし、生命倫理学の登場、臓器移植、代理出産、臓器売買の広がりが示しているように、市場革命は今や人間の生命(臓器)にまでおよんでいる。こうした現状を考えるなら、現代日本社会もまた、近代アメリカに見られた巨大な機能性指向の渦から無縁ではないといえるだろう。現代日本社会で「道徳心」「情操」の名のもとに人格形成が教育目的として声高に論じられる場合でも、そうした言説は、子どもたちを有用な知(の獲得競争)にかりたてるとともに、機能性指向の社会・国家の構成要素に還元しているように見える*。

* なお、アメリカでは、一九九〇年代の初期に「人格教育運動」(character education movement)が始まっている。一九九二年に「ジョセフソン倫理研究所」(Josephson Institute of Ethics)、一九九三年に「人格教育パートナーシップ」(The Character Education Partnership)などが設置され、人格教育の拡充運動が行われるようになり、人格教育についての研究書も多数出版されるようになった(Devine/Seuk/Wilson, eds. 2000; Hunter 2000; Ryan/Bohlin 1999; Lickona 1991=2001 など)。「人格教育」の必要性を説くリコーナによれば「人格とは、広い意味で認知的・情念的・行動的な道徳性を包括するもの」である。認知的な道徳性は「状況の道徳的次元の知覚、道徳的価値の知識」などであり、情念的な道徳性は「良心、自尊心、同情、善への愛、自制、謙遜」であり、行動的な道徳性は「達成能力、意志、道徳的習慣」である(Lickona 1993: 9)。しかし、こうした「人格教育」は、子どもをプログラムどおりに動く機械のようにとらえているように見えるし、「学力形成と規律は一体である」という主張、「国旗への敬礼の義務づけ」に見られるように、しばしば人格を学力形成・国家統治の手段に貶めているように見える。ちなみに、「人格教育」に批判的なハンターは、共同体が崩壊しすべてが加速度的に流動化していく現代のアメリカ社会においては、「子どものなかに[固定的である]善い人格を形成する可能性は皆無である」と述べている(Hunter 2000: 228)。

趨勢としてみるなら、日本の教育システムは明治期以来、実質的に有用な人間の形成のために——有用な知識の伝達のために——制度化されてきたといえるだろう。「競い合う心」「切磋琢磨する精神」といった人格形成論的・精神主義的な美辞のもとに、競争のもたらす負のメタ機能は隠蔽されてきた。かけがえのない人間存在は少なからず看過され、批判的な思考はたびたび排除された。社会的に評価される能力を開発し成功を手にした者がその幸福に酔い、いかなる能力にも還元不可能な一人ひとりの存在の重さを忘れ去り、また人材こそが日本の資源であると信じ、子どもに将来の夢を語らせながら、彼(女)らの夢をその「人材」に回収し、そのように美辞麗句で人びとを動員するという権力作用への批判を排斥してきた。

教育の現場により密着していいかえるなら、今述べた存在の看過、批判の排除は、有用性という価値を強調するあまり、また教えるという営みを重視するあまり、子どもたちそれぞれのみずから学ぶという営みを失わせることであり、またみずから倫理的かつ根源的に思考するという歓びを喪わせることである。〈役に立つものを教え示す〉という教育システムの機能性指向の営為は、たしかに社会的正当性をもっているが、その社会的正当性によって喪われてしまう貴重な歓びがある。そして、その歓び、つまり学びの歓びこそが未来の礎石である。

知の欲動　もちろん、「学びの歓び」を揶揄する人もいる。「学びの歓び」といっても、高い収入・地位に結びつかない「学び」をいくら愉しんでも、所詮、「勝ち組」にはなれない。高い収入・地位を得ている社会階層(階級)は、その事実を熟知しているから、子どもが幼い頃から教育戦略をねり、子どもを高い収入・地位に結びつく「学び」に誘導している。したがって、子どもの個性に即した「学びの歓び」を強調することは、結局のところ、教育による階層(階級)再生産を隠蔽することになる、と。ほかならない私自身、かつてそのように考えていた。

しかし、このような「学びの歓び」批判は貧困である。中産階級が教育戦略をねり、子どもに自分と同じ社会的位置を伝達しようとすることは、今にはじまったことではない。そうした階級的行動はすでに一九世紀半ばのアメリカで広まっている。そしてそのとき、アメリカ中産階級の親たちをとらえていたものが、収入・地位というフランクリン的な幸福の尺度である。「学びの歓び」は、これらの幸福の尺度を超えた、快楽の尺度である。この知の快楽という尺度は、たとえば、何かの事実を知るためだけに図書館に通い、古文書を漁り、寝食を忘れるというような、フランクリン的な幸福から無縁な行為を経験した者だけに理解できる尺度である。

一九七五年、四八歳のフーコーは、自分の受けてきた教育をふりかえりながら、「私たちはつねに競争がつきまとう、とるにたらない知によって育てられてきた。このいわば競争知が、今も私たちにつきまとっている」と慨嘆している。彼がいう「競争知」は、社会学がいう「学校知」であり、その多くは一般に「有用知」と見なされている。フーコーが学校知よりも高く評価するものは、制度化されていない知、すなわち批判的思考である。それは「生きた知恵であり、決然とした態度であり、制度からの自由であり、言説の経路にとりこまれない知性」である。この批判的思考を身につけるために、まず子どもが「学ぶべきことは……知が快楽に結びつくこと」であり、それは「学者たちがいう知への欲動(libido sciendi)」である(Foucault 1994=1998-2002, No.161: 418, 419, 421-2)。

フーコーが「知への欲動」という言葉で暗示しているのは、制度や言説のなかで正当化された概念(知識)に回収されないような、固有かつ無窮に出来する生を人が営んでいるという事実である。これまで見てきたことからわかるように、「人格形成」はあくまで歴史的概念であり、私たち人間の、固有かつ無窮に出来する生のプロセスそのものではない(心理学的「発達」もまた歴史的概念であり、生の固有的・無窮的なプロセスそのものではない)。「人格形成」は、アクチュアルな生のプロセスを何らかの機能的物語に回収還元する言説的装置である。しかし、アクチュアルな生のプロセスは、かならずこの言説的装置からはみだしていく。いくら「競い合う心」、「切磋琢磨する精神」

といった美辞を弄そうとも、人間の存在を「人材開発」に回収することはできない。

矛盾のなかで　人格形成・人材開発の言説からはみだしていく力(固有かつ無窮の出来)を感受し、その力に応答する教育を構想できないだろうか。しかし、私たちが、最新の医療テクノロジー、情報テクノロジーのような有用知を捨て、すみやかな問題解決をもたらす機能性を否定し、昔ながらの不便な暮らし、偶有性にみちた生活に戻ろうとすることなど、とても考えられないだろう。とすれば、問題は、教育が競争を全否定することなく、有用知の教示活動でありながら、同時に批判的な思考の喚起活動でありうるかどうか、である。

なるほど、なんらかの経済資本・文化資本を所有するための実利的な教育だけでなく、「知への欲動」に身を浸すことそれ自体であるような教育を同時に行うことは、容易ではない。しかし、実利的な教育と批判的な思考との矛盾は、致命的なほど深刻だろうか。実利性を謳う多くの学校・大学は、実利的な教育ばかりを追い求める態度にたいして人びとが心密かに抱いている嫌悪感を看過していないだろうか。

ここで、本書の問いのスタイルから大きくそれることを述べるべきではないだろう。本書のような、教育の批判的概念史のたてる問いは、教育の機能を(根本的に)高めるためにはどのように教育を改革すればよいのかという方法提案的な問いではなく、教育をささえている言説文化はどのように変化するのかという機制記述的な問いである。したがってここでは、実利的な教育と批判的な思考との矛盾が呼びおこす対立葛藤に満ちたコミュニケーションを厭くことも怯むこともなく継続することで、この二つを共存させられるだろう、とだけ述べるにとどめたい。矛盾しているものをあえて統合する必要はないし、安逸を求めなければ矛盾のなかでも共存は可能である。

あとがき

一九八三年、華やかなバブル経済のまっただなかで、なぜか大学院に進学した私は、最新の社会学理論・現代フランス思想を気にしながらも、近代教育史を具体的に知りたくて、あれこれとこまかいアメリカ教育史研究をつづけていた。教育に主権国家が関与するようになった思想的な理由は何か、これが学部の卒業論文以来の私の問いだった(のちに私は、この問いの立て方そのものが間違いであることに、気づかされる……)。

この本を方向づけたM・フーコー、N・ルーマンの思想・理論を読みはじめた時期は、博士後期課程に進学した一九八五年だった。S・ボールズ／H・ギンティスの教育の再生産理論は、私が教育社会学に引きつけられるきっかけだったが、それ以上に私を虜にしたものはフーコーとルーマンだった。この社会を理解する術を私に教えてくれたのは、当時流行のリオタール、ドゥルーズ、ガタリ、バタイユではなく、この二人だった。彼らの生きざま・書いたものに出会わなければ、私はとっくに教育学、学問の世界から離れていただろう。

はじめのころは、教育システム・市場経済・国民国家――この三つの近代的な制度の歴史的な関係を社会学的かつ思想史的に描こうと、漠然と考えていた。しかし、この三つを収束させるような一貫したテーマがなかなか見つからなかった。史料収集を始めたのが一九八八年、最初の基本的な全体構成が定まったのが一九九〇年だったが、調べれば調べるほどわからないことが見つかり、またテーマを「自己統治」から「人格形成」へ移したために、全体構成は二転三転どころか五転六転し、最終的に現在の章立てになったのは二〇〇〇年である。

フーコーの生まれ育ったフランスでも、ルーマンの生まれ育ったドイツでもなく、アメリカをフィールドとして選んだのは、アメリカ社会がすみやかな・合理的な問題解決（つまり機能性）をあからさまに指向しているように見えたからである。〈問題は迅速に合理的に解決できる〉〈問題は迅速に合理的に解決すればよい〉という機能性指向が広く承認されているアメリカ社会に、私は正直なところ、ひどい違和感とともにつよい親近感をおぼえていた。

機能性指向は、魅力的であるが、多くの問題をはらんでいる。すみやかな・合理的な問題解決指向は、すみやかに・合理的に解決可能なものに問題を還元するからであり、すみやかに・合理的に解決できない問題を無視することになるからである。また、すみやかな・合理的な問題解決指向は、多くの場合、競争をもたらすが、その競争は、これまた多くの場合、理由がよくわからないままにさせられる競争だからである。

ちなみに、一九八〇年代の日本の教育界で広まった「競争批判」にも、私は違和感・親近感を感じていた。「徒競走は競争だからいけない」「みんなで手をつないでゴールしよう」といった言説は、気持ちはわかるが、宗教的後ろ盾を欠いた情愛指向の教育論の亜種にしか見えなかった。私にとっての問題は、競争の負の心理的効果ではなく、競争とともに競争批判も生みだしている社会構造、私たちの多くをとらえてはなさない機能性指向だった。

当時の私は、アメリカ社会の機能性指向の中心にあるものは資本制経済（経済システム）・主権制国家（政治システム）であり、その機能性指向を加速しているものが教育システムのメリトクラシーである、と考えていた。そして経済システム、政治システム、教育システムの存立条件を歴史的に明らかにすることが、これらの機能システムから自分自身が距離をとるために必要な最低限の作業である、と考えていた。

本書に収められている各論文のドラフトは、のちに大幅に加筆修正したが、一九八七年から九二年にかけて集中的に書いた。ふりかえってみると、とくに一九九〇年から一九九二年にかけての三年間は、ほとんど日常生活の記憶がない。記憶をたどる手がかりとなる手帳を見ても、ほとんど白紙。当時、三〇代になったばかりの私は、就職のあても収入のあてもなく、することといえば、好きな本を読み、好きな音楽を聴き、掲載されるあてもない論文を書くことだった。特別なこと以外にとくに出かける用事もなかったから、手帳も白紙だったのだろう。

九〇年代、私の関心が社会理論に移ったため、本書にかんする原稿はしばしば棚上げされ、ときどき加筆されるにとどまった。最後に全面的に書きなおした時期は、二〇〇三年の夏から四年の冬にかけてである。その結果、それまで書いた原稿の半分を捨てて、あらたに四割程度を書き足すことになった。手を入れればきりがなく、序章でふれた(日本語の)「人格形成」の概念史については不充分で心残りであるが、とりあえずここで一区切りとした。私の関心は、このところふたたび変わりはじめ、臨床哲学に向かいつつある。しかし、できれば近いうちに、削除した部分を再構成(再利用)しつつ、宇宙論としての完全性概念が人間論としての完全性概念に移し換えられていく思想史的な経緯をたどった、「完全性の系譜学」を上梓したいと思っている。

『教育の共生体へ』にひきつづき、今回もまた、東信堂社主下田勝司氏にたいへんお世話になりました。ありがとうございました。心から御礼申しあげます。また、数々の私のわがままに忍従してくれた友人そして家族に、心から感謝します。とくに、忙しいなか、史料収集に協力してくれた北野秋男、鳶野克己、山名淳、古屋恵太、江口潔、藤井佳世、青柳宏幸の各氏に。そして、「いま、おしごとちゅう」というと、口をタコのように尖らせながらも、しぶしぶ遊び相手を変えてくれた小さかった悠太朗に。

二〇〇五年六月一四日

田中　智志

初出一覧

序　章……書き下ろし。

第1章……初稿一九九一年。一部を「モダンな個人の存立――フランクリンの道徳的完全性」(『東京学芸大学研究紀要』第一部門 [51: 35-48, 2000]) として発表。

第2章……初稿一九九〇年。一部を「一八世紀末期の徳概念とプリンストンのウィザースプーン」(アメリカ教育史研究会『アメリカ高等教育における能力観と制度変革とに関する史的研究』文部省科学研究費研究成果報告書 [pp.1-26, 1991]) として発表。

第3章……初稿一九九二年。未発表論文。

第4章……初稿一九八七年。一部を「一九世紀前期のアメリカにおけるコモンスクールの成立と民族宗教共同体について」(『関東教育学会紀要』[15: 17-26, 1988]) として発表。

第5章……初稿一九九二年。未発表論文。

終　章……書き下ろし。

索　引

〔ア行〕

愛情 (love) 259
悪 (bad) 136
アグレリアニズム (agrarianism) 144
アサイラム (asylum) 207
アダムズ (Adams, John) 141
アディソン (Addison, Joseph) 51, 107
アッヘンバル (Achenwall, Gottfried) 124
アブディ (Abdy, Edward Strutt) 202
アメリカ・ユニテリアン協会 (American Unitarian Association) 185
アルジャー (Alger, Horatio, Jr.) 253
アルミニウス (Arminius, Jacobus) 20
——主義 (Arminianism) 20
アルムスハウス／救貧院 (almshouse) 202
アレクサンダー (Alexander, Archibald) 22
位階 285
——的秩序 197
——的分化 237, 284
一斉教授 246
一斉口述 (simultanious recitation) 246
イデオロギー的構造化 (ideological structuration) 280
井上哲次郎 5
〈意味されるもの〉(シニフィエ) 15
〈意味するもの〉(シニフィアン) 15
ヴァーチュ (virtue) 34, 41, 43, 66, 148, 162
ヴァーチュ形成 62, 134,
ウィザースプーン (Witherspoon, John) 11, 82, 96, 111
ウィッカーシャム (Wickersham, James Pyle) 253
ウィリアムズ (Williams, Abraham) 116
ウェア (Ware, Henry) 186
ウェイランド (Wayland, Francis) 8
ウェスト (West, Samuel) 117
ウェブスター (Webster, Noah) 11, 145, 247, 252, 256
ウォーカー (Walker, James) 22
ヴォークス (Vaux, Roberts) 35, 206 208, 215, 216
ヴォルフ (Wolff, Christian von) 18
ウッド (Wood, Gordon S.) 15
ウッドブリッジ (Woodbridge, William C.) 252
エヴァンジェリカリズム (Evangelicalism) 22, 176
エヴァンジェリカル・プロテスタンティズム (Evangelical Protestantism) 27, 28
エディ (Eddy, Daniel C.) 203
エドワーズ (Edwards, Jonathan) 43, 71
エマーソン (Emerson, Ralph Waldo) 108
エマーソン (Emerson, George B.) 258
エリー (Ely, John) 71
エルヴェシウス (Helvetius, Claude Adrien) 52
オルコット (Alcott, William A.) 203
オルコット (Alcot, Amos Bronson) 258
オルポート (Allport, Gordon) 6

〔カ行〕

〈改革〉 36, 174
——者 174
階級葛藤論 170
回心 (conversion) 20, 39

〔サ行〕

自由 96
自由意志 96, 178
習慣 (habits) 55
習慣形成 69
重商主義 (mercantilism) · 36, 120
重農主義 (physiocracy) 36, 120, 144
主体 55
情愛 (affection) 190
情愛指向の教育 (affectionate education) 29, 258
情愛的個人主義 30
情念 (passion) 75, 79, 133, 140
諸情念の均衡 154
召命 (calling) 40
所有的個人主義 30
自律性 193
自律的個人 33, 147
神意 (プロヴィデンス /providence) 54, 89, 99
人格 (character) 4, 10, 26, 47, 108, 268, 290
人格貴族 (aristocracy of character) 28
人格教育運動 (character education movement) 290
人格形成 (character formation/ personality formation) 3, 7, 118, 135, 157, 213, 215
人格的教育学 (persönlichkeits-pädagogik) 5
人格の可塑性 (malleability of character) 17
人格の完成 (full development of personality) 8, 10
人格の完全な発展 (full development of the personality) 8
人格の陶冶 5
人口 (population) 36, 121
人口状態の把握 124, 126
神性 (divinity) 54, 137, 186
——の形象 (divinity image) 186
——の喪失 267
人民書誌 (demosgrapy) 122
信用取引 (だまし合い、confidence game) 196
スコットランド道徳哲学 35, 72, 82, 151
ストウ (Stowe, Harriet Beecher) 258
スプリング (Spring, Joel) 17
スマイルズ (Smiles, Samuel) 9
スミス (Smith, Samuel Harrison) 117
スモール (Small, William) 151
性格 4
正義 (justice) 148
生ー権力 (bio-pouvoir) 120
成功秘訣本 (success manual) 267
政治算術 (Political Arithmetik) 122, 127
政治腐敗 146
聖書講読 (Bible Reading) 229
精神異常 (insanity) 136
聖性習慣形成 (formation of holy habits) 182
制度的ルール 279
生命の管理 (bio politique) 125
精霊 (Spirit/holy spirit) 37, 182
一八〇〇年の大覚醒 176
一八四四年暴動 (Riot of 1844) 229
洗練 (politencess) 90
相互浸透 195
相互扶助 (互恵性、mutuality) 69
早熟 (precocity) 250
ソロー (Thoreau, Henry David) 288

〔タ行〕

ターンブル (Turnbull, George) 42
タイアック (Tyack, David B.) 25, 27, 172
怠惰 (truant) 250
代替不可能性 (かけがいのなさ) 34
ダグラス (Douglass, William) 126
多元的文化 233

他者参照 (alter-reference) 13, 157
タブラ・ラサ (tabla rasa) 85
魂 (soul) 137
堕落可能性 143
チォンシー (Chauncy, Charles) 78
知への欲動 (libido sciendi) 292
チャニング (Channing, William Ellery) 21, 185
中産階級 170
抽象空間としての市場 (market) 68, 103, 195
罪 179
ディクス (Dix, Dorothea) 206
ディストリクトスクール (district school) 166, 246
テオクラシー (theocracy) 284
デューイ (Dewey, John) 9, 10
デューイ (Dewey, Orville) 187
デュポン・ド・ヌモー (Dupont de Nemours, Pierre Samuel) 145
天啓 (revelation) 39, 46
ドゥエイ聖書 (Douay [Doway] Bible) 231
道徳科学 (science morale) 72
道徳算術 (moral arithmetic) 45
道徳的完全性 (moral perfection/ moralischen Vollkommenheit) 5, 51, 55
道徳的人格 (moral character) 135
——の完全性 153
道徳的・熟慮的な算術 (Moral or Prudential Algebra) 45
道徳的人格形成 (formation of moral character) 182
道徳的センス (moral sense) 72, 85, 100, 151
道徳的能力 (moral faculty) 19, 133
道徳哲学 (moral philosophy) 6, 72
トクヴィル (Tocqueville, Alexis de) 39, 41
トッド (Todd, John) 210
ドワイト (Dwight, Timothy) 22

〔ナ行〕

中島力造 5
ニーチェ (Nietzsche, Friedrich W.) 16
肉欲 (flesh) 37
日曜学校 (Sunday school) 166, 210
ニューイングランド・ペダゴジー 29, 258
人間の自然本性 79, 89, 178
能力 (ability) 59
能力 (faculty) 18, 55
能力心理学 (faculty psychology) 18
ノックス (Knox, Samuel) 61

〔ハ行〕

バーナード (Barnard, Henry) 35, 258
パーマー (Palmer, Thomas H.) 251
ハウ (Howe, Samuel Gridley) 206
場所としての市場 (market-place) 68, 103
ハチソン (Hutcheson, Francis) 18, 73, 87, 95
ハミルトン (Hamilton, Alexander) 107
ハリス (Harris, William T.) 269
半途会議 (Half Way Synod) 40
半途契約 (half-way covenant) 40
反フリーメーソン運動 221
ビーチャー，C・E (Catherine E. Beecher) 258-261
ビーチャー，L (Beecher, Lyman) 71
ピアース (Pierce, Sarah) 107
ビッドル (Biddle, Nicholas) 213
病院 207
標準化 255
評判 (reputation) 204
貧困 (poor / pauper) (者) 200
品性 9
フーコー (Foucault, Michel) 16, 120, 292

〔マ行〕

〔ヤ行〕

〔ラ行〕

〔ワ行〕

〈文献表〉

青木薫　1979　『アメリカの教育思想と教育行政』ぎょうせい.
阿部次郎　1983(1937)　「人格及び人格主義」阿部重孝ほか編『教育學辞典』第２巻(復刻版)岩波書店.
市野川容孝　1993　「生－権力論批判――ドイツ医療政策史から」『現代思想』21 (12) : 163-179.
市村尚久　1971　「ジェファソンにおける公教育の概念」『学術研究』(早稲田大学)　21: 23-38.
市村尚久　1982　「アメリカにおける人間形成思想の伝統と革新」長井和雄・小林政吉・市村尚久『人間形成の近代思想』第一法規、pp.125-204.
稲垣良典　1981　『習慣の哲学』創文社.
井上哲治郎　1973　『井上哲治郎自伝』冨山房.
大田堯　1983　『教育とは何かを問いつづけて』岩波書店.
尾形裕康　1980　『日本教育通史研究』早稲田大学出版部.
北野秋男　1999a　「アメリカの公教育テクノロジーの構造研究」北野秋男・田中智志　『アメリカ公教育テクノロジーの構造研究』(文部省科研費報告書).
北野秋男　1999b　「神の慈愛と自己陶冶」田中智志編『ペダゴジーの誕生』多賀出版.
北野秋男　1999c　「教育関係という教授技術」田中智志編『ペダゴジーの誕生』多賀出版.
北野秋男　2003　『アメリカ公教育思想形成の史的研究』風間書房.
久保義三　2004　『教育の経済的生産性と公共性――ホレース・マンとアメリカ公教育思想』東信堂.
小林清一　1997　「言葉と秩序」坂上孝(編)『統治技法の近代』同文館.
小見山榮一　1950　「モラルと人格形成」『青年心理』1(3): 340-350.
坂上孝　1999　『近代的統治の誕生――人口・世論・家族』岩波書店.
佐古純一郎　1995　『近代日本思想史における人格観念の成立』朝文社.
佐々木純枝　1981　「ハチスン「道徳哲学」の関する一試論」『英語英米文学』(中央大学) 21: 1-23.
佐藤繁彦　1927　『人格の感化』実業之日本社.
篠原助市　1922 (1918)　「最近の教育理想」『批判的教育学の問題』宝文館.
篠原助市　1930　『教育の本質と教育学』教育研究会.
篠原助市　1935　『増訂教育辞典』宝文館.
志村正雄　1996　「アルジャー」『集英社世界文学大事典』第１巻、集英社.
諏訪内敬司　1990　「品性論(1)――近代日本での発生と展開」『モラロジー

研究』30: 103-130.
諏訪内敬司　1999　「品性論(3)――ヘルバルト教育学と品性」『モラロジー研究』45: 23-49.
田中萬年　2002　『生きること・働くこと・学ぶこと――教育」の再検討』技術と人間.
田中智志　1988　「19世紀後期のアメリカにおける公立ハイスクールの教育課程変革と中産階級の形成」『文学研究科紀要別冊 哲学・史学編』(早稲田大学大学院文学研究科) 15: 95-112.
田中智志　1990a　「ボールズ＝ギンティスの再生産論と教育変革の文脈について」『早稲田教育評論』(早稲田大学教育総合研究室) 4(1): 45-58.
田中智志　1990b　「19世紀後期のニューイングランドにおける寄宿制学校の教育理念」『日本の教育史学』(教育史学会) 33: 194-209.
田中智志　1992　「完成可能性の解読・序説」『近代教育フォーラム』(教育思想史学会) 1: 127-44.
田中智志　1993　「教育を解読する思想史」『近代教育フォーラム』(教育思想史学会) 2: 99-118.
田中智志　1999a　「言説としてのペダゴジー」田中智志編『ペダゴジーの誕生』多賀出版.
田中智志　1999b　「統治する教育の誕生」田中智志編『ペダゴジーの誕生』多賀出版.
田中智志　1999c　「愛あふれるペダゴジーの誕生」田中智志編『ペダゴジーの誕生』多賀出版.
田中智志　1999d　「教育する空間の誕生」田中智志編『ペダゴジーの誕生』多賀出版.
田中智志　2001　「教育の正当化――社会理論的な考察」『東京学芸大学研究紀要』第1部門52: 49-61.
千葉徳夫　1991　「17世紀ゴータ候国のお上(Obrigkeit)と教育」『法律論叢』(明治大学法律研究所) 63 (4/5): 387-433.
柘植尚則　2003　『良心の興亡――近代イギリス道徳哲学研究』ナカニシヤ出版.
富岡幸一郎　1999　『使徒的人間――カール・バルト』講談社.
中島半次郎　1927(1914)　『人格的教育学の思潮』同文館.
中島半次郎　1929(1915)　『人格的教育学と我国の教育』同文館.
中島力造　1901　「人格とは何ぞや」『教育学術界』明治34年7月号.
永嶋大典　1988　『英訳聖書の歴史』研究社出版.
林伊知郎　1988　「建国期の散文と小説にみる新しい家庭の理念」『同志社アメリカ研究』24: 87-105.

原聡介　1979　「近代教育学のもつ子ども疎外の側面について」『教育学研究』46(4): 295-304.

平田俊博　1998　「人格」『岩波哲学・思想辞典』岩波書店.

福沢諭吉　1980　「文明教育論」三枝博音・清水幾太郎編『日本哲学思想全書』第15巻(第２版)平凡社.

藤田英典　1989　「マイケル・Ｂ・カッツの歴史学」Katz 1975=1989 所収.

藤本茂生　1988　「子どもたちのアンテベラム」『同志社アメリカ研究』24: 107-122.

藤本茂生　1991　「ディストリクト・スクールからコモン・スクールへ」『同志社アメリカ研究』27: 23-34.

藤本茂生　2002　『アメリカ史のなかの子ども』彩流社.

松本礼二　1989　「共和主義・自由主義・利益政治」小川晃一・片山厚編『アメリカ憲法の神話と現実』木鐸社.

光永雅明　1997　「人口の科学・移民の秩序」坂上孝編『統治技法の近代』同文館.

森重雄　1987　「モダニティとしての教育」『東京大学教育学部紀要』27: 91-116.

森重雄　1993　『モダンのアンスタンス――教育のアルケオロジー』ハーベスト社.

森重雄　1999a　「教育のエートルと社会構造のモダニティ」香川大学教育学研究室編『教育という「物語」』世織書房.

森重雄　1999b　「〈人間〉の環境設定――社会理論的検討」『社会学評論』50(3): 311-329.

森重雄　2000　「教育社会学における批判理論の不可能性」藤田英典・志水宏吉編『変動社会のなかの教育・知識・権力』新曜社.

森田尚人　1986　『デューイ教育思想の形成』新曜社.

森田尚人　1993　「公教育の概念と歴史的構造」森田尚人ほか編『教育学年報２』世織書房.

森本あんり　1995　『ジョナサン・エドワーズ研究』創文社.

安川哲夫　1995　『ジェントルマンと近代教育――学校教育の誕生』勁草書房.

山口恒夫　1974　「トマス・ジェファソンの教育思想に於けるデモクラシー概念」『教育哲学研究』30: 1-15.

山口恒夫　1986/7　「Ｗ・Ｅ・チャニングにおける〈自己形成〉の概念 1/2」『信州大学教育学部紀要』58: 37-47; 59: 11-9.

渡辺晶　1981　『ホレース・マン教育思想の研究』学芸図書.

Abbot, John S.C. 1834 *The Mother and the Home.* London.

Abdy, Edward Strutt 2003 (1835) *Journal of a Residence and Tour in the United States of North America, from April, 1833, to October, 1834.* 3 vols. London [http://wwwearlyrepublicnet/abdy].

Adams, John 1851 *The Life and Works of John Adams.* 6 vols. Boston.

Adams, John and Jefferson, Thomas 1925 *Correspondence of John Adams and Thomas Jefferson.* Paul Wilstach, ed. Indianapolis: Bobbs-Merrill.

Adams, John and Rush, Benjamin 1966 *The Spur of Fame: Dialogue of John Adams and Benjamin Rush.* J.A. Schutzand and D. Adair, eds. San Marino, CA: Huntington Library.

Adams, John and Waterhouse, Benjamin 1927 *Stateman and Friend: Correspondence of John Adams and Benjamin Waterhouse.* W.C. Rord, ed. Boston: Little Brown.

Agnew, John C. 1986 *Worlds Apart: The Market and Theater in Angro-American Thought, 1550-1750.* New York: Cambridge University Press.= 1995 中里壽明訳『市場と劇場』平凡社.

Ahlstrom, Sydney E. 1955 "The Scottish Philosophy and American Theology," *Church History* 24: 257-272.

Aldridge, Alfred Owen 1949 "Benjamin Franklin as Demographer," *Journal of Economic History* 9 (May): 25-44.

Aldridge, Alfred Owen 1963 "Benjamin Franklin and Philosophes," *Studies of Voltaire and the Eighteenth Century* 24: 43-65.

Alcott, William A. 1833 *The Young Man's Guide.* Boston.

Alcott, Amos Bronson 1830 *Observation on the Principles and Methods of Infant Instruction.* Boston.

Allport, Gordon W. 1921 "Personality and Character," *Psychological Bulletin* 18: 441-455.

Allport, Gordon W. 1937 *Personality: A Psychological Interpretation.* New York: Henry Holt and Company. = 1982 詫摩武俊・青木考悦・近藤由紀子・堀正訳『パーソナリティ――心理学的解釈』新曜社.

Allport, Floyd H. and Allport, Gordon W. 1921 "Personality Traits: Their Classification and Measurement," *Journal of Abnormal and Social Psychology,* 16: 6-40.

Altick, Richard Daniel 1957 *The English Common Reader: A Social History of the Mass Reading Public, 1800-1900.* Chicago: University of Chicago Press (2nd edn. in 1998, Ohio State University Press.)

Anderson, Douglas 1997 *The Radical Enlightenment of Benjamin Franklin.*

Baltimore: Johns Hopkins University Press.

Angus, David L., Mirel, Jeffrey, Vinovskis, Maris A. 1988 "Historical Development of Age Stratification in Schooling," *Teachers College Record* 90(2): 211-36.

Appleby, Joyce 1992 *Liberalism and Republicanism in the Historical Imagination.* Cambridge, MA: Harvard University Press.

Aquinas, Thomas 1948 (1266-1273?) *Summa Theologica*, Roma: Leonina. = 1960- 高田三郎・稲垣良典ほか訳『神学大全』(全36巻 刊行中) 創文社.

Archer, Margaret S. 1986 "Social Origins of Educational Systems," John G. Richardson, ed. *Handbook of Theory and Research for the Sociology of Education.* New York: Greenwood Press.

Ariès, Philippe 1960 *L'Enfant et vie familiale sous l'Ancien régime.* Paris: Éditions du Seuil. = 1980 杉山光信・杉山恵美子訳 『〈子供〉の誕生――アンシャン・レジーム期の子供と家族生活』みすず書房.

Ariès, Philippe 1972 "Problèmes de l'éducation," in *La France et les Française.* Paris: Gallimard. = 1983 中内敏夫・森田伸子編訳「教育の問題」『〈教育〉の誕生』新評論.

Ashcraft, Richard 1986 *Revolutionary Politics and Locke's Two Treatises of Government.* Princeton: Princeton University Press.

Ashworth, John 1987 "The Relationship between Capitalism and Humanitarianism," *American Historical Review* 92(4): 813-828.

Baily, Ebenezer 1832 *The Young Ladie's Class Book.* Boston.

Baker, William 1994 "Introduction," in Mulcaster 1994.

Baltimore City School Committee 1867 *Report of the Committee Appointed to Visit the Public Schools of Philadelphia, New York, Brooklyn, and Boston.* Baltimore.

Barry, Norman P. 1986 *On Classical Liberalism and Libertarianism.* London: Macmillan Press.

Barry, Jonathan and Brooks, Christopher 1994 *The Middling Sort of People.* Hampshire: Macmillan Press.

Baym, Nina 1978 *Woman's Fiction: A Guide to Novels by and about Woman in America, 1820-1870.* Ithaca, NY: Cornell University Press.

Beales, Ross W. 1986 "The Child in Seventeenth-Century America," Hawes, Joseph M. and Hiner, N. Ray, eds., *American Childhood: A Research and Historical Handbook.* Westport, CT: Greenwood Press.

Beall, Otho T Jr., and Shryork, Richard H. 1979 (1954) *Cotton Mather.* New

York: Ayer Pub.

Beecher, Catherine E. 1831 *The Elements of Mental and Moral Philosophy.* Hartford, CT.

Beecher, Catherine E. 1842 *A Treatise on Domestic Economy.* rev. edn. Boston.

Beecher, Catherine E. and Stowe, Harriet Beecher 1869 *American Woman's Home, or Principles of Domestic Science.* New York.

Bellah, Robert 1975 *The Broken Covenant: American Civil Religion in Time of Trial.* New York: The Seabury Press. = 1983 松本滋・中川徹子訳『破られた契約』未来社.

Bellah, Robert et al. 1985 *Habits of the Heart: Individualism and Commitment in American Life.* Berkeley, CA: University of California Press. = 1991 島薗進・中村圭志訳『心の習慣――アメリカ個人主義のゆくえ』みすず書房.

Belok, Michael V. 1968 "The Courtesy Tradition and Early Schoolbooks," *History of Education Quarterly* 8(3): 306-18.

Bender, Thomas 1975 *Toward an Urban Vision: Ideas and Institutions in Nineteenth Century America.* Baltimore, MD: John Hopkins University Press.

Bender, Thomas 1978 *Community and Social Change in America.* Baltimore, MD: John Hopkins University Press.

Berthoff, Rowland 1982 "Peasant and Artisan, Puritan and Republican: Personal Liberty and Communal Equality in American History," *Journal of American History* 69 (3): 579-598.

Bible 1990 共同訳聖書実行委員会訳『聖書』(新共同訳)日本聖書協会.

Bible KJV 1972 *The Holy Bible: Old and New Testaments in the King James Version.* Nachville: Thomas Nelson.

Bible DRV 1990(1582) *The Holy Bible: The New Testament.* Facsimile Reproduction of Rhemes. Kyoto: Rinsen Books.

Bible DRV 1990(1609-10) *The Holy Bible: The Old testament*, 2 vols. Facsimile Reproduction of Doway. Kyoto: Rinsen Books.

Bidwell, Charles E. 1966 "Moral Significance of the Common School: A Sociological Study of Local Patterns of School Control and Moral Education in Massachusetts and New York, 1837-1840," *History of Education Quarterly* 6 (3): 50-91.

Binder, Fredirick M. 1974 *The Age of Common School, 1830-1865.* New York: John Wiley & Sons.

Blake, John 1959 *Public Health in the Town of Boston, 1630-1822.* Cambridge, MA: Harvard University Press.

Bledstein, Burton J. 1978 *The Culture of Professionalism: The Middle Class and the Development of Higher Education in America.* New York: W.W. Norton.

Bloch, Ruth H. 1985 *Visionary Republic: Millennial Themes in American Thought, 1756-1800.* New York: Cambridge University Press.

Bloch, Ruth H. 1987 "The Gendered Meanings of Virtue in Revolutionary America," *Signs* 13 (1): 37-58.

Blumin, Stuart M. 1976 *The Urban Threshold: Growth and Change in a Nineteenth-Century American Community.* Chicago: University of Chicago Press.

Blumin, Stuart M. 1989 *The Emergence of the Middle Class: Social Experience in the American City, 1760-1900.* New York: Cambridge University Press.

Boli, John and Meyer, John W. 1987 "The Ideology of Childhood and the State: Rules Distinguishing Children in National Constitutions, 1870-1970," in Thomas, et al. 1987.

Boli, John and Ramirez, Francisco O. 1986 "World Culture and the Institutional Development of Mass Education," John G. Richardson ed. *Handbook of Theory and Research for the Sociology of Education.* New York: Greenwood Press.

Bourdieu, Pierre et Passeron, Jean-Claude 1970 *La Reproduction: Éléments pour une théorie du système d'enseignement.* Paris: Editions de Minuit. = 1991 宮島喬訳『再生産』藤原書店.

Bourne, W. Moland 1870 *History of the Public School Society of the City of New York.* New York.

Bowles, Samuel and Gintis, Herbert 1976 *Schooling in Capitalist America: Educational Reform and the Contradictions of Economic Life.* New York: Basic Books. = 1986 宇沢弘文訳『アメリカ資本主義と学校教育』岩波書店.

Boyer, Paul 1978 *Urban Masses and Moral Order in America, 1820-1920.* Cambridge, MA: Harvard University Press.

Boyer, Paul and Nissenbaum, Stephen 1974 *Salem Possessed: The Social Origins of Witchcraft.* Cambridge, MA: Harvard University Press.

Boylan, A.M. 1988 *Sunday School: The Formation of an American Institution, 1790-1880.* New Haven: Yale University Press.

Brackenridge, Hugh Henry 1936 *Modern Chivalry,* C.H. Newlin, ed. New York: American Book Co. [http://xroadsvirginiaedu/~HY PER2/Chivalry].

Breen, T.H. 1975 "Persistent Localism: English Social Change and the Shaping of New England Institutions," *Williams and Mary Quarterly* 3rd. Ser., 32 (1): 3-28.

Breen, T.H. 1980 *Puritans and Adventurers : Change and Persistence in Early America.* New York: Oxford University Press.

Breen, T.H. 1986 "An Empire of Goods: The Anglicization of Colonial America, 1690-1776," *Journal of British Studies* 25 (4): 467-499.

Bremner, Robert H., et al., ed. 1970 *Children and Youth in America: A Documentary History: Vol.1.* Cambridge, MA: Harvard University Press.

Bremner, Robert H. 1988 *American Philanthropy*, 2nd edn. Chicago: University of Chicago Press.

Bridenbaugh, Carl 1955 *Cities in Revolt: Urban Life in America, 1743-1776.* New York: Alfred A. Knopf.

Brock, Helen 1990 "North America, a Western Outpost of European Medicine," A. Cunningham and R. French eds., *The Medical Enlightenment of the Eighteenth Century.* Cambridge: Cambridge University Press.

Brodhead, Richard H. 1988 "Sparing the Rod: Discipline and Fiction in Antebellum America," *Representation* 21 (1): 67-96. = 1992 後藤和彦訳「鞭を惜しむこと」『現代思想』20 (10): 251-282.

Brodsky, Alyn 2004 *Benjamin Rush: Patriot and Physician.* New York: Truman Talley Books.

Brooks, G.P. 1976 "The Faculty Psychology of Thomas Reid," *Journal of the History of the Behavioral Sciences* 12 (1): 65-77.

Brown, Richard D. 1976 *Modernization: The Transformation of American Life, 1600-1865.* New York: Hill and Wang.

Brubacher, John H. and Rudy, Willis 1976 *Higher Education in Transition: A History of American Colleges and Universities, 1636-1976.* 3rd. edn. New York: Harper and Row.

Bryson, Glady 1945 *Man and Society: The Scottish Inquiry of the Eighteenth Century.* Princeton: Princeton University Press.

Budde, Gerhard 1914 *Noologische Pädagogik : Entwurf einer Persönlichkeitspädagogik auf der Grundlage der Philosophie Rudolf Euckens.* Langensalza: Hermann Beyer & Söhne.

Burrowes, Thomas H., ed. 1855 *Pennsylvania School Architecture.* Harrisburg.

Burton, Warren 1969 (1928) *District School as It Was.* New York: Arno Press.

Bushnell, Horace 1966 (1847) *Christian Nurture.* L.A. Weigle ed. New Haven: Yale University Press.

Bushman, Richard D. 1992 *The Refinement of America. Persons, Houses, Cities.* New Yrok: Alfred A. Knopf.

Butterfield, L.H. ed. 1951 *Letters of Benjamin Rush.* Princeton: Princeton

University Press.

Carlson, Eric T., and Simpson, Meribeth 1965 "Benjamin Rush's Medical Use of the Moral Faculty," *Bulletin of the History of Medicine* 39 (1): 22-33.

Carey, Daniel 2000 "Hutcheson's Moral Sense and the Problem of Innateness," *Journal of the History of Philosophy* 38 (1): 103-110.

Carlton, Frank Tracy 1965 (1908) *Economic Influences upon Educational Progress in the United States, 1820-1850.* New York: Teachers College Press.

Carnoy, Martin and Levin, Henry M. 1985 *Schooling and Work in the Democratic State.* Stanford, CA: Stanford University Press.

Carter, James G. 1826 *Essays upon Popular Education, Containing a Particular Examination of the Schools of Massachusetts, and an Outline of an Instruction for the Instruction of Teachers.* Boston.

Castiglia, Christopher 1998 "Pedagogical Disciplie and the Creation of White Citizenship: John Witherspoon, Robert Finley, and the Colonization Society," *Early American Leterature* 33 (2): 192-214.

CCM 1978 *Constitution of the Commonwealth of Massachusetts.* Washington, DC: West Publishing.

Chambers, Ephraim 1728 *Cyclopaedia: or an Universal Dictionary of Art and Ssciences.* 2 Vols. London.

Channing, William Ellery 1893 (1828a) "The Great Purpose of Christianity," *Works of William E. Channing, D.D. with an Introduction, New and Complete Edition, Rearranged.* Boston.

Channing, William Ellery 1893 (1828b) "Likeness to God," *Works of William E Channing, D.D. with an Introduction, New and Complete Edition, Rearranged.* Boston.

Channing, William Ellery 1893 (1832) "Honor Due to All Man," *Works of William E Channing, D.D. with an Introduction, New and Complete Edition, Rearranged.* Boston.

Channing, William Ellery 1893 (1838a) "Self-Culture," *Works of William E. Channing, D.D. with an Introduction, New and Complete Edition, Rearranged.* Boston.

Channing, William Ellery 1893 (1838b) "Remarks on Education," *Works of William E. Channing, D.D. with an Introduction, New and Complete Edition, Rearranged.* Boston.

Channing, William Ellery 1893 (1872) "The Perfect Life: In Twelve Discourses," *Works of William E. Channing, D.D. with an Introduction, New and Complete Edition, Rearranged.* Boston.

Channing, William Ellery 1891 (1832) "Honor Due All Man," *The Works of William E Channing, With an Introduction, To Which is Added The Perfect Life.* Boston.

Chudacoff, Howard P. 1989 *How Old Are You?: Age Consciousness in American Culture.* Princeton: Princeton University Press.

Clark, Rufus W. 1853 *Lectures on the Formation of Character, Temptation and Mission of Young Men.* Boston.

Clement, Priscilla F. 1977 "The Response to Need: Welfare and Poverty in Philadelphia, 1800-1850," Ph. D. dissertation, University of Pennsylvania.

Clement, Pariscilla F. 1985 "The City and the Child, 1860-1885," Hawes, Joseph M. and Hiner, N. Ray, eds., *American Childhood: A Research and Historical Handbook.* Westport, CT: Greenwood Press.

Clinton, De Witt 1973 (1805) "To the Public: Address of the Trustees of the Society for Establishing a Free School in the City of New York," in Smith 1973.

Cobb, Lyman 1847 *The Evil Tendencies of Corporal Punishment as a Means of Moral Discipline in Families & Schools Examined & Discussed.* New York.

Cobbett, William 1818 *A Grammer of the English Language, in a series of letters Intended for the use of schools and of young persons in general; but more especially for the use of soldiers, salors, apprentices, and ploughboys.* New York.

Cohen, Patricia Cline 1982 *A Calculating People: The Spread of Numeracy in Early America.* Chicago: University of Chicago Press.

Collins, Randall 1979 *The Credential Society: A Historical Sociology of Education and Stratification.* New York: Academic Press. = 1984 新堀通也監訳『資格社会――教育と階層の歴史社会学』有信堂.

Colquhoun, Patrick 1814 *Treatise on the Population, Wealth, and Resources of the British Empire.* London.

Comenius, Johann Amos 1973 "Novissima Linguarum Methodus," *Ausgewahlt Werke*, Bd.1, Klaus Schaller, hrsg. Hildesheim.

Condorcet, Marquis de 1797 *Esquisse d'un tableau historique des progrés de l'esprit humain.* 3rd. edn. Paris. = 1967 渡辺誠訳『人間精神進歩史』岩波書店.

Connor, Paul W. 1965 *Poor Richard's Politics: Benjamin Franklin and the New American Order.* New York: Oxford University Press.

Coontz, Stephanie 1988 *The Social Origins of Provate Life: A History of American Families 1600-1900.* New York: Verso.

Corfield, P.J. 1987 "Class by Name and Number in Eighteenth Century Britain," *History* No.72: 38-61.

Corrigan, John 1993 "'Habits from the Heart': The American Enlightenment and Religious Ideas about Emotion and Habit," *Journal of Religion* 73(2): 183-199.

Cott, Nancy F. 1977 *The Bonds of Womenhood: "Woman's Sphere" in New England, 1780-1835*. New Haven: Yale University Press.

Cremin, Lawrence A 1951 *The American Common School: An Historical Conception*. New York: Teachers College Bureau of Publication.

Cremin, Lawrence A. 1970 *American Education: The Colonial Experience, 1607-1783*. New York: Harper & Row.

Cremin, Lawrence A. 1977 *Traditions of American Education*. New York: Basic Books.

Cremin, Lawrence A. 1980 *American Education: The National Experience, 1783-1876*. New York: Harper & Row.

Cremin, Lawrence A. 1988 *American Education: The Metropolitan Experience, 1876-1980*. New York: Harper & Row.

Cubberley, Ellwood 1934 *Public Education in the United States*. rev. edn. Boston: Houghton Mifflin Co.

Cunningham, Craig A. forthcoming "A Certain and Reasoned Art: The Rise and Fall of Character Education in America," Daniel K. Lapsley and F. Clark Power, eds., *Character Psychology and Character Education*, Notre Dame, IN: University of Notre Dame Press.

Curti, Merle Eugene 1959 *The Social Ideas of American Educators*. Paterson, NJ: Pageant Books.

Cutler, William W., III 1972 "Status, Values and the Education of the Poor: The Trustees of the New York Public School Society, 1805-1853," *American Quarterly* 24 (1): 69-85.

Cutler, William W., III, and Gillette, Howard, Jr. 1980 *The Divided Metropolis: Social and Spatial Dimentions of Philadelphia, 1800-1975*. Westport, CT: Greenwood Press.

CWJD 1996 *The Collected Works of John Dewey, 1882-1953, The Electronic Edition*. Charlottesville, VA: InteLex.

DAB 1936 *Dictionary of American Biography*. 10 vols. New York: Charles Scribner's Sons.

Dale, John T. 1891 *The Way to Win, Showing How to Succeed in Life*. Chicago.

Dean, Mitchell 1992 "A Genealogy of the Government of Poverty," *Economy and Society* 21 (2): 215-51.

D'Elia, Donald J. 1974 *Benjamin Rush, Philosopher of the American Revolution*.

Philadelphia: American Philosophical Society.

Degler, Carl　1980　*At Odds : Woman and the Family in America from the Revolution to the present.* New York: Oxford University Press.

Degler, Carl　1979　"What Ought to Be and What Was : Women's Sexuality in the Nineteenth Century," *American Historical Review* 79 (4): 1467-1490.

deMause, Lloyd ed. 1975　"The Evolution of Childhood," *The History of Childhood.* New York: Psychohistory Press.

Devine, Tony / Seuk, Joon Ho / Wilson, Andrew, eds. 2000　*Cultivating Heart and Character: Educating for Life's Most Essential Goals.* Chapel Hill, NC: Character Development Publishing. = 2003　上寺久雄監訳『「人格教育」のすすめ―アメリカ・教育改革の新しい潮流』コスモトゥーワン.

Dewey, John　1996 (1916)　*Democracy and Education,* in CWJD, *Middle Works,* Vol.9. = 1975　松野安男訳『民主主義と教育』(上・下) 岩波書店／= 1932　帆足理一郎訳『教育哲学概論―民本主義と教育』洛陽堂.

Dewey, John　1996 (1938)　"Does Human Nature Change ?" in CWJD, *Later Works,* Vol.13. = 1976　杉浦宏・田浦武雄訳「人間性は変わるか」『人間の問題』明治図書.

Dewey, Orville　1868　*Works of Orville Dewey, D.D.*, 3 vols. New York. (http: //nameumdlumichedu).

DHI　1968-73　*Dictionary of the History of Ideas: Studies of Selected Pivotal Ideas.* P. Wiener ed. New York: Charles Scribner's Sons. = 1990　荒川幾男ほか監訳『西欧思想大事典』(全5巻) 平凡社.

Dhombre, Nicole et Dhombre, Jean　1989　*Naissance d'un nouveau pouvoir: Sciences et savants en France, 1793-1824.* Paris: Gallimard.

Dickinson, John　1768　*Letters from a Farmer in Pennsylvania.* Philadelphia.

Diethorn, Bernard C. 1966　"City of Brotherly Hatred," Ph.D. Dissertation, Case Western Reserve University

Diggins, John P.　1984　*The Lost Soul of American Politics : Virtue, Self-Interest, and the Foundations of Liberalism.* Chicago: University of Chicago Press.

DNB　1917　*The Dictionary of National Biography.* 21 vols. London: Oxford University Press.

Doggett, Simeon　1965 (1796)　"A Discourse on Education Delivered at the Dedication and Opening of Bristol Academy, the 18th Day of July, 1796," in Rudolph 1965.

Dolan, Josephine A.　1973　*Nursing in Society : A Historical Perspective.* 13th edn. Philadelphia: Saunders. = 1978　小野泰博・内尾貞子訳『看護・医療の

歴史』誠信書房.

Donzelot, Jacques 1977 *La Police des Familles.* Paris: Éditions de Minuit. = 1991 宇波彰訳『家族に介入する社会』新曜社.

Douglass, William 1771 *A Summary, Historical and Political, of the First Planing, Progressive Improvements, and Present state of the British Settlements in North-America.* London.

Douglas, Ann 1977 *The Feminization of American Culture.* New York: Alfred A. Knopf.

Duffy, John 1990 *The Sanitarians : A History of American Public Health.* Chicago: University of Illinois Press.

Durkheim, Emile 1995 (1922) *Éducation et Sociologie,* 5e edn. Paris: Presses Universitaires de France. = 1976 佐々木交賢訳『教育と社会学』誠信書房.

Eddy, Daniel C. 1859 *The Young Man's Friend; Containing Admonitions for the Erring, Counsel for the Tempted, Encouragement for the Desponding, Hope for the Fallen.* Boston

Edwards, Jonathan 1963 (1765) "Personal Narrative," D. Levin, ed. *The Puritan in the Enlightenment.* Chicago: Rand McNally.

Eliot, T.C. 1965 "The Aims of Education," *To Criticize the Critic and Other Writings.* New York: Farrar, Straus & Giroux.

Elson, Ruth Miller 1964 *Guardians of Traditions : American Schoolbooks of the Nineteenth Century.* Lincoln, NB: University of Nebraska Press.

Ely, John 1793 *The Child's Instructor : Consisting of easy lessons for children, on subjects which are familiar to them, in language adapted to their capacities.* Philadelphia.

Emerson, Ralph Waldo 1896 *Character.* Philadelphia.

Fea, John 2003 "The Way of Improvement Leads Home: Philip Vikers Fithian's Rural Enlightenment," *Journal of American History* 90 (2): 462-90.

Feinberg, Walter, et al. 1980 *Revisionists Respond to Ravitch.* Washington, DC: National Academy of Education.

Feinberg, Walter 1983 *Understanding Education: Toward a Reconstruction of Educational Inquiry.* New York: Cambridge University Press.

Feldberg, Michael 1973 "Urbanization as a Cause of Violence: Philadelphia as a Test Case," in Allen F. Davis and Mark H. Haller, eds., *The Peoples of Philadelphia.* Philadelphia: Temple University Press.

Feldberg, Michael 1975 *The Philadelphia Riots of 1844.* Westport, CT: Greewood Press.

Feldberg, Michael 1980 *The Turbulent Era: Riot and Disorder in Jacksonian America.* New York: Oxford University Press.

Field, Alexander J. 1976 "Educational Expansion on Mid-Nineteenth-Century Massachusetts: Human Capital Formation or Structural Reinforcement?" *Harvard Educational Review* 46 (3): 521-52.

Fiering, Norman S. 1978 "Benjamin Franklin and the Way to Virtue," *American Quarterly* 30 (2): 199-223.

Fiering, Norman S. 1981a "The First American Enlightenment: Tillotson, Leerett, and Philosophical Anglicanism," *New England Quarterly* 54 (3): 307-45.

Fiering, Norman S. 1981b *Moral Philosophy at Seventeenth-Century Harvard: A Discipline in Transition.* Chapel Hill: University of North Carolina Press.

Fiering, Norman S. 1981c *Jonathan Edwards's Moral Thought and Its British Context.* Chapel Hill: University of North Carolina Press.

Finkelstein, Barbara 1970 "Governing the Young: Teacher Behavior in Popular Primary Schools, 1820-1880: A Documentary History," Ed. D. Dissertation, Columbia University Teachers College.

Finkelstein, Barbara 1975 "Pedagogy as Intrusion:Teaching Values in Popular Primary Schools in Nineteenth Century America, 1820-1880," *History of Childhood Quarterly* 2 (3): 349-78.

Finkelstein, Barbara 1976 "In Fear of Childhood: Relationships Between Parents and Teachers in Nineteenth Century America," *History of Childhood Quarterly* 3 (3): 321-37.

Finkelstein, Barbara ed. 1979 *Regulated Children / Liberated Children: Education in Psychohistorical Perspective.* New York: Psychohistory Press.

Finkelstein, Barbara 1985 "Casting Networks of Good Influence: The Reconstruction of Childhood in the United States, 1790-1870," in Hawes = Hiner 1985.

Finkelstein, Barbara 1989 *Governing the Young: Teacher Behavior in Popular Primary Schools in Nineteenth Century United States.* London: Falmer Press.

Finkelstein, Barbara 1990 "Perfecting Childhood: Horace Mann and the Origins of Public Education in the United States," *Biography* 13 (1): 6-20.

Finkelstein, Barbara 1991 "Dollars and Dreams : Classrooms as Fictitious Message Systems, 1790-1930," *History of Education Quarterly* 31 (4): 463-87.

Finney Charles G. 1960 (1835) *Lectures on Revivals of Religion.* W.G. Mcloughlin, ed. Cambridge, MA: Harvard University Press.

Finney, Charles G. 1980 (1839) *The Promise of the Spirit,* T.L. Smith, ed.

Minneapolis, MN: Bethany House.
Finney, Charles G. 1999 "Glossary of terms as defined by the Rev. Charles G. Finney," http://wwwgospeltruthnet.
Finney, Charles G. 1999 (1836) "Sermon VI: Why Sinners Hate God," *Sermons on Important Subjects.* http://wwwgospeltruthnet.
Finney, Charles G. 1999 (1840a) "Letter to Parents," *The Oberlin Evangelist.* http://wwwgospeltruthnet.
Finney, Charles G. 1999 (1840b) *Skeltons of a Course of Theological Lectures.* http://wwwgospeltruthnet.
Finney, Charles G. 1999 (1845) "Letter from Prof Finney to Miss A.E. of Vermont, No.2," *The Oberlin Evangelist,* March 26, 1845. http://wwwgospeltruthnet.
Finney, Charles G. 1999 (1854) "Living by Faith," *The Oberlin Evangelist,* June 7, 1854. http://wwwgospeltruthnet.
Finney, Charles G. 1999 (1868) *Lectures on Revivals of Religion.* http: //www gospeltruthnet
Fischer, David H. 1989 *Albion's Seed: Four British Forkways in America.* New York: Oxford University Press.
Fishlow, Albert 1966 "The American Common School Revival: Fact and Fancy," H. Rosovsky ed. *Indurstrialization in Two Systems.* New York: Wiley and sons.
Fliegelman, Jay 1982 *Prodigals and Pilgrims: The American Revolution Against Patriarchal Authority, 1750-1800.* Cambridge: Cambridge University Press.
Fogarty, Gerald P. 1980 "The Quest for a Catholic Vernacular Bible in America," Hatch, Nathan O. and Noll, Mark A., eds., *The Bible in America: Essays in Cultural History.* New York: Oxford University Press.
Forner, Eric 1970 *Free Soil, Free Labor, Free Men: The Ideology of the Republican Party Before the Civil War.* New York: Oxford University Press.
Foucault, Michel 1966 *Les Mots et Les Chese: Une Archéologie des sciences humanines.* Paris: Gallimard. = 1974 渡辺一民・佐々木明訳『言葉と物——人文科学の考古学』新潮社.
Foucault, Michel 1971a *L'ordre du discours.* Paris: Gallimard. = 1981 中村雄二郎訳『言語表現の秩序』河出書房新社.
Foucault, Michel 1971b "Nietzshe, la généalogie, l'histoire," *Hommage à Jean Hyppolite.* Paris: Presses Universitaires de France.=1984 伊藤晃訳「ニーチェ・系譜学・歴史」『エピステーメー』II-0号.
Foucault, Michel 1972a *Naissance de la clinique: Une archéologie du regard médical.*

2 edn. Paris: Presses Universitaires de France. = 1969　神谷美恵子訳『臨床医学の誕生』みすず書房.

Foucault, Michel　1972b　*Folie et déraison: Histoire de la folie à l'âge classique.* 2 edn. Paris: Gallimard.

Foucault, Michel　1975　*Surveiller et punir: naissance de la prison.* Paris: Gallimard. = 1977　田村俶訳『監獄の誕生――監視と処罰』新潮社.

Foucault, Michel　1976　*Histoire de la sexualité, 1: la volonté de savoir.* Paris: Gallimard. = 1986　渡辺守章訳『性の歴史 I ――知への意志』新潮社.

Foucault, Michel　1994　*Dits et Écrits, 1954-1988.* 4 vols, D. Derert et F. Eward, eds., Paris: Gallimard. =1998-2002　蓮實重彦・渡辺守章監修『フーコー思考集成』全10巻 筑摩書房（全巻の通し番号 [No] で著作を指示する）.

Frank, Johann P.　1976 (1779-1817)　*A System of Complete Medical Police.* E. Lesky, ed. and trans. Baltimore, MD: Johns Hopkins University Press.

Franklin, Benjamin　1959- (1743)　"A Proposal for Promoting Useful Knowledge Among the British Plantation in America," *PBF,* Vol.2: 380-383.

Franklin, Benjamin　1959- (1749)　"Proposals Relating to the Education of Youth in Penssylvania," *PBF,* Vol.3, pp.397-421.

Franklin, Benjamin　1964 (1818)　*The Autobiography of Benjamin Franklin.* L.W. Labarre, et al., eds., New Haven: Yale University Press. = 1957　松本慎一・西川正身訳『フランクリン自伝』岩波書店.

Gay, Peter　1966　*The Enlightenment : An Interpretation, Vol.1 : The Rise of Modern Paganism.* New York: Alfred A. Knopf.

Gay, Peter　1969　*The Enlightenment: An Interpretation, Vol.2 : The Science of Freedom.* New York: Alfred A Knopf. = 1986　中山久定ほか訳『自由の科学』ミネルヴァ書房.

Giddens, Anthony　1981　*The Class Structure of the Advanced Societies,* revised edn. London: Hutchinson.

Glenn, Charles Leslie　1987　*The Myth of the Common School.* Amherst, MA: The University of Massachusetts Press.

Goodman, Nathan G.　1934　*Benjamin Rush : Physician and Citizen.* Philadelphia: University of Pennsylvania Press.

Goodrich, Samuel G.　1844　*What to Do, and How to Do It ; or Morals and Manners Taught by Examples.* New York.

Grave, S.A.　1960　*The Scottish Philosophy of Common Sense.* Oxford: Oxford University Press.

Hacking, Ian 1975 *The Emergence of Probability: A Philosophical Study of Early Ideas about Probability, Induction and Statistical Inference.* Cambridge: Cambridge University Press.

Hacking, Ian 1990 *The Taming of Chance.* Cambridge: Cambridge University Press. = 1999 石原英樹／重田園江訳『偶然を飼いならす――統計学と第二次科学革命』木鐸社.

Hall, Samuel Read 1861 (1832) *Lectures on School-Keeping.* Boston.

Halttunen, Karen 1982 *Confidence Men and Painted Women.* New Haven: Yale University Press.

Hamilton, Alexander 1775 *The Farmer Refuted.* New York.

Hamilton, Alexander, Madison, James, and Jay, John 1987 (1788) *The Federalist Papers,* Isaac Kramnick, ed. New York: Penguin Books.

Hamilton, David 1980 "Adam Smith and the Moral Economy of the Classroom System," *Journal of Curriculum Studies* 12 (2): 281-98.

Hamilton, David 1989 *Towards a Theory of Schooling.* London: Falmer Press. = 1998 安川哲夫訳『学校教育の理論に向けて』世織書房.

Hammond, John L. 1974 "Revival Religion and Antislaverry Politics," *American Sociological Review* 39 (2): 175-186.

Handy, Robert T. 1971 *A Christian America: Protestant Hopes and Historical Realities.* New York: Oxford University Press.

Hansen, Allen Oscar 1977 (1926) *Liberalism and American Education in the Eighteenth Century.* New York: Octagon Books.

Haskell, Thomas S. 1985 "Capitalism and the Origins of Humanitarian Sensibility, Part 1/2," *American Historical Review* 90 (2/3): 339-361, 547-566.

Hawes, Joseph W. and Hiner, N. Ray eds. 1985 *American Chaildhood: A Research Guide and Historical Handbook.* Westport, CT: Greenwood Press.

Heale, M.J. 1976 "From City Fathers to Social Critics: Humanitarianism and Government in New York, 1790-1860," *Journal of American History* 63 (1): 21-41.

Hellenbrand, Harold 1990 *The Unfinished Revolution: Education and Politics in the Thought of Thomas Jefferson.* Newark: University of Delaware Press.

Heller, Thomas C. et al. eds. 1986 *Reconstructing Individualism: Autonomy, Individuality, and the Self in Western Thought.* Stanford: Stanford University Press.

Herbart, Johann Friedrich 1891 (1841) "Umriss pädagogischer Vorlesungen," G. Hartenstein, Hrsg., *Sämtliche Werke,* Bd. 12. Leipzig. = 1895 藤代禎輔

訳述『独逸ヘルバルト教育学』成美堂.

Herbart, Johann Friedrich 1891 (1806) "Allgemeine Pädagogik aus dem Zweck der Erziehung abgeleitet," G. Hartenstein, Hrsg., *Sämtliche Werke,* Bd. 12. Leipzig. = 1960 三枝孝弘訳『一般教育学』明治図書出版.

Higham, John 1974 "Hanging Together: Divergent Unities in American History," *Journal of American History* 61 (1): 5-28.

Hilgard, Ernest R. 1987 *Psychology in America : A Historical Survey.* San Diego : Harcourt Brace Jovanovich.

Hirschman, Albert O. 1977 *The Passion and the Interest.* Princeton: Princeton University Press.

Hilkey, Judy A. 1980 "'The Way to Win': A Search for Success in the New Industrial Order, 1870-1910," Ph.D. Dissertation, Rutgers, The State University of New Jersey.

Hobbes, Thomas 1965 (1651) *Leviathan: Opera Philosophica.* Oxford: Clarendon Press. = 1979 永井道雄・宗片邦義訳「リヴァイアサン」(『ホッブス』所収) 中央公論社.

Hobbes, Thomas 1983 (1651) *De Cive: The English Version,* H. Warrender ed. Oxford: Clarendon Press.

Hogan, David 1982 "Capitalism, Liberalism, and Schooling," *Theory and Society* 8 (3): 387-413.

Hogan, David 1989 "The Market Revolution and Disciplinary Power : Joseph Lancaster and the Psychology of the Early Classroom System," *History of Education Quarterly* 29 (3): 381-417.

Hogan, David 1990a "Modes of Discipline: Affective Individualism and Pedagogical Reform in New England, 1820-1850," *American Journal of Education* 99 (1): 1-56.

Hogan, David 1990b "The Organization of Schooling and Organizational Theory: The Class-room System in Public Education in Philadelphia, 1818-1918," *Research in Sociology of Education and Socialization* 9: 241-294.

Hogan, David 1990c "Moral Authority and the Antinomies of Moral Theory: Francis Wayland and 19th Century Moral Education," *Educational Theory* 40 (1): 95-119.

Hogan, David 1992 "Examinations, Merit, and Morals: The Market Revolution and Disciplinary Power in Philadelphia's Public Schools, 1838-1868," *Historical Studies in Education / Revue d' histoire de l' éducation* 4 (1): 31-78.

Hogan, David 1996 "'To Better Our Condition": Educational Credentialing

and "the Silent Compusion of Economic Relations" in the United State, 1830 to the Present," *History of Education Quarterly* 36 (3): 243-270.

Horne, Thomas A 1983 "Bourgeois Virtue: Property and Moral Philosophy in America, 1750-1800," *History of Political Thought* 4 (2): 317-340.

Hoskin, Keith 1979 "The Examination, Disciplinary Power and Rational Schooling," *History of Education* 8 (2): 135-46.

Hoskin, Keith and Macve, R. 1986 "Accounting and the Examination: A Genealogy of Disciplinary Power," *Accounting, Organization and Society* 11 (2): 105-36.

HRCP [House of Representatives of the Commonwealth of Pennsylvania] 1810-55 *Journal of the House of Representatives of the Commonwealth of Pennsylvania.*

Howe, Daniel Walker 1979 *The Political Culture of the American Whig.* Chicago: University of Chicago Press.

Howe, Daniel Walker 1987 "The Political Psychology of the Federalist," *Williams and Mary Quarterly* 44 (3): 485-509.

Howe, Daniel Walker 1991 "The Evangelical Movement and Political Culture in the North during the Second Party System," *Journal of American History* 77 (4): 1216-1239.

Howe, Daniel Walker 1997 *Making the American Self: Jonathan Edwards to Abraham Lincoln.* Cambridge, MA: Harvard University Press.

Hyneman, Charles S. and Lutz, Donald S. eds. 1983 *American Political Writing during the Founding Era, 1760-1805.* Indianapolis: Liberty Press.

Hunter, James 2000 *The Death of Character: Moral Education in an Age Without Good or Evil.* New York: Basic Books.

Hutcheson, Francis 1726 *An Inquiry Into the Original of Our Ideas of Beauty and Virtue.* 2nd. edn. London [1st edn, 1725].

Hutchins, Robert M. 1953 *Conflict in Education in a Democratic Society.* New York: Harper.

Hutchison, William R. 1971 "Cultural Strain and Protestant Liberalism," *American Historical Review* 76 (2): 386-411.

Illich, Ivan 1981 *Shadow Work.* London: Marion Boyars. = 1982 玉野井芳郎・栗原彬訳『シャドウ・ワーク』岩波書店.

Illich, Ivan and Sanders, Barry 1988 *ABC: The Alphabetization of the Popular Mind.* Berkeley: North Point Press. = 1991 丸山真人訳『ABC——民衆知性のアルファベット化』岩波書店.

Ireland, Owen S. 1973 "The Ethnic-Religious Dimention of Pennsylvania Politics, 1778-1779," *Williams and Mary Quarterly* 3rd., ser., 30 (3): 423-448.

Jackson, Sidney 1942 "Labor, Education and Politics in the 1830's," *Pennsylvania Magazine of History and Biography* 66 (July): 279-293.

Jefferson, Thomas 1931 *The Educational Work of Thomas Jefferson,* Roy J. Honeywell ed. Cambridge: Cambridge University Press.

Jefferson, Thomas 1955 (1785) *Notes on the State of Virginia,* William Peden ed. Chapel Hill, NC: University of North Carolrina Press. = 2003 中屋健一訳『ヴァジニア覚え書』岩波書店.

Jefferson, Thomas 1950 (1776) "The Declaration of Independence (= The Unanimous Declaration of the Thirteen United States of America)," in *PTJ*, Vol.1.

Jefferson, Thomas 1973 (1818) "The Rockfish Gap Commission Report, August 1818," in Smith 1973.

Jefferson, Thomas 1973 (1779) "Bill for the Diffusion of Knowledge," in Smith 1973.

Jefferson, Thomas 2002a *Jefferson, Thomas, 1743-1826: Letters.* Electronic Text Center, University of Virginia Library [http://etextlibvirginiaedu/toc/modeng/public/JefLetthtml].

Jefferson, Thomas 2002b *Jefferson, Thomas, 1743-1826: Notes on the State of Virginia.* Electronic Text Center, University of Virginia Library [http://etextvirginiaedu/toc/modeng/public/JefVirghtml].

Jefferson, Thomas, and others 2002 *Jefferson, Thomas, 1743-1826: Letters to and from Jefferson.* Electronic Text Center, University of Virginia Library [http://etextvirginiaedu/toc/modeng/public/Jef1 Grihtml].

Jeffrey, Kirk 1972 "The Family as Utopian Retreat from the City: The Nineteenth Century Contribution," *Sounding* 55 (1): 21-41.

Jewson, N.D. 1976 "The Disappearance of the Sick-man from Medical Cosmology, 1770-1870," *Sociology* 10 (2): 225-244.

John, Richard R. 1995 *Spreading the News: The American Postal System from Franklin to Morse.* Cambridge, MA: Harvard Universwity Press.

Johnson, Clifton 1904 *Old Time Schools and School Books.* New York: Macmmilan.

Johnson, William R. 1994 "'Chanting Choristers': Simultaneous Recitation in Baltimore's Nineteenth Century Primary School," *History of Education Quarterly* 34 (1): 1-24.

Jones, Dave 1990 "The Genealogy of the Urban Schoolteacher," Stephen J. Ball ed. *Foucault and Education.* London: Routledge.

Jones, Karen and Williamson, Kelvin 1979 "The Birth of the Schoolroom: A

Study of the Transformation in the Discursive Conditions of English Popular Education in the First-Half of the Nineteenth Century," *I & C* 6 (Aut): 59-110.

Justi, Johann Heinrich Gottlobs von 1969 (1756) *Grundsatze der Policeywissenschaft.* Frankfurt am Main: Sauer & Auvermann.

Kaestle, Carl F., ed. 1973 *Joseph Lancaster and the Monitorial School System.* New York: Teachers College Press.

Kaestle, Carl F. 1983 *Pillars of the Republic: Common Schools and American Society, 1780-1860.* New York: Hill and Wang.

Kaestle, Carl F. and Vinovskis, Maris A. 1980 *Education and Social Change in Nineteenth-Century Massachusetts.* New York: Cambridge University Press.

Kant, Immanuel 1968 (1788) "Kritik der praktischen Vernunft," *Kants Werke: Akademie Textausgabe,* Bd. 5. Berlin: Walter de Gruyter. = 2000 坂部恵・平田俊博・伊古田理訳「実践理性批判」『カント全集７』岩波書店.

Kant, Immanuel 1968 (1797) "Metaphysik der Sitten," *Kants Werke: Akademie Textausgabe,* Bd.6. Berlin: Walter de Gruyter. = 2002 樽井正義・池尾恭一訳『カント全集 11——人倫の形而上学』岩波書店.

Kantrowitz, Ernst H. 1957 *The King's Two Boby : A Study in Mediaeval Political Theology.* Princeton: Princeton University Press. = 1992 小林公訳『王の二つの身体——中世政治神学研究』平凡社.

Katz, Michael B. 1968 *The Irony of Early School Reform: Educational Innovation in Mid-Nineteenth Century Massachusetts.* Boston: Beacon Press.

Katz, Michael B. 1975 *Class, Bureaucracy, and Schools: The Illusion of Educational Change in America,* expanded edn. New York: Praeger Publisher. = 1989 藤田英典ほか訳『階級・官僚制と学校——アメリカ教育社会史入門』有信堂.

Katz, Michael B. 1976 "The Origins of Public Education: A Reassessment," *History of Education Quarterly* 16 (4): 381-407.

Katz, Michael B. 1980 "An Apology for American Educational History," Feinberg, et al. 1980.

Katz, Michael B., et al. 1982 *The Social Organization of Early Industrial Capitalism.* Cambridge, MA: Harvard University Press.

Katz, Michael B. 1986 *In the Shadow of Poorhouse: A Social History of Welfare in America.* New York: Basic Books.

Katz, Michael B. 1987 *Reconstructing American Education.* Cambridge, MA : Harvard University Press.

Katznelson, Ira 1981 *City Trenches: Urban Politics and the Patterning of Class in the*

United States. Chicago: University of Chicago Press.

Katznelson, Ira and Weir, Margaret 1985 *Schooling for All: Class, Race, and the Decline of the Democratic Ideal.* New York: Basic Books.

Kelley, Robert 1979 *The Cultural Pattern in American Politics.* New York: Alfred A. Knopf.

Kendall, G. and Wickham, G. 1992 "Health and the Social Body," S. Scott, et al., eds., *Private Risk and Public Danger.* Aldershot: Avebury Press.

Kerber, Linda K. 1980 *Women of the Republic: Intellect and Ideology in Revolutionary America.* Chapel Hill: University of North Carolina Press.

Kett, Joseph 1977 *Rites of Passage : Adolescence in America, 1790 to the Present.* New York: Basic Books.

Kimmel, Shawn 2002 "A Sentimental Police: Struggle for 'Sound Policy and Economy' Amidst the Torpor of Philanthrophy in Mathew Carey's Philadolphia, 1817-1840." [www.librarycom pany.org/Eco nomics].

Klebaner, Benjamin J. 1952 "Public Poor Relief in America, 1790-1860," Ph.D. Dissertation, Columbia University.

Klein, Philip S. and Hoogenboom, Ari 1980 *A History of Pennsylvania.* Philadelphia: Pennsylvania State University Press.

Kloos, John M. 1991 *A Sense of Deity: The Republican Spirituality of Dr. Benjamin Rush.* Brooklyn, NY: Carlson Pub.

Kloppenberg, James T. 1987 "The Virtues of Liberalism: Christianity, Republicanism, and Ethics in Early American Political Discourses," *Journal of American History* 74 (1): 9-33.

Kloppenberg, James T. 1994 "Virtue," J.P. Greene and J.R. Pole, eds., *The Blackwell Encyclopedia of the American Revolution.* Cambridge, MA: Basil Blackwell.

Kloppenberg, James T. 1998 *The Virtues of Liberalism.* New York: Oxford University Press.

Klubertanz, George P. 1965 *Habits and Virtues.* New York: Appleton-Century-Crofts.

Kluckhohn, Clyde and Murray, Henry A., eds. 1949 *Personality in Nature, Society, and Culture.* New York, Alfred A. Knopf.

Knox, Samuel 1965 (1799) "Essay on Education," Rudolph 1965.

Kramnick, Isaac 1994 "Ideological Background," J.P. Greene and J.R. Pole, eds., *The Blackwell Encyclopedia of the American Revolution.* Cambridge, MA: Basil Blackwell.

Kuklick, Bruce 1985 *Churchmen and Philosophers: From Jonathan Edwards to John*

Dewey. New Haven: Yale University Press.

Kuritz, Hyman 1967 "Benjamin Rush: His Theory of Republican Education," *History of Education Quarterly* 7 (4): 432-51.

Labaree, David F. 1983 "The People's College," Ph.D. Dissertation, University of Pennsylvania.

Labaree, David F. 1988 *The Making of an American High School: The Credentials Market and the Central High School of Philadelphia, 1838-1939*. New Haven, CT: Yale University Press.

Lancaster, Joseph 1973 (1805) *Improvements in Education As It Relates to the Industrious Classes of the Comunity*, 3rd. edn., in Carl F. Kaestle ed. *Joseph Lancaster and the Monitorial School Movement: A Documentary History*. New York: Teachers College Press.

Larrère, C. 1992 *L'Invention de l'économie au 18e siècle: du droit naturel à la physiocratie*. Paris: Presses Universitaires de France.

Law, William 2000 (1729) *A Serious Call to a Devout and Holy Life*. Christian Classics Ethereal Library at Calvin College [www. ccelorg/l/law/serious call/]. = 1997 蔦谷茂夫訳『厳粛なる召命』福音文書刊行会.

Lawrence, D.H. 2004 "Benjamin Franklin," *Studies in Classic American Literature*. American Studies at the University of Virginia [http:// xroadsvirginiaedu/].

Lehmann-Haupt, Hellmut 1951 *The Book in America : A History of the Making and Selling of Books in the United States*. New York: Bowker.

Lerner, Ralph 1979 "Commerce and Character: The Anglo-American as New-Model Man," *Williams and Mary Quarterly* 3rd. ser., 36 (1): 3-26.

Levine, Marc V. 1982 "Public Policy and Social Conflict in Multicultural Societies: Case Studies of the Politics of Education in Philadelphia, 1800-1860, and Montreal, 1960-1981," Ph.D. Dissertation, University of Pennsylvania.

Lewis, Jan 1983 *The Pursuit of Happiness*. New York: Cambridge University Press.

Leyburn, James G. 1962 *The Scotch-Irish: A Social History*. Chapel Hill, NC: University of North Carolina Press.

Lickona, Thomas 1991 *Educating for Character: How Our Schools Can Teach Respect and Responsibility*. New York: Bantam Books. = 2001 水野修次郎訳『人格の教育——新しい徳の教え方・学び方』北樹出版.

Lickona, Thomas 1993 "The Return of Character Education," *Educational Leadership* 51 (3): 6-11.

Linde, Ernst 1907 *Natur und Geist als Grundschema der Welterklärung: Versuch einer Kulturphilosophie auf entwicklungs- geschichtlicher Grundlageals Unterbau einer künftigen allgemeinen Pädagogik*. Leipzig: Brandstetter.

Lindstrom, Diane 1978 *Economic Development in the Philadelphia Region, 1810-1850*. New York: Columbia University Press.

Locke, John 1823 (1706) "Of the Conduct of the Understanding," *The Works of John Locke,* Vol.3. London.

Locke, John 1967 (1689) "The Second Treatise of Government," in *Two Treatises of Government,* 2nd edn., Peter Laslett, ed. Cambridge: Cambridge University Press. = 1968 鵜飼信成訳『市民政府論』岩波書店 (文庫).

Locke, John 1968 (1693) "Some Thoughts Concerning Education," J.L. Axtell ed. *The Educational Writings of John Locke*. Cambridge: Cambridge University Press. = 1967 服部知文訳『教育に関する考察』岩波書店 (文庫).

Locke, John 1987 (1690) *An Essay Concerning Human Understanding*, Peter H. Nidditch ed. Oxford: Clarendon Press. = 1972-7 大槻春彦訳『人間悟性論』全4巻 岩波書店 (文庫).

Lovejoy, Arthur O. 1936 *The Great Chain of Being: A Study of the History of an Idea*. Cambridge, MA: Harvard University Press.= 1975 内藤健二訳『存在の大いなる連鎖』晶文社.

Lovejoy, Arthur O. 1961 *Reflections on Human Nature*. Baltimore: Johns Hopkins University Press. = 1998 鈴木信雄ほか訳『人間本性考』名古屋大学出版会.

Lovelace, Richard F. 1979 *The American Pietism of Cotton Mather: Origin of American Evangelicalism*. Grand Rapids, MI: Christian University Press.

Luhmann, Niklas 1980 *Gesellschaftsstruktur und Semantik Bd. 1*. Frankfurt am Main: Suhrkamp Verlag.

Luhmann, Niklas 1981 *Gesellschaftsstruktur und Semantik Bd. 2*. Frankfurt am Main: Suhrkamp Verlag.

Luhmann, Niklas 1982 *The Differentiation of Society*. New York: Columbia University Press.

Luhmann, Niklas 1986 "The Individuality of the Individual: Historical Meanings and Comtemporary Problems," in Heller, et al. 1986.

Luhmann, Niklas 1988 *Die Wirtschaft der Gesellschaft*. Frankfurt am Main: Suhrkamp Verlag. = 1991 春日淳一訳『社会の経済』文眞堂.

Luhmann, Niklas und Schorr, Karl E. 1988 *Reflexionsprobleme der Erziehungssystem*. 2 Aufl Frankfurt am Main: Suhrkamp Verlag. = 近刊 田

中智志・今井康雄監訳『教育システムの反省問題』世織書房.

Luhmann, Niklas 2002 *Das Erziehungssystem der Gesellschaft.* Frankfurt am Main: Suhrkamp Verlag.

Lutz, Donald S. 1980 *Popular Consent and Popular Control: Whig Political Theory in the Early State Constitution.* Baton Rouge: Louisiana State University Press.

Macauley, Howard 1972 "A Social and Interectual History of Elementary Education in Pennsylvania," Ph.D. Dissertation, University of Pennsylvania.

Macfarlane, Alan 1987 *The Culture of Capitalism.* Oxford: Basil Blackwell. = 1992 常行敏夫・堀江洋文訳『資本主義の文化』岩波書店.

Magie, David 1853 *The Spring-time of Life; or Advice to Youth.* New York.

Malthus, Thomas Robert 1966 (1798) *An Essay of the Principle of Population.* London. = 1973 永井義雄訳『人口論』(文庫版) 中央公論社.

Mann, Horace 1840 *Third Annual Report of the Secretary of the Board of Education of Massachusetts for 1839.* Boston.

Mann, Horace 1844a *Reply to the Remark of Thirty One Boston Schoolmasters on the Seventh Annual Report of the Honorable Horace Mann.* Boston.

Mann, Horace 1844b *Seventh Annual Report of the Secretary of the Board of Education of Massachusetts for 1843.* Boston.

Mann, Horace 1845 *Eighth Annual Report of the Secretary of the Board of Education of Massachusetts for 1844.* Boston.

Mann, Horace 1846 *Nineth Annual Report of the Secretary of the Board of Education of Massachusetts for 1845.* Boston.

Mann, Horace 1848 *Eleventh Annual Report of the Secretary of the Board of Education of Massachusetts for 1847.* Boston.

Mann, Horace 1849 *Twelfth Annual Report of the Secretary of the Board of Education of Massachusetts for 1848.* Boston.

Mann, Horace 1855 *Lectures on Education.* Boston.

Mann, Horace 1957 *The Republic and the School: Horace Mann on Education of Free Men,* L. Cremin ed. New York: Teachers College Press.

Mann, Mary Peabody 1863 (1841) *Moral Culture of Infancy.* Boston.

Mann, Mary Tyler Peabody 1937 (1865) *Life of Horace Mann.* Washington, DC: National Education Association.

Martin, Terence 1961 *The Instructed Vision: Scottish Common Sense Philosophy and the Origins of American Fiction.* Bloomington, IN: Indiana University Press.

Marx, Karl 1965 (1862-3) "Theorien über den Mehrwert," MEW Bd. 26-1.

Marx, Karl und Engels, Friedrich 1959 (1848) "Das Kommunistische

Manifest," MEW, Bd.4.

Mather, Cotton 1699 *A Family Well-Orderd, or An Essay to Render Parents and Children Happy in One Another.* Boston.

Mather, Increase 1962 (1692) *The Autobiography of Increase Mather.* Worcester: American Antiquarian Society.

Mathews, Donald G. 1969 "The Second Great Awakening as an Organizing Process," *American Quarterly* 21 (1): 23-44.

May, Henry F. 1976 *The Enlightenment in America.* New York: Oxford University Press.

McCadden, Joseph J. 1969 (1937) *Education in Pennsylvania, 1801-1835, and Its Debt to Robert Vaux.* New York: Arno Press.

McDougall, William 1932 "Of the Words Character and Personality," *Character and Personality* 1 (1): 3-16.

McLoughin, William 1975 "Evangelical Child-Rearing in the Age of Jackson: Francis Wayland's View on When and How to Subdue the Willfulness of Children," *Journal of Social History* 9 (1): 21-34.

McLoughin, William 1978 *Revivals, Awakenings, and Reform.* Chicago: University of Chicago Press.

Mechanic's Free Press. Philadelphia.

Meyer, D.H. 1972 *The Instructed Conscience: The Shaping of the American National Ethics.* Philadelphia: University of Pennsylvania Press.

Meyer, John W. 1977 "The Effects of Education as an Institution," *American Journal of Sociology* 83 (1): 55-77.

Meyer, John W. 1987 "World Polity and the Nation-State," in Thomas, et al. 1987.

Meyer, John W., and Hannan, Michael T., eds. 1979 *National Development and the World System.* Chicago: University of Chicago Press.

Meyer, John W., Boli, John, and Thomas, George M. 1987 "Ontology and Rationalization in the Western Cultural Account," Thomas, et al. 1987: 11-38.

Meyer, John W., Kamens, David and Benavot, Aaron 1992 *School Knowledge for the Mass: World Models and National Curricular Categories in the Twentieth Century.* Philadelphia: Falmer Press.

MEW 1956-68 *Karl Marx-Friedrich Engels Werke,* 39 Bde und 2 Eränzungs Bde, ver. Institute für Marxismus-Leninismus beim ZK der SED. Berlin: Dietz Verlag. = 1959-75 大内兵衛ほか監訳『マルクス＝エンゲルス全集』(補巻・別巻をのぞき、全41巻) 大月書店.

MHSP *Massachusetts Historical Society Proceedings.*

MHCE [Massachusetts, House Committee on Education] 1840 *Report of the Committee on Education: The Expediency of Abolishing the Board of Education and the Normal School,* Massachusetts House Document No.49.

Michaelsen, Robert S. 1970 *Piety in the Public School: Trends and Issues in the Relationship between Religion and the Public School in the United States.* New York: Macmillan Co.

Middlekauff, Robert 1971 *The Mathers: Three Generations of Puritan Intellectuals, 1596-1728.* New York: Oxford University Press.

Miller, Howard 1976 *The Revolutionary College: American Presbytarian Higher Education, 1707-1837.* New York: New York University Press.

Miller, Thomas 1990 "Introduction," *The Selected Writings of John Witherspoon,* Thomas Miller ed. Carbondale, IL: Southern Illinois University Press.

Miller, Perry 1953 *The New England Mind: From Colony to Province.* Cambridge, MA: Belknap Press of Harvard University Press.

Mintz, Steven 1983 *A Prison of Expectations: The Family in Victorian Culture.* New York: New York University Press.

Mintz, Steven 1995 *Moralists and Modernizers: America's Pre-Civil War Reformers.* Baltimore, MD: John Hopkins University Press.

Mintz, Steven and Kellogg, Susan 1988 *Domestic Revolutions: A Social History of American Family Life.* New York: Free Press.

Mohl, Raymond A. 1971 *Poverty in New York, 1783-1825.* New York: Oxford University Press.

Montaigne, Michel de 1922 (1588) *Les Essais,* 3 vols, P. Pierre Villey ed. Paris: Félix Alcan. = 1965 原二郎訳『エセー』岩波書店.

Monroe, Paul 1971 (1940) *Founding of the American Public School System.* New York: Hafner Publication.

Moore, R. Laurence 2000 "Bible Reading and Nonsectarian Schooling: The Failure of Religious Instruction in Nineteenth-Century Public Education," *Journal of American History* 86 (4): 1581-1599.

Moran, Gerald F. and Vinovskis, Maris A. 1986 "The Great Care of Godly Parents: Early Childhood in Puritan New England," *Monographs of the Society for Research in Child Development* 50 (4-5): 24-40.

More, Thomas 1904 *Sir Thomas More's Utopia.* J.C. Collins ed. Oxford: Oxford University Press. = 1957 平井正穂訳『ユートピア』岩波書店.

Morgan, Edumund S. 2002 *Benjamin Franklin.* New Heaven, CT: Yale University Press.

Mulcaster, Richard 1582 *The First Part of the Elementarie Which Entreateth Chefelie of the Right Writing of Our English Tung* ..... London.

Mulcaster, Richard 1994 (1581) *Positions Concerning the Training up of Children,* W. Baker ed. Tronto: University of Tronto Press.

Muzzey, Artemas Bowers 1838 *The Young Man's Friend.* Boston.

Nicholson, Ian A.M. 1998 "Gordon Allport, Character, and the Culture of Personality," *History of Psychology* 1 (1): 52-68.

Nicholson, Ian A.M. 2003 *Inventing Personality: Gordon Allport and the Science of Selfhood.* Washington, DC: American Psychological Association.

Noll, Mark A. 1989 *Princeton and the Republic, 1768-1822 : The Search for a Christian Enlightenment in the Era of Samuel Stanfope Smith.* Princeton: Princeton University Press.

NYSRU [New York State, Regents of the University] 1864- *Annual Reports of the Regents of the University of the State of New York.* Albany.

NYSSCS [New York State Superintendent of Common School] 1844-54 *Annual Reports of the Common School of the State of New York.* Albany.

NYSSPI [New York State Superintendent of Public Instruction] 1855-80 *Annual Reports of the Public Instruction of the State of New York.* Albany.

OCR 1959-69 *Oeuvres complètes de J-J. Rousseau,* 4 vols. Paris: Gallimard (L=livre, C=chap).

OED 1991 *The Compact Oxford English Dictionary, 2nd Edition.* Oxford: Oxford University Press.

ODEE 1994 *The Oxford Dictionary of English Etymology,* C.T. Onions ed. Oxford: Clarendon Press.

Owen, Robert 1813-6 "A New View of Society, Or, Essays on the Principle of the Formation of the Human Character, and the Application of the Principle to Practice," http://www.historyguide org/intellect/owen.html.

Page, David 1849 *Theory and Practice of Teaching: The Motives and Methods of Good School-Keeping.* New York: Barnes.

Palmer, Thomas H. 1843 *The Teacher's Manual: Being an Exposition of an Efficient and Economic System of Education, Suited to the Want of a Free People.* Boston.

Pangle, Thomas L. 1988 *The Spirits of Modern Republicanism: The Moral Vision of the American Founders and the Philosophy of Locke.* Chicago: University of Chicago Press.

Pangle, Lorraine Smith and Pangle, Thomas 1993 *The Learning of Liberty. The Educational Ideas of the American Founders.* Lawrence, KS: University Press of Kansas.

"Paper of the Governors" 1900-02 *Pennsylvania Archives: Fourth Series,* Vol.6. Harrisburg, PA: W. Stanley.

Passmore, John 1965 "The Malleability of Man in Eighteenth-Century Thought," Earl R. Wasserman ed. *Aspects of the Eighteenth Century.* Baltimore: Johns Hopkins University Press.

Passmore, John 1970 *The Perfectibility of Man.* New York: Scribner.

PBF 1959- *The Papers of Benjamin Franklin,* Leonard W. Labaree, et al., eds. New Haven, CT: Yale University Press.

PBE [Philadelphia Board of Education] 1867-1920 *Annual Reports of Board of Education of Philadelphia.* Philadelphia.

PBCPS [Philadelphia, Board of Controllers of Public Schools] 1819-66 *Annual Reports of Board of Controllers of Philadelphia Public Schools.* Philadelphia.

PDCCP 1837-9 *Proceedings and Debates of the Convention of the Commonwealth of Pennsylvania,* 1837-1839. Harrisburg, PA.

Peabody, Elizabeth P. 1836 *Record of a School.* 2nd edn. Boston.

Peabody, Elizabeth P. 1863 *Kindergarten Guide.* Boston.

Petty, William 1647 *The Advice of W.P. to Mr. Samuel Hartlib for The Advancement of Some Particular Parts of Learning.* London.

Petty, William 1676 *Political Arithmetick, or a discourse concerning, the extent and value of lands, people, .. &c.* London. = 1955 大内兵衛・松川七郎訳『政治算術』(文庫版) 岩波書店.

Post, David M. 1986 "Jeffersonian Revisions of Locke Education, Property-rights and Liberty," *Journal of The History of Ideas* 47 (1): 147-157.

PSPPS [Pennsylvania Society for the Promotion of Public Schools] 1828 *First Report Made to the Pennsylvania Society for the Promotion of Public Schools.* Philadelphia.

PSPPE [Pennsylvania Society for the Promotion of Public Economy] 1817 *Report of the Library Committee of the Pennsylvania Society for the promotion of Public Economy.* Philadelphia.

PSSCS [Pennsylvania, State Superintendent of Common Schools] 1858-73 *Annual Reports of State Superintendent of Common Schools of Pennsylvania.* Philadelphia.

PTJ 1950- *The Papers of Thomas Jefferson,* 28- vols., Julian P. Boyd, et al., eds. Princeton: Princeton University Press.

Pocock, J.G.A. 1975 *The Machiavellian Moment.* Princeton: Princeton University Press.

Pocock, J.G.A. 1985 *Virtue, Commerce, and History: Essays on Political Thought and*

History, Chiefly in the Eighteenth Century. New York: Cambridge University Press

Polanyi, Karl 1971 (1944) *The Great Transformation,* Boston: Beacon Press (New York: Reinhart). = 1975 吉沢英成ほか訳『大転換――市場社会の形成と崩壊』東洋経済新報社.

Porter, Dorothy 1993 "Poublic Health," W.F. Bynum and Roy Porter eds., *Companion Encyclopedia of teh History of Medicine,* 2 vols. London/New York: Routledge.

Potter, Alonzo and Emerson, George B. 1842 *The School and the School Master.* Boston.

Pratt, John W. 1965 "Religious Conflict in the Development of the New York City Public School System," *History of Education Quarterly* 5 (2): 110-120.

Queen, Edward L., Prothero, Stephen R., and Shattuck, Gardiner H. 1996 *The Encyclopedia of American Religious History,* 2 vols. New York: Facts On File.

Ramirez, Francisco and Boli, John 1987a "Global Patterns of Educational Institutionalization," Thomas, et al. 1987.

Ramirez, Francisco and Boli, John 1987b "The Political Construction of Schooling: European Origins and Worldwide Institutionalization," *Sociology of Education* 60 (1): 2-17.

Ramirez, Francisco and Meyer, John W. 1980 "Comparative Education: The Social Construction of the Modern Woprld System," *Annual Review of Sociology* 6: 369-399.

Ravitch, Diane 1974 *The Great School Wars: New York City, 1805-1973.* New York : Basic Books.

Ravitch, Diane 1978 *The Revisionists Revised: A Critique of the Radical Attack on the Schools.* New York: Basic Books.

Reardon, Bernard M. ed. 1968 *Liberal Protestantism.* Stanford: Stanford University Press.

Reck, Andrew J. 1977 "Natural Law in American Revolutionary Thought," *The Review of Metaphysics* 30 (4): 686-714.

Reigart, John F. 1916 *The Lancasterian System of Instruction in the Schools of New York City.* New York: Teachers College, Columbia University.

Reinier, Jacqueline S. 1996 *From Virtue to Character: American Childhood, 1775-1850.* New York: Twayne Publishers.

Rich, George E. 1964 "John Witherspoon: His Scottish Intellectual Background," Ph.D. Dissertation, Syracuce University.

Richards, Leonald L. 1970 *Gentlemen of Property and Standing: Anti-Abolition*

Mobs in Jacksonian America. New York: Oxford University Press.

Richardson, John G. 1986 "Historical Sequences and the Origins of Common Schooling in American States," John G. Richardson ed. *Handbook of Theory and Research for the Sociology of Education*. New York: Greenwood Press.

Robson, David W. 1985 *Educating Republicans: The College in the Era of the American Revolution, 1750-1800*. Westport, CT: Greenwood Press.

Rosell, Garth M. 1984 "Charles G. Finney: His Place in the Stream of American Evangelicalism," Leonard I. Sweet, ed. *The Evangelical Tradition in America*. Macon, GA: Mercer University Press.

Rosen, George 1953a "Medical Care and Social Policy in Seventeenth Century England," *Bulletin of the New York Academy of Medicine* 29: 420-437.

Rosen, George 1953b "Cameralism and the Concept of Medical Police," *Bulletin of the History of Medicine* 27 (1): 21-42.

Rosen, George 1955 "Problems in the Application of Statistical Analysis to Questions of Health: 1700-1880," *Bulletin of the History of Medicine* 29 (1): 27-45.

Rosen, George 1993 *A History of Public Health, expanded edition*. Baltimore, MD: Johns Hopkins University Press.

Rosenberg, Charles E. 1987 *The Care of Stranger: The Rise of Hospital System*. New York: Basic Books.

Rothenberg, Winifred 1981 "The Market and Massachusetts Farmers, 1750-1855," *Journal of Economic History* 41 (2): 288-314.

Rothman, David J. 1990 [1971] *Discovery of the Asylum: Social Order and Disorder in the New Republic*. Boston: Little, Brown and Co.

Rousseau, Jean-Jacques 1959-69 (1755) *Discours sur l'origine et les fondmens de l'iégalité parmile les hommes*, OCR, Vol.3. = 1978 原好男訳「人間不平等起源論」『ルソー全集』(第4巻) 白水社.

Rubinson, Richard 1986 "Class Formation, Politcs, and Institutions: Schooling in the United States," *American Journal of Sociology* 92 (3): 519-48.

Rudolph, Frederick ed. 1965 *Essays on Education in the Early Republic*. Cambridge, MA: Harvard University Press.

Runcie, John 1972 "'Hunting the Nigs' in Philadelphia: The Race Riot of August 1834," *Pennsylvania History* 29 (2): 186-218.

Rush, Benjamin 1794 *Medical Inquiries and Observations upon the Diseases of the Mind*. 2nd edn. Philadelphia.

Rush, Benjamin 1815 *Medical Inquiries and Observations*, 4 vols. Philadelphia.

Rush, Benjamin 1948 *The Autobiography of Benjamin Rush: His "Travels through*

Life" together with His Commonplace Book for 1789-1813, G.W. Corner ed. Philadelphia: American Philosophical Society.

Rush, Benjamin 1951 *Letters of Benjamin Rush,* 2 vols, Lyman H. Butterfield ed. Princeton: Princeton University Press.

Rush, Benjamin 1965a (1786) "A Plan for the Establishment of Public Schools and Diffusion of the Knowledge in Pennsylvania," in Rudolph 1965.

Rush, Benjamin 1965b (1787) "Thoughts upon Female Education, Accommodated to the Present State of Society, Manners and Government in the United States of America," in Rudolph 1965.

Rush, Benjamin 1988 (1806) *Essays: Literary, Moral, and Philosophical.* M. Meranze ed. Schenectady, NY: Union College Press.

Rusnock, Andrea Alice 1990 "The Quantification of Things Human: Medicine and Political Arithmetic in Enlightenment England and France," Ph.D. Dissertation, Princeton University.

Russell, William C. 1981 "Education and the Working Class: The Expansion of Public Education during the Transition to Capitalism," Ph.D. Dissertation, University of Cincinnati.

Ryan, Kevin and Bohlin, Karen 1999 *Building Character in Schools.* San Francisco: Jossey-Bass Publishers.

Ryan, Mary 1981 *Cradle of the Middle Class: The Family in Oneida County, New York, 1790-1865.* New York: Cambridge University Press.

Ryan, Mary 1997 *Civic Wars: Democracy and Public Life in the American City during the Nineteenth Century.* Berkeley: University of California Press.

Saenger, P. 1982 "Silent Reading: Its Impact on Late Medieval Script and Society," *Viator* 12: 367-414.

Sapir, Edward 1934 "Personality," *Encyclopaedia of the Social Sciences.* New York: Macmillan.

Schultz, Ronald D. 1985 "Thoughts among the People: Popular Thought, Radical Politics, and the Making of Philadelphia's Working Class, 1765-1828." Ph.D. Dissertation, University of California, Los Angeles.

Schultz, Stanley K. 1973 *The Cultural Factory: Boston Public Shools, 1789-1860.* New York: Oxford University Press.

Sedgwick, Catherine 1835 *Home.* Boston.

Sellers, Charles 1991 *The Market Revolution: Jacksonian America, 1815 1846.* New York: Oxford University Press.

Shaftesbury, Anthony Ashley Cooper, Earl of 1968 (1714) *An Inquiry*

concerning Virtue and Merit; The Moralists: A Philosophical Rhapsody (Characteristicks of Men, Manners, Opinions, Times, vol.2.) Farnborough: Gregg International.

Shain, Barry Alan 1994 *The Myth of American Individualism: The Protestant Origins of American Political Thought.* Princeton: Princeton University Press.

Shalhope, Robert E. 1994 "Republicanism," J.P. Greene and J.R. Pole, eds., *The Blackwell Encyclopedia of the American Revolution.* Cambridge, MA: Basil Blackwell.

Shearer, William J. 1898 *The Grading of Schools.* New York.

Shepard, Thomas 1967 (1657) "Subjection to Christ," *The Works of Thomas Shepard,* 3 vols. New York: AMS Press.

Shryock, Richard H. 1947 *The Development of Modern Medicine: An Interpretation of the Social and Scientific Factors Involved.* New York: Alfred A Knopf. = 1974 大城功訳『近代医学の発達』平凡社.

Shryock, Richard H. 1962 *Medicine and Society in America: 1660-1860.* New York: New York University Press.

Shryock, Richard H. and Beall, Otho T. 1954 *Cotton Mather: The First Significant Figure in American Medicine.* Baltimore: Johns Hopkins University Press.

Sigourney, Lyndia 1839 *Letters to Mothers.* New York.

Skalweit, Stephan 1975 *Der "moderne Staat": Ein historischer Begriff und seine Problematik.* Opladen: Westdeutscher Verlag.

Slater, Peter Gregg 1970 *Views of Children and of Child rearing during the Early National Period: A Study in the New England Intellect.* Ph.D. Dissertation, University of California, Berkeley.

Small, Albion 1999 *The Cameralists: Pioneers of Social Policy.* Chicago: University of Chicago Press.

Smiles, Samuel 1884 (1853) *Self-Help with Illustrations of Character and Conduct.* New York.

Smith, Adam 1950 (1776) *An Inquiry into the Nature and Causes of the Wealth of Nations,* E. Cannan ed. London: University Paperbacks. = 1980 大内兵衛ほか訳『諸国民の富』(全5巻) 岩波書店.

Smith, Adam 1976 (1759) *The Theory of Moral Sentiments.* D.D. Raphael and A.L. Mafie eds., Oxford: Oxford University Press. = 1973 水田洋訳『道徳感情論』筑摩書房.

Smith, Adam 1978 (1766) *Lectures on Jurisprudence.* Oxford: Oxford University Press.

Smith, Horace W. 1879-80 *Life and Correspondence of the Rev William Smith,* 2

vols. Philadelphia.

Smith, Lacey B. 1986 *Treason in Tudor England: Politics and Paranoia.* Princeton: Princeton University Press.

Smith, Samuel H. 1965 (1798) "Remarks on Education: Illustrating the Close Connection between Virtue and Wisdom...," in Rudolph 1965.

Smith, Timothy L. 1967 "Protestant Schooling and American Nationality, 1800-1850," *Journal of American History* 53: 679-95.

Smith, Timothy L. 1980 *Revivalism and Social Reform: American Protestantism on the Eve of the civil War.* Baltimore: Johns Hopkins University Press.

Smith, Wilson 1973 *Theories of Education in Early America, 1655-1819.* Indianapolis: Bobbs-Merrill Co.

Smith-Rosenberg, Caroll 1971 *Religion and the Rise of the City.* Ithaca, NY: Cornell University Press.

Smith-Rosenberg, Caroll 1984 "Women and Religious Revivals: Anti-Ritualism, Liminality, and the Emergence of the American Bourgeoisie," Leonard I. Sweet, ed. *The Evangelical Tradition in America.* Macon, GA: Mercer University Press.

Soltow, Lee and Stevens, Edward 1981 *The Rise of Literacy and the Common School in the United States.* Chicago: University of Chicago Press

Spring, Joel 1986 *The American Schools, 1642-1985.* New York: Longman.

Spring, Joel 1990 *The American Schools, 1642-1990.* 2nd edn. New York: Longman.

Starkey, Thomas 1878 (1534) "Dialogue Between Reginald Pole and Thomas Lupset," S.J. Herrtage ed. *England in the Reign of King Henry VIII : Starkey's Life and Letters, Part I.* London.

Stearns, Peter N. 1993 "Girls, Boys, and Emotions," *Journal of American History* 80 (1): 36-56.

Stearns, Carol Z., and Stearns, Peter N. 1986 *Anger: The Struggle for Emotional Control in America's History.* Chicago: University of Chicago Press.

Stoulman, Martha Lou Lemmon 1976 *John Witherspoon: Parson, Politician, Patriot.* Philadelphia: Westminster.

Stone, Lawrence 1964 "The Educational Revolution in England, 1640-1900," *Past & Present* 28 (July): 41-80. = 1985 佐田玄治訳「イギリス教育革命」『エリートの攻防――イギリス教育革命史』御茶の水書房.

Stone, Lawrence 1969 "Literacy and Education in England, 1640-1900," *Past & Present* 42 (Feb): 69-139. = 985 佐田玄治訳「読み書きの歴史」『エリートの攻防――イギリス教育革命史』御茶の水書房.

Stone, Lawrence 1977/1982 *The Family, Sex, and Marriage in England, 1500-1800.* New York: Harper and Row.

Stout, Harry S. 1982 "Word and Order in Colonial New England," Nathan O. Hatch and Mark A. Noll eds., *The Bible in America: Essays in Cultural History.* New York: Oxford University Press.

Stowe, Harriet Beecher 1981 (1852) *Uncle Tom's Cabin.* New York: Penguin Books.

Stowe, Harriet Beecher 1865 "Home-keeping Versus House-Keeping," *House and Home Papers.* Boston.

Stourzh, Gerald 1953 "Reason and Power in Benjamin Franklin's Political Thought," *American Political Science Review* 47 (4): 1092-1115.

Susman, Warren 1979 "'Personality' and the Making of Twentieth-Century Culture," J. Higham and P. Conkin eds., *New Directions in American Intellctual History.* Baltimore: Johns Hopkins University Press.

Sweet, Leonard I ed. 1984 *The Evangelical Tradition in America.* Macon, GA: Mercer University Press.

Sweet, Leonard I. 1988 "Nineteenth-Century Evangelicalism," C.H. Lippy and P.W. Williams, eds., *Encyclopedia of the American Religious Experience.* New York: Charles Scribner's Sons.

Taylor, Charles 1989 *Sources of the Self: The Making of the Modern Identity.* Cambridge, MA: Harvard University Press.

Thomas, George M. 1989 *Revivalism and Cultural Change: Christianity, Nation Building, and Market in the Nineteenth Century United States.* Chicago: University of Chicago Press.

Thomas, George M. and Meyer, John W. 1984 "The Expansion of the State," *Annual Review of Sociology* 10: 461-82.

Thomas, George M., Meyer, John W., Ramirez, Francisco O., and Boli, John 1987 *Institutional Structure: Constituting State, Society, and the Individual.* Newbury Park, CA: Sage.

Tilly, William J. 1890 *Masters of the Situation or Some Secrets of Success and Power.* New York.

Tocquiville, Alexis de 1961 (1835-40) *De la démocratie en Amerique.* Paris: Gallimard.

Todd, John 1850 *The Young Man: Hints Addressed to the Young Men of the United States.* Northampton, MA.

Troen, Selwyn 1975 *The Public and the School: Shaping the St. Louis System, 1838-1920,* Columbia: University of Missouri Press.

TWTJ 1903-7 *The Writings of Thomas Jefferson,* 20 vols., Andrew A. Lipscomb and Albert E. Bergh, eds. Washington, DC: Thomas Jefferson Memorial Association of the United States.

Tyack, David 1966a "Forming the National Character: Paradox in the Educational Thought of the Revilutionary Generation," *Harvard Educational Review* 36 (1): 29-41.

Tyack, David 1966b "The Kingdom of God and the Common School," *Harvard Educational Review* 36 (4): 447-469.

Tyack, David 1970 "Onward Christian Soldier: Religion in American Common School," Paul Nash ed. *History and Education : The Educational Uses of the Past.* New York: Random House.

Tyack, David 1974 *The One Best System : A History of American Urban Education.* Cambridge, MA: Harvard University Press.

Tyack, David 1986 "Way of Seeing: An Essay on the History of Compulsory Schooling," *Harvard Educational Review* 46 (3): 355-359.

Tyack, David and Hansot, Elisabeth 1982 *Managers of Virtue: Public School Leadership in America, 1820-1980.* New York: Basic Books.

Tyerman, Luke 1877 *The Life of the Reverend George Whitefield,* 2 vols. London.

Vinovskis, Maris A. 1970 "Horace Mann on the Economic Productivity of Education," *New England Quarterly* 43 (4): 550-571.

Vinovskis, Maris A. and Bernard, Richard M. 1978 "Beyond Catharine Beecher: Female Education in the Ante-Bellum Period," *Signs* 3 (4): 856-869.

Ware, Henry, Jr. 1831 *Formation of the Christian Character.* Boston.

Wayland, Francis 1871 (1836) *The Elements of Moral Science, Abridged and Adapted to the Use of Schools and Academies.* Boston. = 1874 阿部泰藏訳『脩身論』文部省／1875 平野久太郎訳『修身論』[出版者不明].

Wayland, Francis 1835 *The Elements of Moral Science.* Boston.

WBF 1905-7 *The Writings of Benjamin Franklin,* Henry A. Smyth ed. 10 vols. New York: Haskell House Publishers.

Weber, Max 1972 "Grundriß der verstehenden Soziolgie," *Wirtschaft und Gesellschaft,* 5 Auf, J. Winckelmann Hsg, Tübingen: J.C.B. Mohr. = 1974 世良晃志郎訳『法社会学』創文社.

Webster, Noah 1794 *The Revolution in France, Considered in Respect to Its Progress and Effects by an American.* New York.

Webster, Noah 1806 *A Compendious Dictionary of the English Language.* New Haven.

Webster, Noah 1953a (1808) "To All American Patriot," *Letters of Noah Webster,* H.R. Warfel ed. New York: Library Publisher.

Webster, Noah 1953b (1832) "Letter to William Chauncy Fowler," *Letters of Noah Webster,* H.R. Warfel ed. New York: Library Publisher.

Webster, Noah 1965 (1790) "On the Education of Youth in America," in Rudolph 1965.

Webster, Noah 1974 *On Being Americans,* H. Babbidge ed. New York: Preager.

Welter, Barbara 1966 "The Cult of True Womanhood: 1820-1860," *American Quarterly* 18 (2): 151-174.

Welter, Rush 1962 *Popular Education and Democratic Thought in America.* New York: Columbia University Press.

Wertenbaker, T.J. 1946 *Princeton 1746-1896.* Princeton, NJ: Princeton University Press.

Wickersham, James Pyle 1853 "The Public Schools of Philadephia," *Pennsylvania School Journal* 1 (4), Harrisburg, PA: Pennsylvania State Education Association.

Wickersham, James Pyle 1969 (1886) *A History of Education in Pennsylvania.* New York: Arno Press.

Wight, Joseph M. 1860 *Annals of the Boston Primary School Committee, from its Establishment in 1818 to its Dissolution in 1855.* Boston.

Williams, Raymond 1985 *Keywords: A Vocabulary of Culture and Society,* Rev. edn. New York: Oxford University Press.＝2002 椎名美智ほか訳『キーワード辞典』平凡社.

Wishy, Bernard 1968 *The Child and the Republic: The Dawn of Modern American Child Nature.* Philadelphia: University of Pennsylvania Press.

Witherspoon, John 1757 *A Serious Enquiry into the Nature and Effects of the Stage,* in Witherspoon 2003, Vol.3.

Witherspoon, John 1772 *Addrres to the Inhabitants of Jamaica, and the West India Islands, in Behalf of the College of New Jersey,* in Witherspoon 1990.

Witherspoon, John 1776 *The Dominion of Providence over the Passiows of Men,* in Witherspoon 1990.

Witherspoon, John 1797 *A Series of Letters on Education,* in Witherspoon 2003, Vol.4.

Witherspoon, John 1810 "Lectures on Moral Philosophy, and Lecture on Eloquence," in Witherspoon 1990.

Witherspoon, John 1925 (1802) *The Works of the Reverend John Witherspoon,* 4 vols., A Green ed. Philadelphia: William W. Woodward.

Witherspoon, John 1990 *The Selected Writings of John Witherspoon,* Thomas Miller ed. Carbondale, IL: Southern Illinois University Press.

Witherspoon, John 2003 *The Works of the Reverend John Witherspoon,* 4 vols., L. Gordon Tait ed. Bristol: Thoemmes Continuum.

WMA 1830 *The Working Man's Advocate.* Vol.1, No.19. New York.

Wolin, Sheldon S. 1960 *Politics and Vision: Continuity and Inovation in Western Political Thought.* New York: Allen and Unwin. = 1994 尾形典男ほか訳『西欧政治思想史』福村出版.

Wood, Gordon S. 1972 *The Creation of the American Republic, 1776-1787.* Chapel Hill, NC: University of North Carolina Press.

Wood, Gordon S. 1987 "Interests and Disinterestedness in the Making of the Constitution," Richard Beeman, et al., eds., *Beyond Confederation : Origins of the Constitution and American National Identity.* Chapel Hill, NC: University of North Carolina Press. = 1989 中野勝郎訳「徳の喪失と私益の隆盛」小川晃一・片山厚編『アメリカ憲法の神話と現実』木鐸社.

Wood, Gordon S. 1992 *The Radicalism of the American Revolution.* New York: Alfred A. Knopf.

Wood, James P. 1956 *Magazines in the United States.* New York: Ronald Press.

WTJ 1854 *Writings of Thomas Jefferson,* James A. Bayard, ed. Washigton, DC.

Zachary, Alan M. 1975 "Social Disorder and the Philadelphia Elite before Jackson," *Pennsylvania Magazine of History and Biography* 99 (3): 288-308.

著者紹介

田中　智志（たなか さとし）

山梨学院大学大学院教授、教育社会学・教育思想史。

1958年、山口県生まれ。早稲田大学大学院文学研究科教育学専攻博士後期課程単位取得退学。駒澤大学、東京学芸大学をへて現職。

主要著書

『ペダゴジーの誕生』（編著、多賀出版1999）、『教育の解読』（編著、世織書房1999）、『他者の喪失から感受へ―近代の教育装置を超えて』（勁草書房2002）、『〈近代教育〉の社会理論』（共編著、勁草書房 2003）、『教育学がわかる事典』（日本実業出版社 2003）、『教育人間論のルーマン』（共編著、勁草書房 2004）、『教育の共生体へ―Body Educationalの思想圏』（編著、東信堂 2004）、『他者への配慮―ケアリングの社会理論』（世織書房 近刊）など。

The Conception of Character Formation
Critical History of an Educational Idea in Modern America

人格形成概念の誕生―近代アメリカの教育概念史　＊定価はカバーに表示してあります

2005年11月10日　　初　版第1刷発行　　〔検印省略〕

著者 ©田中智志／発行者 下田勝司　　印刷／製本 中央精版印刷

東京都文京区向丘1-20-6　　郵便振替00110-6-37828　　発行所
〒113-0023　TEL（03）3818-5521　FAX（03）3818-5514　　株式会社 東　信　堂

Published by **TOSHINDO PUBLISHING CO., LTD.**
1-20-6, Mukougaoka, Bunkyo-ku, Tokyo, 113-0023, Japan
E-mail：tk203444@fsinet.or.jp　http://www.toshindo-pub.com/

ISBN4-88713-627-7　C3037

東信堂

- 教育の平等と正義　K・ハウ著　大桃敏行・中村雅子・後藤武俊訳　三二〇〇円
- 大学教育の改革と教育学　K・ノイマン著　小笠原道雄・坂越正樹監訳　二六〇〇円
- ドイツ教育思想の源流 ―教育哲学入門　R・ラサーン著　平野智美・佐藤直之・上野正道訳　二八〇〇円
- 経験の意味世界をひらく ―教育にとって経験とは何か　市村・早川・松浦・広石編　三八〇〇円
- 洞察＝想像力 ―知の解放とポストモダンの教育　D・スローン著　市村尚久・早川操監訳　三八〇〇円
- 文化変容のなかの子ども ―経験・他者・関係性　高橋　勝　二三〇〇円
- 教育の共生体へ ―ボディ・エデュケーショナルの思想圏　田中智志編　三五〇〇円
- 人格形成概念の誕生 ―近代アメリカの教育概念史　田中智志　三六〇〇円
- ナチズムと教育 ―ナチス教育政策の原風景　増渕幸男　二八〇〇円
- サウンド・バイト：思考と感性が止まるとき　小田玲子　二五〇〇円
- 体験的活動の理論と展開 ―「生きる力」を育む教育実践のために　林　忠幸　二三八一円
- 新世紀・道徳教育の創造　林忠幸編　二八〇〇円
- 学ぶに値すること ―複雑な問いで授業を作る　小田勝己　二二〇〇円
- 階級・ジェンダー・再生産 ―現代資本主義社会の存続メカニズム　橋本健二　三二〇〇円
- 再生産論を読む ―バーンスティン、ブルデュー、ボールズ＝ギンティスの再生産論　小内　透　三二〇〇円
- 教育と不平等の社会理論 ―再生産論をこえて　小内　透　三二〇〇円
- 情報・メディア・教育の社会学 ―カルチュラル・スタディーズしてみませんか？　井口博充　二三〇〇円

〒113-0023 東京都文京区向丘1-20-6　☎TEL 03-3818-5521 FAX 03-3818-5514 振替 00110-6-37828
Email tk203444@fsinet.or.jp　URL: http://www.toshindo-pub.com/

※定価：表示価格（本体）＋税